Volumen 1 Temas 1 a 4

Autores

Robert Q. Berry, III
Professor of Mathematics Education, Department of Curriculum, Instruction and Special Education, University of Virginia, Charlottesville, Virginia

Zachary Champagne
Assistant in Research Florida Center for Research in Science, Technology, Engineering, and Mathematics (FCR-STEM) Jacksonville, Florida

Eric Milou
Professor of Mathematics Rowan University, Glassboro, New Jersey

Jane F. Schielack
Professor Emerita Department of Mathematics Texas A&M University, College Station, Texas

Jonathan A. Wray
Mathematics Supervisor, Howard County Public Schools, Ellicott City, Maryland

Randall I. Charles
Professor Emeritus Department of Mathematics San Jose State University San Jose, California

Francis (Skip) Fennell
Professor Emeritus of Education and Graduate and Professional Studies, McDaniel College Westminster, Maryland

SAVVAS
LEARNING COMPANY

Revisores de matemáticas

Gary Lippman, Ph.D.
Professor Emeritus
Mathematics and Computer Science
California State University, East Bay
Hayward, California

Karen Edwards, Ph.D.
Mathematics Lecturer
Arlington, MA

Revisoras adicionales

Kristine Peterfeso
Teacher Middle School Math,
Palm Beach County School District

Tamala Ferguson
Math Curriculum Coach,
School District of Osceola County

Melissa Nelson
Math Coach and Assessment
Coordinator, St. Lucie Public Schools

ISBN-13: 978-0-7685-7444-9
ISBN-10: 0-7685-7444-7

CONTENIDO

RECURSOS DIGITALES

INTERACTIVE STUDENT EDITION
Accede con o sin conexión.

VISUAL LEARNING
Interactúa con el aprendizaje visual animado.

ACTIVITY
Úsala con las actividades *¡Resuélvelo y coméntalo!, ¡Explóralo!* y *¡Explícalo!*, y para explorar los Ejemplos.

VIDEOS
Mira videos como apoyo para las lecciones de *Representación matemática en 3 actos* y los *Proyectos STEM*.

PRACTICE
Practica lo que has aprendido.

TUTORIALS
Usa los videos de *Virtual Nerd* cuando los necesites.

MATH TOOLS
Explora las matemáticas con herramientas digitales.

GAMES
Usa los Juegos de Matemáticas como apoyo para aprender.

KEY CONCEPT
Repasa el contenido importante de la lección.

GLOSARIO
Lee y escucha las definiciones en inglés y español.

ASSESSMENT
Muestra lo que has aprendido.

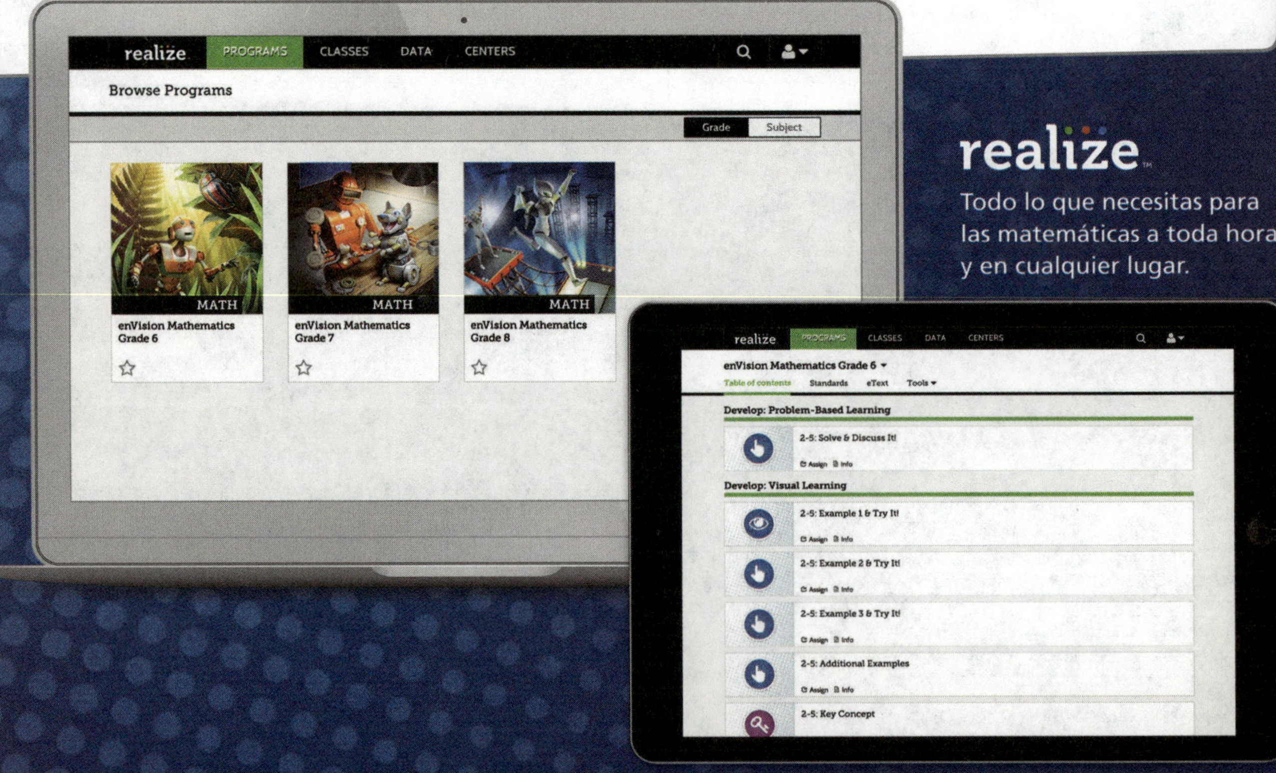

realize™

Todo lo que necesitas para las matemáticas a toda hora y en cualquier lugar.

Usar números racionales positivos

Enteros y números racionales

Mostrar, describir y resumir datos

Manual de Prácticas matemáticas y resolución de problemas

 El **Manual de Prácticas matemáticas y resolución de problemas** está disponible en línea.

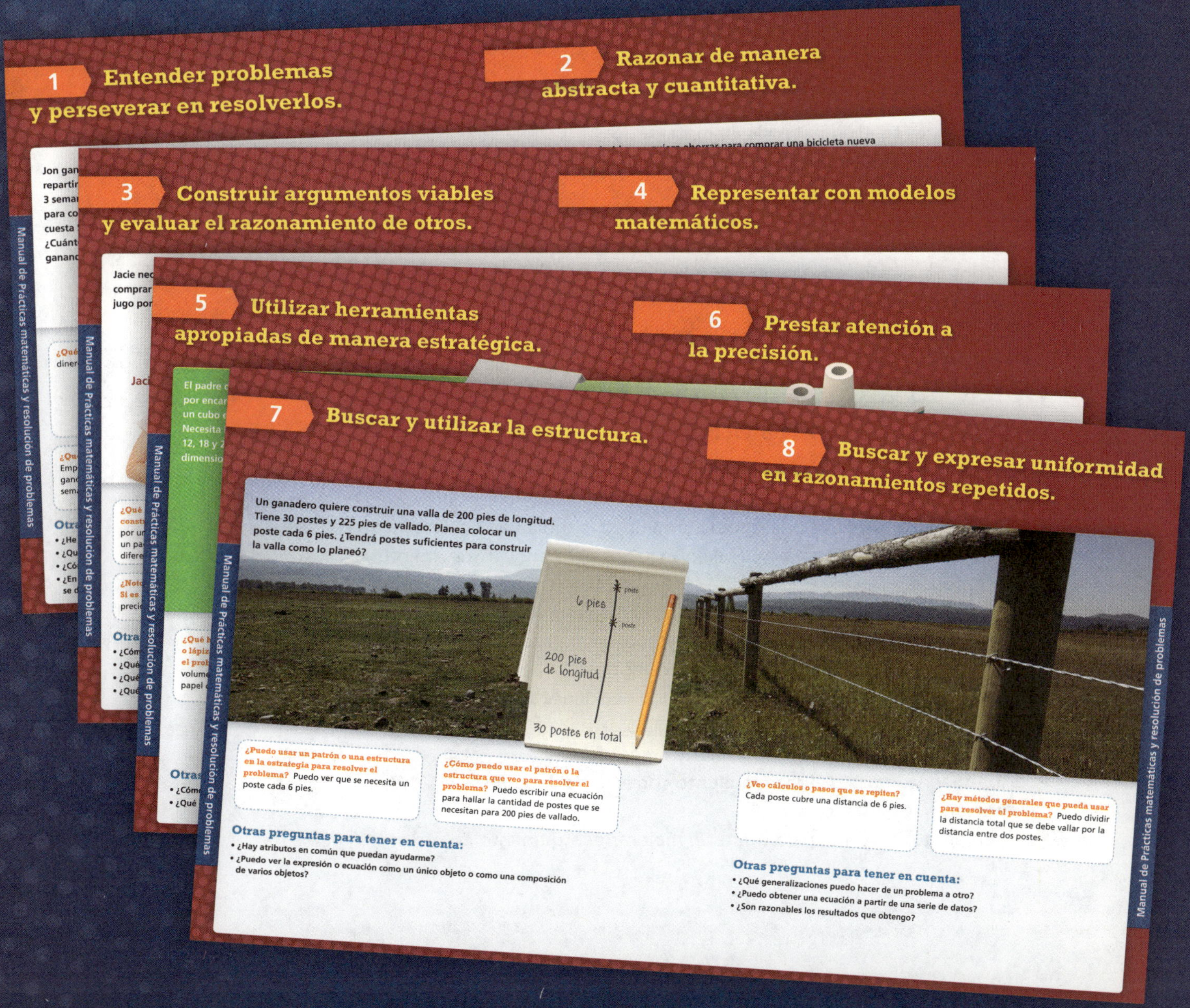

1 Entender problemas y perseverar en resolverlos.

2 Razonar de manera abstracta y cuantitativa.

3 Construir argumentos viables y evaluar el razonamiento de otros.

4 Representar con modelos matemáticos.

5 Utilizar herramientas apropiadas de manera estratégica.

6 Prestar atención a la precisión.

7 Buscar y utilizar la estructura.

8 Buscar y expresar uniformidad en razonamientos repetidos.

Un ganadero quiere construir una valla de 200 pies de longitud. Tiene 30 postes y 225 pies de vallado. Planea colocar un poste cada 6 pies. ¿Tendrá postes suficientes para construir la valla como lo planeó?

¿Puedo usar un patrón o una estructura en la estrategia para resolver el problema? Puedo ver que se necesita un poste cada 6 pies.

¿Cómo puedo usar el patrón o la estructura que veo para resolver el problema? Puedo escribir una ecuación para hallar la cantidad de postes que se necesitan para 200 pies de vallado.

¿Veo cálculos o pasos que se repiten? Cada poste cubre una distancia de 6 pies.

¿Hay métodos generales que pueda usar para resolver el problema? Puedo dividir la distancia total que se debe vallar por la distancia entre dos postes.

Otras preguntas para tener en cuenta:
- ¿Hay atributos en común que puedan ayudarme?
- ¿Puedo ver la expresión o ecuación como un único objeto o como una composición de varios objetos?

Otras preguntas para tener en cuenta:
- ¿Qué generalizaciones puedo hacer de un problema a otro?
- ¿Puedo obtener una ecuación a partir de una serie de datos?
- ¿Son razonables los resultados que obtengo?

Prácticas matemáticas

1 Entender problemas y perseverar en resolverlos.

Los estudiantes con competencia en matemáticas:
- pueden explicar el significado de un problema.
- buscan puntos desde los cuales comenzar a resolver un problema.
- analizan datos conocidos, limitaciones, relaciones y objetivos.
- hacen conjeturas acerca de la solución.
- planean los pasos hacia una solución.
- piensan en problemas similares e intentan resolver el problema de formas más sencillas.
- evalúan su progreso hacia una solución y cambian el procedimiento si es necesario.
- pueden explicar las similitudes y diferencias entre distintas representaciones.
- comprueban sus soluciones a los problemas.

2 Razonar de manera abstracta y cuantitativa.

Los estudiantes con competencia en matemáticas:
- entienden las cantidades y sus relaciones en las situaciones que se presentan en un problema:
  - *Descontextualizan*: crean una representación coherente de la situación de un problema usando números, variables y símbolos; y
  - *Contextualizan*: prestan atención al significado de números, variables y símbolos en la situación del problema.
- conocen y usan diferentes propiedades de las operaciones para resolver problemas.

3 Construir argumentos viables y evaluar el razonamiento de otros.

Los estudiantes con competencia en matemáticas:
- usan definiciones y soluciones de problemas para construir argumentos.
- hacen conjeturas acerca de las soluciones de los problemas.
- elaboran una progresión lógica de enunciados para apoyar sus conjeturas y justificar sus conclusiones.
- analizan situaciones y reconocen y usan contraejemplos.
- razonan de manera inductiva sobre datos, usando argumentos convincentes que tienen en cuenta el contexto del cual provienen los datos.
- escuchan o leen los argumentos de otros y deciden si son razonables.
- responden a los argumentos de otros.
- comparan la eficacia de dos argumentos posibles.
- distinguen la lógica o el razonamiento correcto del incorrecto y, si hay un error en el argumento, explican cuál es.
- hacen preguntas útiles para aclarar o mejorar el argumento de otros.

4 · Representar con modelos matemáticos.

Los estudiantes con competencia en matemáticas:
- pueden diseñar modelos (dibujos, diagramas, tablas, gráficas, expresiones, ecuaciones) para representar un problema en contexto.
- hacen suposiciones y aproximaciones para simplificar una situación complicada.
- identifican cantidades importantes en una situación práctica y hacen un esquema de sus relaciones usando diversas herramientas.
- analizan relaciones usando el pensamiento matemático para sacar conclusiones.
- interpretan resultados matemáticos en el contexto de la situación y proponen mejoras para el modelo según las necesidades.

5 · Utilizar herramientas apropiadas de manera estratégica.

Los estudiantes con competencia en matemáticas:
- consideran herramientas apropiadas al resolver un problema matemático.
- toman decisiones razonables sobre cuándo podría ser útil cada una de estas herramientas.
- identifican recursos matemáticos relevantes y los usan para plantear o resolver problemas.
- usan herramientas y tecnología para explorar y profundizar su comprensión de conceptos.

6 · Prestar atención a la precisión.

Los estudiantes con competencia en matemáticas:
- comunican a otros con precisión.
- usan definiciones claras en conversaciones con otros y en sus propios razonamientos.
- indican el significado de los símbolos que usan.
- especifican unidades de medida y rotulan ejes para aclarar la correspondencia con las cantidades de un problema.
- calculan con precisión y eficacia.
- expresan resultados numéricos con un grado de precisión apropiado para el contexto del problema.

7 · Buscar y utilizar la estructura.

Los estudiantes con competencia en matemáticas:
- analizan con detenimiento problemas en contexto para identificar un patrón o estructura.
- pueden descartar un plan para solucionar un problema y cambiar de perspectiva.
- pueden ver representaciones complejas, como algunas expresiones algebraicas, como un único objeto o como compuestas por varios objetos.

8 · Buscar y expresar uniformidad en los razonamientos repetidos.

Los estudiantes con competencia en matemáticas:
- observan si los cálculos se repiten y buscan tanto métodos generales como abreviados.
- mantienen una visión general del proceso cuando trabajan para resolver un problema, a la vez que prestan atención a los detalles.
- evalúan continuamente si son razonables sus resultados intermedios.

USAR NÚMEROS RACIONALES POSITIVOS

? Pregunta esencial del tema

¿Cómo puedes sumar, restar, multiplicar y dividir números decimales con fluidez? ¿Cómo multiplicas y divides fracciones?

Vistazo al tema

1-1 Sumar, restar y multiplicar números decimales con fluidez

1-2 Dividir números enteros y números decimales con fluidez

1-3 Multiplicar fracciones

Representación matemática en 3 actos: Abastecerse

1-4 Entender divisiones con fracciones

1-5 Dividir fracciones por fracciones

1-6 Dividir números mixtos

1-7 Resolver problemas con números racionales

Vocabulario del tema

- recíproco

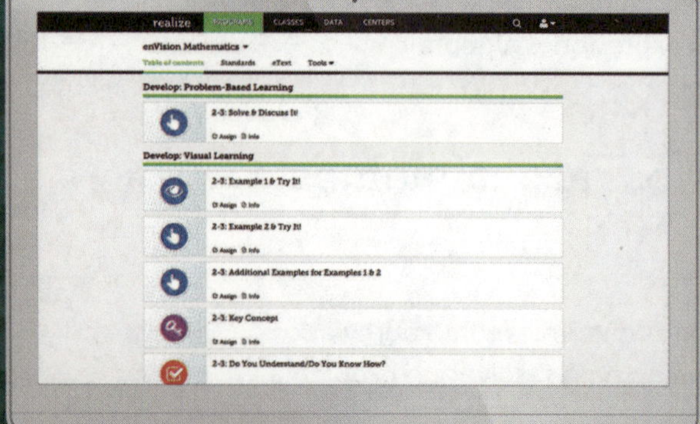

 En línea

Recursos digitales de la lección

INTERACTIVE STUDENT EDITION
Accede con o sin conexión.

VISUAL LEARNING ANIMATION
Interactúa con el aprendizaje visual animado.

ACTIVITY Úsala con las actividades *¡Resuélvelo y coméntalo!*, *¡Explóralo!* y *¡Explícalo!*, y para explorar los Ejemplos.

VIDEOS Mira videos como apoyo para las lecciones de *Representación matemática en 3 actos* y los *Proyectos* STEM.

Abastecerse

Cuando se compran comestibles, resulta útil fijar un presupuesto y respetarlo. De lo contrario, podrías comprar productos que no necesitas y gastar más dinero del que deberías. Para no gastar de más, algunas personas llevan dinero en efectivo para pagar los comestibles. Si tienes $50 en efectivo, no puedes gastar $54. Piensa en esto durante la lección de Representación matemática en 3 actos.

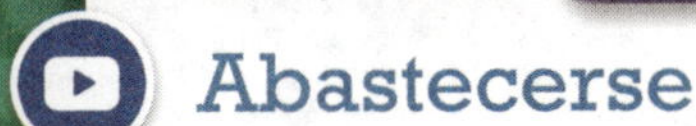 **PRACTICE** Practica lo que has aprendido.

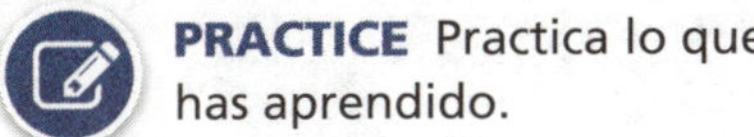 **TUTORIALS** Usa los videos de *Virtual Nerd* cuando los necesites.

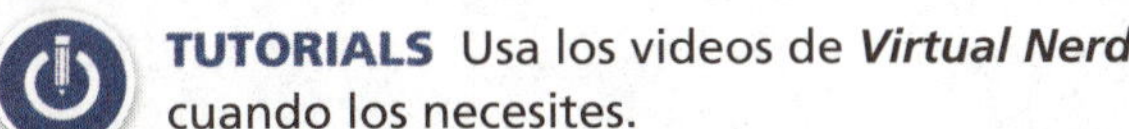 **MATH TOOLS** Explora las matemáticas con herramientas digitales.

 **GAMES** Usa los Juegos de Matemáticas como apoyo para aprender.

 **KEY CONCEPT** Repasa el contenido importante de la lección.

 **GLOSARIO** Lee y escucha las definiciones en inglés y español.

 **ASSESSMENT** Muestra lo que has aprendido.

Proyecto de enVision® STEM

¿Sabías que…?

La ingeniería es la **aplicación de las matemáticas y la ciencia** para resolver problemas.

Los ingenieros resuelven problemas diseñando y fabricando productos, materiales, maquinaria, estructuras, vehículos de transporte y muchas otras cosas.

Los ingenieros trabajan en casi todas las áreas, desde la ingeniería química y eléctrica hasta la ingeniería biomédica y oceanográfica.

Los ingenieros diseñan equipo **para que estés más protegido**.

Los ingenieros hallan las maneras de **mejorar y ampliar el rendimiento** de productos de todo tipo.

Los ingenieros te ayudan a **estar saludable**.

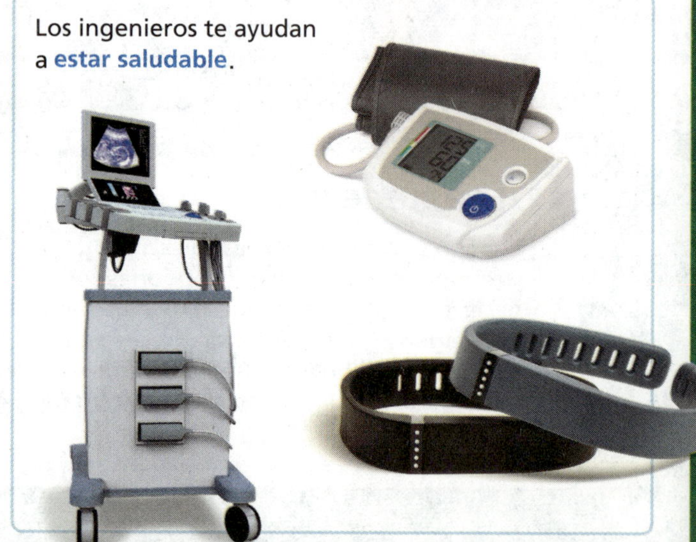

Tu tarea: Mejora tu escuela

¡Piensa como un ingeniero! Recorre el interior y el exterior del edificio de tu escuela. Haz una lista de las cosas o áreas específicas que necesitan mejoras. Luego, escoge una idea y haz una investigación preliminar para entender los factores que podrían afectar los trabajos de mejoramiento. En el próximo tema, tus compañeros y tú aprenderán sobre el proceso de diseño de ingeniería y lo llevarán a cabo para proponer maneras posibles de realizar mejoras.

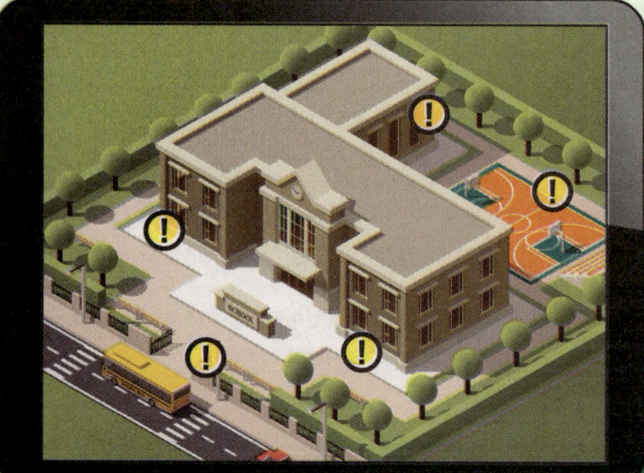

¡Repasa lo que sabes!

Vocabulario

Escoge el mejor término del recuadro para completar cada definición.

cociente

divisor

estimación

número decimal

números
compatibles

1. Los números que son fáciles de calcular mentalmente son

__________________.

2. El número que se usa para dividir es el/la __________________.

3. Un(a) __________________ es una respuesta aproximada.

4. El resultado de un problema de división es el/la __________________.

Operaciones con números enteros

Calcula cada valor.

5. $4\overline{)348}$

6. $9{,}007 - 3{,}128$

7. 35×17

8. $7{,}964 + 3{,}872$

9. $22\overline{)4{,}638}$

10. 181×42

Números mixtos y fracciones

Escribe cada número mixto en forma de fracción. Escribe cada fracción en forma de número mixto.

11. $8\frac{1}{3}$

12. $5\frac{3}{5}$

13. $2\frac{5}{8}$

14. $3\frac{4}{9}$

15. $\frac{24}{7}$

16. $\frac{43}{9}$

17. $\frac{59}{8}$

18. $\frac{32}{5}$

Expresiones verbales

19. ¿Cómo están relacionadas las expresiones "$\frac{1}{4}$ de 12" y "12 dividido por 4"?

Números decimales

20. ¿Qué número decimal representa este modelo? Explícalo.

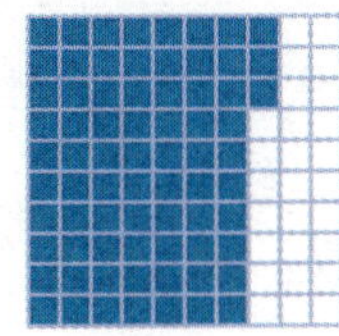

Desarrollo del lenguaje

Completa los recuadros con los términos y frases relacionados con *Números decimales* y *Fracciones* del banco de palabras. Incluye ilustraciones o ejemplos.

agregar ceros (1–1)
números compatibles (1–1)
punto decimal (1–1)
estimación (1–1)
centésimas (1–1)
alinear valores de posición (1–1)
redondear (1–1)
décimas (1–1)

algoritmo (1–2)
denominador (1–3)
número mixto (1–3)
numerador (1–3)
fracción unitaria (1–3)
recíproco (1–4)
reescribir (1–4)
problemas de varios pasos (1–7)

Números decimales	Fracciones

PROYECTO 1A

¿Cuál es el juego de mesa más difícil que hayas jugado?

PROYECTO: CREA TU PROPIO JUEGO DE MESA

PROYECTO 1B

¿Cuál es tu aperitivo favorito?

PROYECTO: PLANIFICA EL MENÚ DE UNA FUNCIÓN ESCOLAR PARA RECAUDAR FONDOS

PROYECTO
1C

Si plantaras un jardín, ¿qué habría en él?

PROYECTO: DISEÑA UN JARDÍN DE VERDURAS Y HIERBAS

¿Cuánto alimento consume un tigre?

PROYECTO: PRESENTA UNA PROPUESTA PARA UNA EXHIBICIÓN DE TIGRES

¡Resuélvelo y coméntalo!

Maxine está haciendo un modelo de molino para una feria de ciencias. Une 4 tubos de cartón verticalmente. Cada tubo mide 0.28 metros de longitud. ¿Cuál es la medida combinada de los tubos unidos?

Usar herramientas apropiadas Puedes usar cuadrículas decimales para hacer cálculos con números decimales.

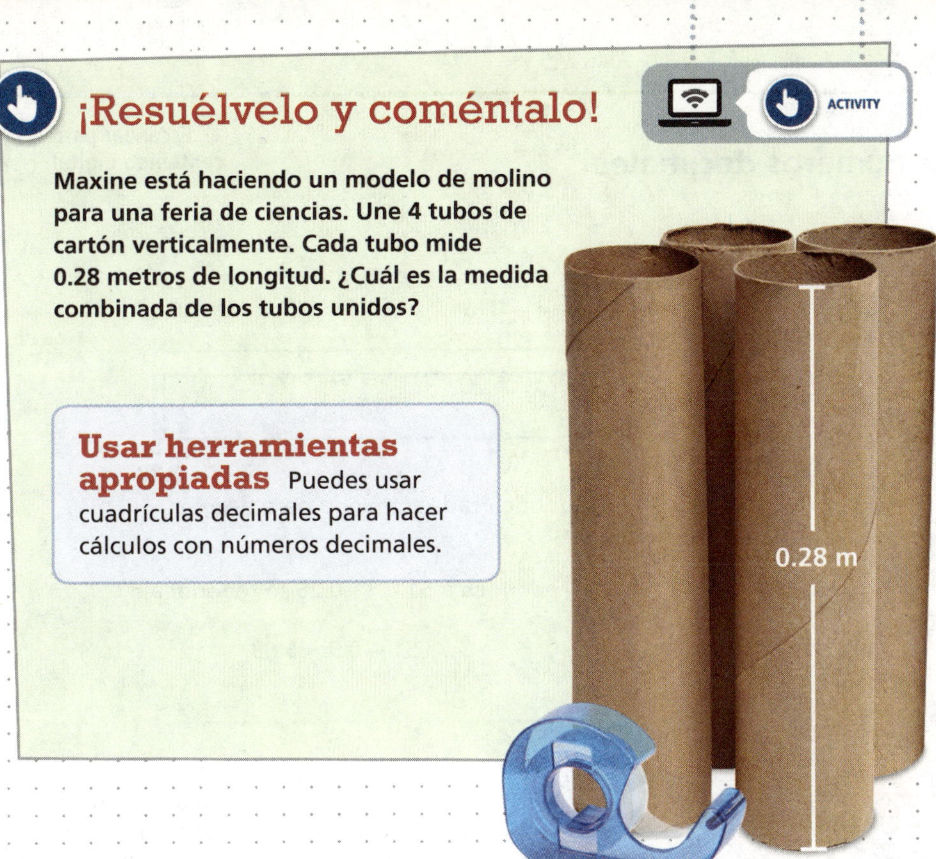

Puedo…
sumar, restar y multiplicar números decimales.

Enfoque en las prácticas matemáticas

Buscar relaciones Supón que Maxine hace otro modelo de molino y une 4 tubos de cartón de 2.8 metros de longitud cada uno. ¿Cuál es la medida combinada de este modelo? ¿Qué relaciones ves en los factores que usaste aquí y arriba? Explica cómo te ayuda esto a resolver el problema.

EJEMPLO 1 — Sumar números decimales

Escanear para
contenido digital

Kim y Martín nadaron 50 metros. Martín tardó 0.26 segundos más que Kim. ¿Cuánto tiempo tardó Martín en la carrera?

Hacerlo con precisión ¿Por qué es importante la precisión cuando se trabaja con números decimales?

Halla $50.9 + 0.26$.

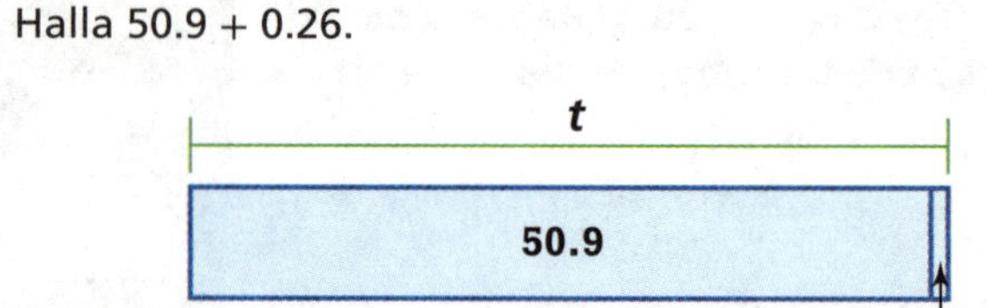

Primero redondea cada sumando para estimar.

| 50.9 se redondea a 51. | 0.26 se redondea a 0.3. |

$$51 + 0.3 = 51.3$$

Halla la suma.

Agrega un **cero** para que haya un dígito en cada posición.

$$\begin{array}{r} 50.90 \\ + 0.26 \end{array}$$

Recuerda alinear los valores de posición al sumar.

Suma cada posición.

$$\begin{array}{r} \overset{1}{5}0.90 \\ + 0.26 \\ \hline 51.16 \end{array}$$

Puedes reagrupar la suma de nueve décimas más dos décimas.

Martín tardó 51.16 segundos en la carrera. La suma 51.16 está cerca de la estimación, 51.3.

¡Inténtalo!

Supón que Martín terminó la carrera 0.47 segundos después que Kim. ¿Cuánto tiempo tardó Martín en la carrera? Usa una estimación para comprobar que tu respuesta es razonable.

¡Convénceme! Si Martín terminara la carrera 0.267 segundos después que Kim, deberías sumar 0.267 a 50.9 para resolver el problema. ¿Qué diferencia hay entre sumar 0.267 a 50.9 y sumar 0.26 a 50.9?

Amy corrió una carrera en 20.7 segundos. Katie terminó la carrera 0.258 segundos antes que Amy. ¿Cuánto tiempo tardó Katie en terminar la carrera?

Halla $20.7 - 0.258$.

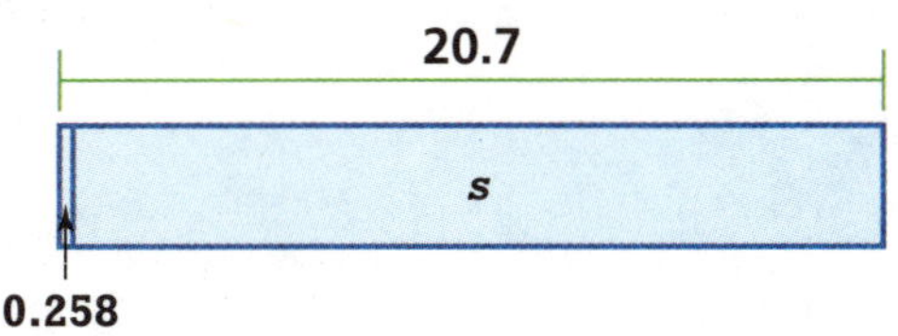

Redondea para estimar la diferencia.

$$20.7 - 0.3 = 20.4$$

0.258 se redondea a 0.3.

Para hallar la diferencia, alinea los valores de posición.

$$20.700$$
$$-\ \ 0.258$$

Agrega ceros como marcadores de posición.

Resta cada posición. Reagrupa cuando sea necesario.

$$20.700$$
$$-\ 0.258$$
$$\overline{20.442}$$

Katie tardó 20.442 segundos en la carrera. 20.442 está cerca de la estimación, 20.4; por tanto, la respuesta es razonable.

 ¡Inténtalo!

Supón que Katie terminó la carrera 0.13 segundos antes que Amy. ¿Cuánto tiempo tardó Katie en la carrera? Usa una estimación para comprobar que tu respuesta sea razonable.

EJEMPLO **3**  **Multiplicar números decimales**

¿Cuál es el área de este mapa antiguo? Usa la fórmula $A = \ell a$ para hallar el área del mapa.

Multiplica como lo harías con números enteros. Luego, coloca el punto decimal en el producto. Agrega ceros si es necesario. La cantidad de lugares decimales del producto es igual a la suma de la cantidad de lugares decimales de los factores.

$$3.25$$ 2 lugares decimales (centésimas)
$$\underline{\times\ 2.5}$$ 1 lugar decimal (décimas)
$$1625$$
$$\underline{+\ 6500}$$
$$8.125$$ 3 lugares decimales (décimas por centésimas es igual a milésimas)

El área del mapa antiguo es 8.125 pies^2.

 ¡Inténtalo!

¿Cómo determinas dónde colocar el punto decimal en el producto?

0.43 ········· [   ] lugar(es) decimal(es)

$\times$ 0.2 ········· [   ] lugar(es) decimal(es)

0.086 ········· [   ] lugar(es) decimal(es)

Agrega ceros si es necesario.

 KEY CONCE

Para sumar números decimales, alinea los valores de posición y suma. Reagrupa cuando sea necesario.

$$\begin{array}{r} \overset{1}{5}0.90 \\ +\ 0.26 \\ \hline 51.16 \end{array}$$

Para restar números decimales, alinea los valores de posición y resta. Reagrupa cuando sea necesario.

$$\begin{array}{r} 20.\overset{6\ 10\ 10}{\cancel{7}\cancel{0}\cancel{0}} \\ -\ 0.258 \\ \hline 20.442 \end{array}$$

Para multiplicar números decimales, multiplica como lo harías con números enteros. Luego, usa la cantidad de lugares decimales de los factores para colocar el punto decimal en el producto.

$$\begin{array}{r} 1.35 \\ \times\ 4.6 \\ \hline 810 \\ +\ 5400 \\ \hline 6.210 \end{array}$$

¿Lo entiendes?

1. **Pregunta esencial** ¿Cómo puedes sumar, restar y multiplicar con números decimales?

2. **Generalizar** ¿En qué se parecen y en qué se diferencian sumar y restar números decimales y sumar y restar números enteros?

3. ¿Qué puedes hacer si un producto decimal tiene ceros finales a la derecha del punto decimal?

4. **Evaluar el razonamiento** Diego dice que el producto de 0.51×2.427 tendrá cinco lugares decimales. ¿Tiene razón Diego? Explícalo.

¿Cómo hacerlo?

En 5 a 10, halla cada suma o diferencia.

5. $5.9 + 2.7$

6. $4.01 - 2.95$

7. $6.8 - 1.45$

8. $9.62 - 0.3$

9. $2.57 + 7.706$

10. $15 - 6.108$

En **11** a **16**, coloca el punto decimal en la posición correcta del producto.

11. $4 \times 0.94 = 376$

12. $5 \times 0.487 = 2435$

13. $3.4 \times 6.8 = 2312$

14. $3.9 \times 0.08 = 312$

15. $0.9 \times 0.22 = 198$

16. $9 \times 1.2 = 108$

En 17 y 18, halla cada producto.

17. 5.3×2.7

18. 8×4.09

Práctica y resolución de problemas

Escanear para
contenido digital

En 19 a 27, halla cada suma o diferencia.

19. $2.17 - 0.8$

20. $4.3 + 4.16$

21. $46.91 - 28.7$

22. $4.815 + 2.17$

23. $5.1 - 0.48$

24. $27 + 0.185$

25. $9.501 - 9.45$

26. $14 + 9.8$

27. $12.65 + 14.24$

En 28 a 33, halla cada producto.

28. 7×0.5

29. 12×0.08

30. 24×0.17

31. 0.4×0.17

32. 1.9×0.46

33. 3.42×5.15

34. Escribe una ecuación que ilustre lo siguiente: un número con dos lugares decimales multiplicado por un número con un lugar decimal. El producto solo tiene dos dígitos distintos de cero.

35. La fábrica de champú Brillo extremo incluye 1.078 onzas de aceite de vainilla en cada frasco de champú de 6.35 onzas. ¿Qué parte del frasco de champú **NO** es aceite de vainilla?

En 36 a 38, usa la gráfica para resolver.

36. La mayor velocidad con la que se golpeó una pelota de tenis de mesa es aproximadamente 13.07 veces la velocidad del nado más veloz. ¿Cuál es la velocidad de la pelota de tenis de mesa?

37. **Buscar relaciones** ¿Qué velocidad representaría 1.5 veces la velocidad de la remada más veloz? Antes de resolver, di la cantidad de lugares decimales que tendrá tu respuesta.

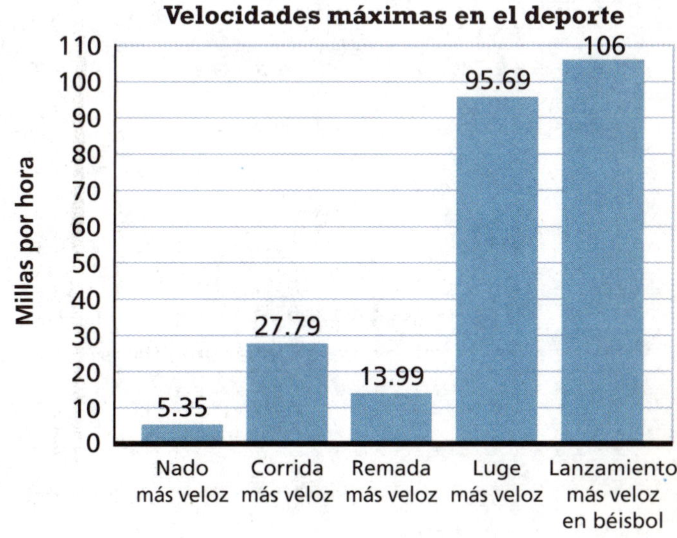

38. ¿Qué actividad registró una velocidad que es 7 veces la velocidad de la remada más veloz?

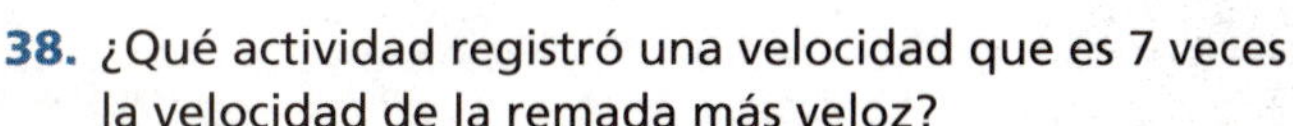

39. Matthew compró una camiseta, un banderín y una gorra. Pagó con un billete de $50 y con dinero que le prestó su amigo. Si el cajero le dio $6.01 de cambio a Matthew, ¿cuánto dinero le prestó su amigo para pagar todos los artículos?

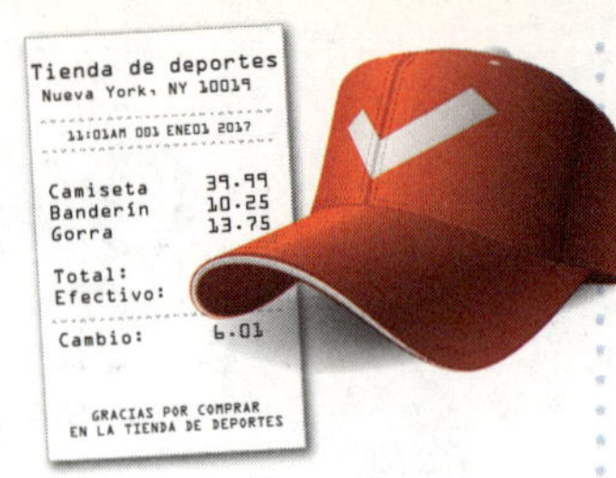

40. Anna tardó 23.1 segundos en correr la carrera. Otro corredor fue 5.86 segundos más rápido. Halla cuánto tardó el otro corredor.

41. **Razonamiento de orden superior** Explica por qué 0.25×0.4 tiene un solo lugar decimal en el producto.

42. Las alas de algunos colibríes se baten 52 veces por segundo al cernerse. Si un colibrí se cierne durante 35.5 segundos, ¿cuántas veces bate sus alas?

43. Los estudiantes de la escuela intermedia Walden venden latas de palomitas de maíz para recaudar dinero para comprar uniformes nuevos. Vendieron 42 latas durante la primera semana. ¿Cuánto dinero recaudaron durante la primera semana?

Práctica para la evaluación

44. Usa la información de la tabla para resolver cada problema.

Caminos en el Parque Nacional Everglades

Camino	Longitud (kilómetros)
Vuelta de la bahía	3.2
Pradera costera	12.1
Curva tumultuosa	4.2
Bahía de la serpiente	2.6

PARTE A

¿Cuál es la longitud combinada del camino de la Vuelta de la bahía y el camino de la Curva tumultuosa?

PARTE B

¿Cuánto más largo que el camino de la Bahía de la serpiente es el camino de la Pradera costera?

¡Resuélvelo y coméntalo!

Unos amigos fueron a almorzar y dividieron la cuenta en partes iguales. Si cada persona pagó $6.75, ¿cuántas personas fueron a almorzar? Usa un diagrama o una ecuación para explicar tu razonamiento.

Razonar ¿Cómo puedes usar el razonamiento para crear una representación del problema?

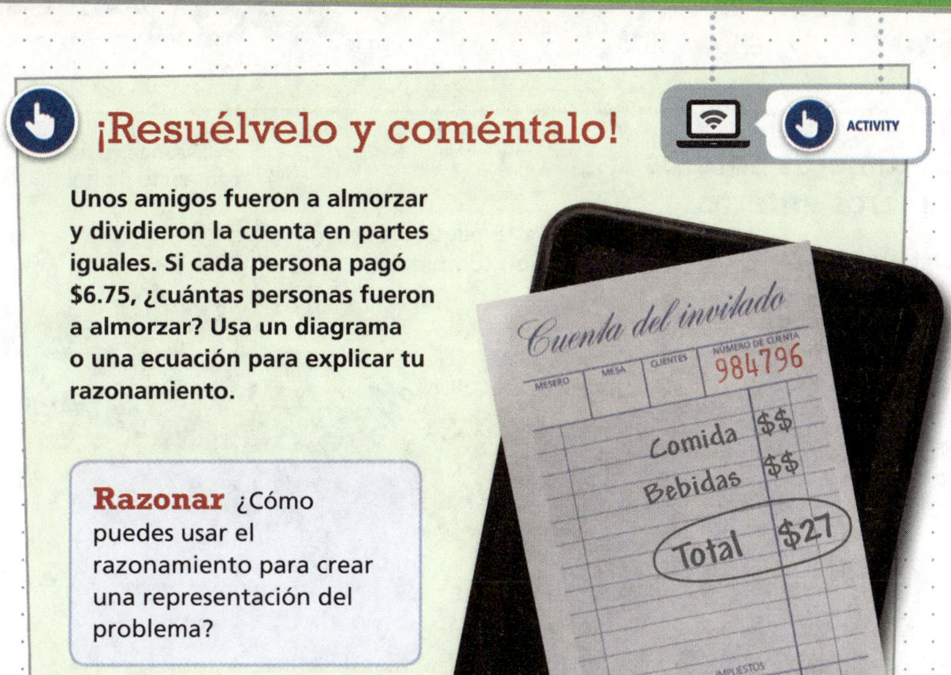

Puedo...
dividir números enteros y números decimales.

Enfoque en las prácticas matemáticas

Razonar Supón que se agregan $7.00 a la cuenta por un postre que compartieron entre todos. ¿Cuánto más tiene que pagar cada persona?

EJEMPLO 1 — Dividir números enteros por números enteros

Una fábrica de tortillas fabrica 863 paquetes de tortillas para vender a restaurantes. Cada restaurante recibe la misma cantidad de paquetes en una orden completa. ¿Cuántos restaurantes pueden recibir una orden completa?

Usar la estructura ¿Cómo puedes usar la estructura para dividir 863 por 18?

Escanear para contenido digital

Halla $863 \div 18 = n$.

Se puede usar un diagrama de barras para representar el problema.

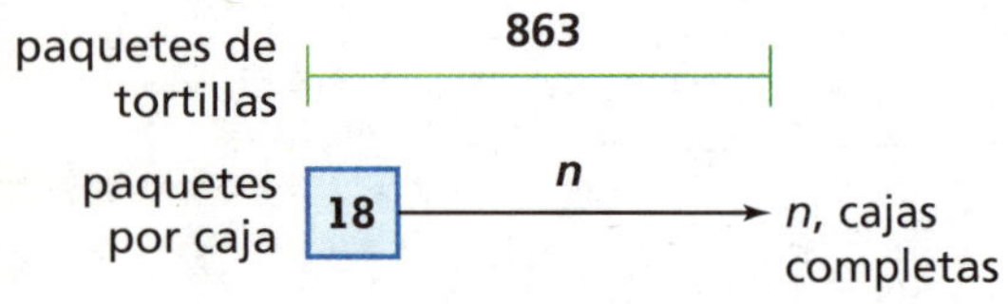

Usa números compatibles para estimar $863 \div 18$.

$$900 \div 20 = 45$$

El cociente de $863 \div 18$ es aproximadamente 45; por tanto, el primer dígito del cociente estará en la posición de las decenas.

Comienza dividiendo las decenas.

$$\begin{array}{r} 4 \\ 18\overline{)863} \\ -72 \\ \hline 14 \end{array}$$

Paso 1 Divide
Paso 2 Multiplica
Paso 3 Resta
Paso 4 Compara

Luego, baja las unidades. Repite los pasos según sea necesario hasta completar la división.

$$\begin{array}{r} 47 \text{ R}17 \\ 18\overline{)863} \\ -72 \\ \hline 143 \\ -126 \\ \hline 17 \end{array}$$

La respuesta es razonable, ya que 47 está cerca de la estimación, 45.

La fábrica puede vender órdenes completas a 47 restaurantes.

✓ ¡Inténtalo!

Los empleados de una empresa de productos electrónicos empacan 2,610 teléfonos inteligentes en cajas. Cada caja tiene capacidad para 9 teléfonos inteligentes. ¿Cuántas cajas se llenan?

$$\begin{array}{r} \square\ \square\ \square \\ 9\overline{)2,\ 6\ 1\ 0} \\ -\ 1\ \ 8 \\ \hline \square\ \square \\ -\ \ \ 8\ 1 \\ \hline 0\ \square \\ -\ \ \ \ \ 0 \\ \hline 0 \end{array}$$

¡Convénceme! ¿Por qué el primer dígito del cociente de ¡Inténtalo! no está en la misma posición que el primer dígito del cociente del Ejemplo 1?

¿Cómo puedes escribir un cociente decimal cuando divides números enteros?

Halla $180 \div 8$.

Haz una estimación. Como $180 \div 10 = 18$, comienza dividiendo en la posición de las decenas.

Divide las decenas y las unidades.

$$
\begin{array}{r}
22 \\
8\overline{)180} \\
-16 \\
\hline
20 \\
-16 \\
\hline
4
\end{array}
$$

Escribe el residuo en forma decimal. Coloca el punto decimal y **agrega un 0 en la posición de las décimas**.

Luego, completa la división.

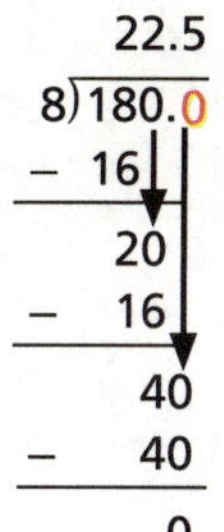

$$
\begin{array}{r}
22.5 \\
8\overline{)180.0} \\
-16 \\
\hline
20 \\
-16 \\
\hline
40 \\
-40 \\
\hline
0
\end{array}
$$

 EJEMPLO **3** Dividir números decimales

Usa el algoritmo de la división para dividir con números decimales.

A. Halla $\$809.40 \div 12$.

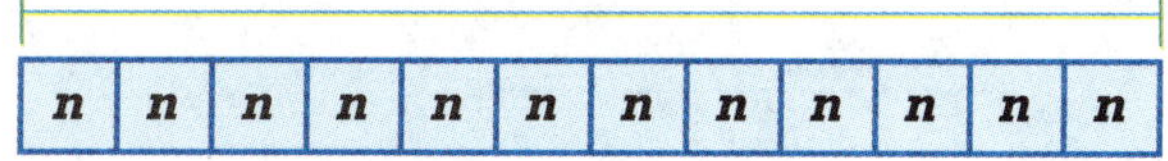

Usa números compatibles para estimar y luego divide para resolver.

809.40 está cerca de 840, y $840 \div 12 = 70$.

Coloca el punto decimal del cociente arriba del punto decimal del dividendo.

El cociente 67.45 está cerca de la estimación de 70; por tanto, la respuesta es razonable.

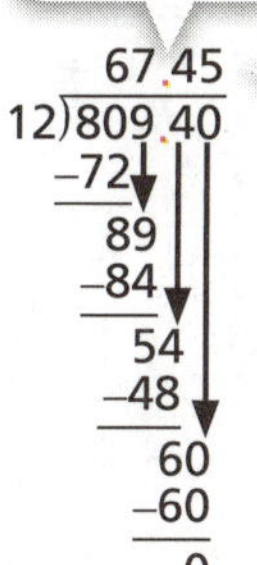

$$
\begin{array}{r}
67.45 \\
12\overline{)809.40} \\
-72 \\
\hline
89 \\
-84 \\
\hline
54 \\
-48 \\
\hline
60 \\
-60 \\
\hline
0
\end{array}
$$

$\$809.40 \div 12 = \$67.45$

B. Halla $\$4.20 \div \$1.40$.

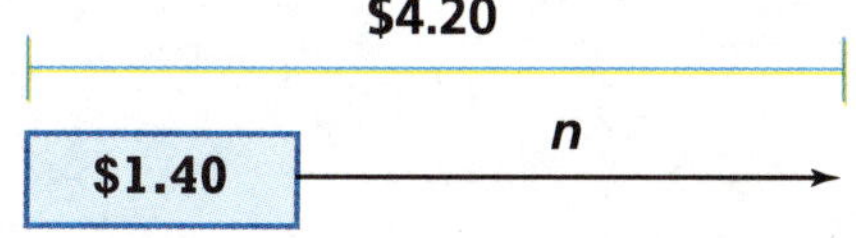

Multiplica el divisor y el dividendo por la misma **potencia de 10** que convertirá al divisor en un número entero.

Multiplica 1.40 y 4.20 por 10^2 o 100.

Divide. Coloca un punto decimal en el cociente si es necesario.

$$
1.40\overline{)4.20} \qquad
\begin{array}{r}
3 \\
140\overline{)420} \\
-420 \\
\hline
0
\end{array}
$$

$\$4.20 \div \$1.40 = 3$

✓ ¡Inténtalo!

Divide.

a. $65 \div 8$ **b.** $14.4 \div 8$ **c.** $128.8 \div 1.4$

Para dividir por un número decimal, reescribe el número decimal de manera tal que dividas por un número entero. Multiplica el divisor y el dividendo por la misma potencia de 10. Luego, divide como lo harías con números enteros.

$$35.2 \div 0.16$$

```
    100
  × 35.2
    200
   5000
 + 30000
  3,520.0
```

```
    100
  × 0.16
    600
 + 1000
  16.00
```

```
        220
  16)3,520
      − 32
        32
      − 32
         0
```

¿Lo entiendes?

1. **? Pregunta esencial** ¿Cómo puedes dividir números enteros y números decimales?

2. Cuando divides con números decimales, ¿por qué es necesario multiplicar el divisor y el dividendo por la misma potencia de 10?

3. **Usar la estructura** Explica cómo puedes decidir dónde colocar el primer dígito del cociente de $6{,}139 \div 153$.

4. **Usar la estructura** ¿Cómo sabes dónde colocar el punto decimal del cociente cuando divides un número decimal por un número entero?

¿Cómo hacerlo?

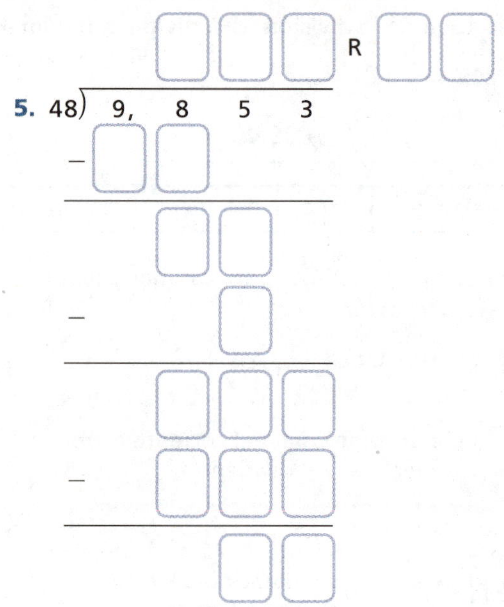

5. $48)\overline{9{,}853}$

En 6 y 7, divide. Anota los residuos.

6. $2{,}789 \div 36$

7. $18)\overline{153}$

En 8 y 9, divide. Escribe los residuos en forma decimal.

8. $4)\overline{139}$

9. $215 \div 2$

En 10 y 11, divide.

10. $5)\overline{34.75}$

11. $215.25 \div 5$

En 12 y 13, divide. Si es necesario, agrega ceros para escribir los residuos en forma decimal.

12. $5.3 \div 0.2$

13. $0.4)\overline{8.9}$

Práctica y resolución de problemas

 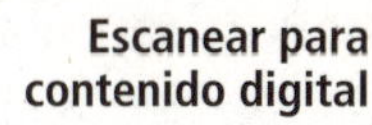

Escanear para
contenido digital

Práctica al nivel En **14** y **15**, divide.

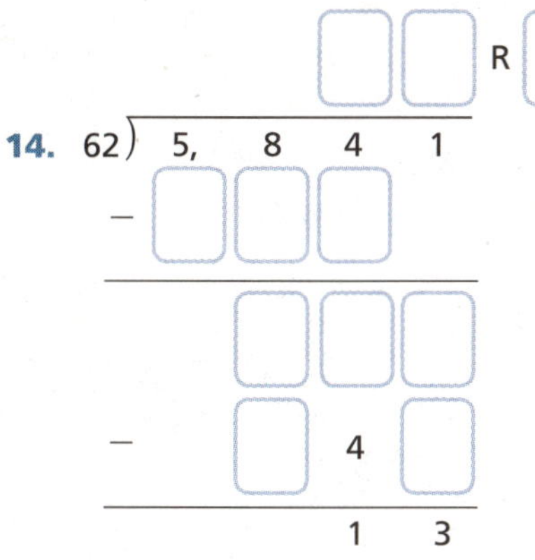

14. 62) 5, 8 4 1

15. 4) 3 5 0 .

En **16** a **19**, divide. Anota los residuos.

16. $2{,}593 \div 21$

17. $19\overline{)6{,}927}$

18. $9\overline{)2{,}483}$

19. $968 \div 38$

En **20** a **23**, divide. Escribe los residuos en forma decimal.

20. $5\overline{)56}$

21. $232 \div 40$

22. $44 \div 10$

23. $4\overline{)2{,}626}$

En **24** a **27**, divide.

24. $6\overline{)\$54.18}$

25. $187.2 \div 8$

26. $7\overline{)6.3}$

27. $137.5 \div 5$

En **28** a **31**, divide. Si es necesario, agrega ceros para escribir los residuos en forma decimal.

28. $6.4 \div 0.8$

29. $0.6\overline{)0.2430}$

30. $52.056 \div 7.23$

31. $0.745\overline{)9.089}$

32. La hormiga es uno de los alimentos favoritos del diablillo espinoso. Este animal puede comer 45 hormigas por minuto. ¿Cuánto tiempo tardaría un diablillo espinoso en comer 1,080 hormigas? Expresa tu respuesta en minutos.

33. Evaluar el razonamiento Henrieta dividió 0.80 por 20 como lo muestra el cálculo. ¿Está bien su trabajo? Si es incorrecto explica por qué y da una respuesta correcta.

$$\begin{array}{r} 0.40 \\ 20\overline{)0.80} \\ -80 \\ \hline 0 \end{array}$$

34. ¿Qué marca de bocaditos de frutas cuesta menos por libra? ¿Cuánto menos?

35. Hacerlo con precisión ¿Cuántas veces el costo que tenía en 1960 tiene cada producto en 2010?

Producto	Precio en 1960	Precio en 2010
Boleto de cine	$0.75	$9.75
Palomitas de maíz	$0.25	$4.10
Bebida mediana	$0.35	$3.08

Boleto de cine _______________________

Palomitas de maíz _______________________

Bebida mediana _______________________

36. Razonamiento de orden superior Kendra tiene 5.5 libras de palomitas de maíz y quiere empaquetarlas en partes iguales en 50 bolsas. ¿Cómo puede usar el razonamiento de valor de posición para hallar la cantidad de palomitas de maíz que debe colocar en cada bolsa?

37. A un amigo y a ti les pagan $38.25 por trabajar en el patio. Trabajaste 2.5 horas y tu amigo trabajó 2 horas. Dividen el dinero según la cantidad de tiempo que trabajó cada uno. ¿Cuánto dinero te toca? Explícalo.

✓ Práctica para la evaluación

38. ¿Cuál es el valor de la expresión $1,248 \div 25$?

Ⓐ 49

Ⓑ 49 R 9

Ⓒ 49.9

Ⓓ 49 R23

39. ¿Qué expresión tiene la misma solución que $3,157 \div 41$?

Ⓐ $1,852 \div 24$

Ⓑ $1,928 \div 25$

Ⓒ $2,079 \div 27$

Ⓓ $2,184 \div 28$

¡Resuélvelo y coméntalo!

ACTIVITY

La maestra de arte dio a cada estudiante la mitad de una hoja de papel. Luego, les pidió que coloreen un cuarto del pedazo de hoja. ¿Qué parte de la hoja original colorearon los estudiantes?

Representar con modelos matemáticos ¿Cómo puedes usar un dibujo para representar el problema?

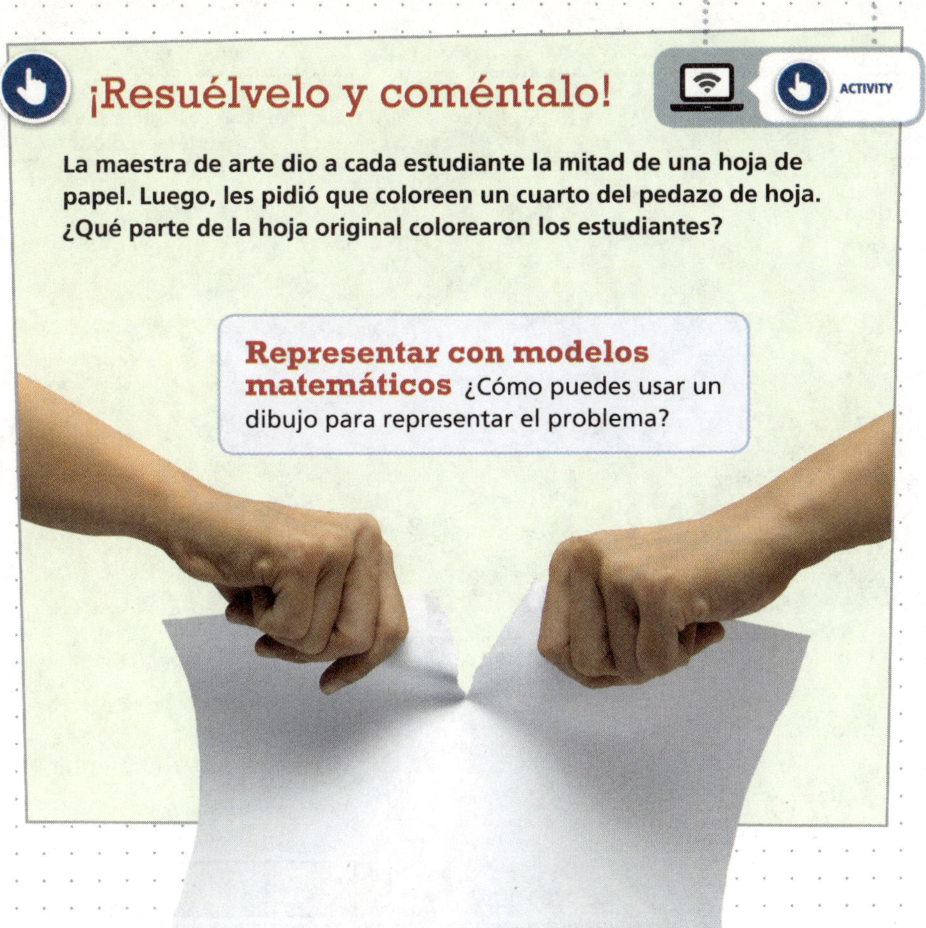

Puedo...
usar modelos y ecuaciones para multiplicar fracciones y números mixtos.

Enfoque en las prácticas matemáticas

Razonar ¿Tu respuesta debería ser menor o mayor que 1? Explícalo.

EJEMPLO 1 — Multiplicar fracciones unitarias

Quedó $\frac{1}{4}$ de fuente de lasaña. Tom comió $\frac{1}{3}$ de esa cantidad. ¿Qué fracción de la fuente entera de lasaña comió Tom?

Para hallar una parte de un todo, multiplica para resolver el problema.

Halla $\frac{1}{3} \times \frac{1}{4}$.

UNA MANERA Divide un entero en cuartos.

Divide $\frac{1}{4}$ en 3 partes iguales.

Divide cada uno de los otros $\frac{1}{4}$ en 3 partes iguales.

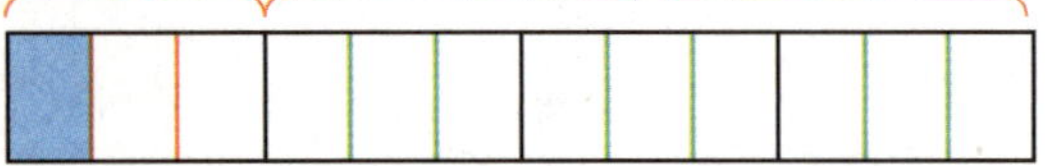

12 partes forman un entero; por tanto, una parte es $\frac{1}{12}$.

$$\frac{1}{3} \times \frac{1}{4} = \frac{1 \times 1}{3 \times 4} = \frac{1}{12}$$

Tom comió $\frac{1}{12}$ de la fuente entera de lasaña.

OTRA MANERA

Colorea 1 de las 3 filas de amarillo para representar $\frac{1}{3}$.

Colorea 1 de las 4 columnas de rojo para representar $\frac{1}{4}$.

El anaranjado superpuesto muestra el producto $\frac{1}{3} \times \frac{1}{4}$.

1 de 12 partes están coloreadas de anaranjado.

$$\frac{1}{3} \times \frac{1}{4} = \frac{1 \times 1}{3 \times 4} = \frac{1}{12}$$

Tom comió $\frac{1}{12}$ de una fuente entera de lasaña.

✓ ¡Inténtalo!

Usa el modelo de área para hallar $\frac{1}{4} \times \frac{1}{5}$. Explícalo.

$\frac{1}{4}$ .... 1 de ☐ filas

$\frac{1}{5}$ .... 1 de ☐ columnas

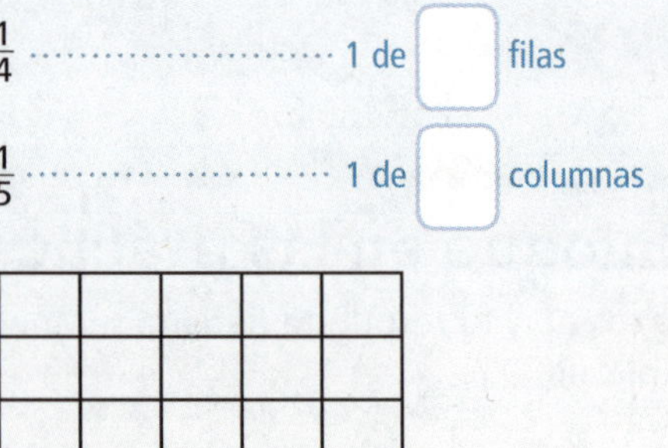

¡Convénceme! ¿Por qué el producto de $\frac{1}{4} \times \frac{1}{5}$ es menor que cada factor?

EJEMPLO 2 — Multiplicar fracciones

Usa una recta numérica para hallar $\frac{2}{3} \times \frac{3}{4}$.

$\frac{1}{3}$ significa 1 de 3 partes iguales; por tanto, $\frac{1}{3}$ de $\frac{3}{4}$ es $\frac{1}{4}$.

$\frac{2}{3}$ significa 2 de 3 partes iguales; por tanto, $\frac{2}{3}$ de $\frac{3}{4}$ es 2 por $\frac{1}{4}$.

$\frac{2}{3} \times \frac{3}{4} = \frac{6}{12}$ o $\frac{1}{2}$

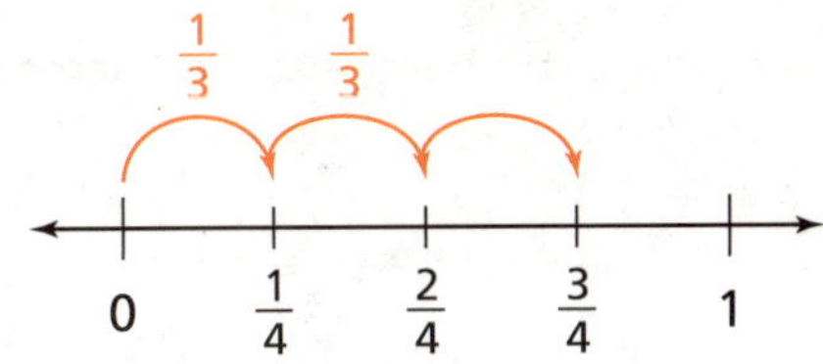

 ¡Inténtalo!

Usa la recta numérica para hallar $\frac{3}{4} \times \frac{4}{6}$. Explícalo.

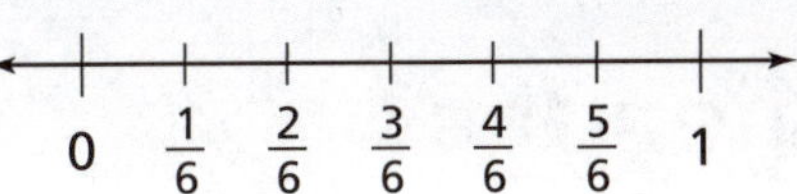

EJEMPLO 3  — Multiplicar números mixtos

Halla $7\frac{1}{2} \times 2\frac{3}{4}$.

Primero haz una estimación. $7\frac{1}{2}$ por $2\frac{3}{4}$ es aproximadamente 8 por 3.

Por tanto, la respuesta debe ser aproximadamente 24.

UNA MANERA Puedes usar un modelo de área para hallar los productos parciales. Luego, sumas para hallar el producto final.

	7	$\frac{1}{2}$
2	$2 \times 7 = 14$	$2 \times \frac{1}{2} = 1$
$\frac{3}{4}$	$\frac{3}{4} \times 7 = \frac{21}{4}$ o $5\frac{1}{4}$	$\frac{3}{4} \times \frac{1}{2} = \frac{3}{8}$

$14 + 1 + 5\frac{1}{4} + \frac{3}{8} =$

$14 + 1 + 5\frac{2}{8} + \frac{3}{8} = 20\frac{5}{8}$

$5\frac{1}{4}$ se expresa como $5\frac{2}{8}$.

OTRA MANERA Puedes usar una ecuación para hallar el producto. Expresa de otra manera los números mixtos y luego multiplica.

$$7\frac{1}{2} \times 2\frac{3}{4} = \frac{15}{2} \times \frac{11}{4}$$
$$= \frac{165}{8}$$
$$= 20\frac{5}{8}$$

Puesto que $20\frac{5}{8}$ está cerca de la estimación de 24, la respuesta es razonable.

¡Inténtalo!

Una fábrica de ropa fabrica camisetas. Si cada máquina produce $3\frac{1}{3}$ camisetas por hora, ¿cuántas camisetas produce la máquina en $4\frac{1}{2}$ horas? Escribe y resuelve una ecuación.

Puedes hallar el producto de fracciones o números mixtos.

Multiplica los numeradores.

$$\frac{2}{5} \times \frac{3}{4} = \frac{2 \times 3}{5 \times 4} = \frac{6}{20} \text{ o } \frac{3}{10}$$

Multiplica los denominadores.

$$3\frac{1}{3} \times 1\frac{1}{2} = \frac{10}{3} \times \frac{3}{2} = \frac{10 \times 3}{3 \times 2} = \frac{30}{6} \text{ o } 5$$

Expresa los números mixtos como fracciones.

¿Lo entiendes?

1. **? Pregunta esencial** ¿Cómo puedes multiplicar fracciones y números mixtos?

2. **Razonar** ¿Es el producto de $\frac{3}{6} \times \frac{5}{4}$ igual al producto de $\frac{3}{4} \times \frac{5}{6}$? Explícalo.

3. **Construir argumentos** ¿Por qué sumar $\frac{3}{9}$ y $\frac{6}{9}$ es diferente de multiplicar las dos fracciones?

4. A Tina le sobró $\frac{1}{2}$ fuente de pan de maíz de una cena. Come $\frac{1}{2}$ de la parte que sobró la noche siguiente. ¿Qué parte de la fuente entera come Tina? Escribe y resuelve una ecuación.

5. **Construir argumentos** Explica cómo multiplicarías $5 \times 2\frac{1}{2}$.

6. En el Ejemplo 1, halla la fracción de la fuente entera de lasaña que comió Tom si comenzó con $\frac{7}{8}$ de una fuente.

¿Cómo hacerlo?

7. Halla $\frac{5}{6} \times \frac{1}{2}$. Usa el modelo como ayuda para resolver.

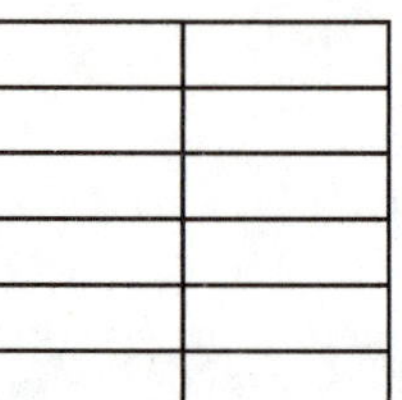

8. Halla $\frac{3}{4} \times \frac{4}{9}$.

En 9 a 16, halla cada producto.

9. $\frac{2}{3} \times \frac{1}{2}$

10. $\frac{5}{9} \times \frac{1}{9}$

11. $\frac{7}{10} \times \frac{3}{4}$

12. $\frac{1}{3} \times \frac{1}{4}$

13. $\frac{5}{6} \times \frac{3}{7}$

14. $\frac{3}{5} \times \frac{11}{12}$

15. $\frac{4}{10} \times \frac{2}{5}$

16. $\frac{3}{4} \times \frac{2}{9}$

En 17 y 18, estima el producto. Luego, completa la multiplicación.

17. $2\frac{3}{4} \times 8 = \frac{\boxed{}}{4} \times \frac{8}{1} = \boxed{}$

18. $4\frac{1}{2} \times 1\frac{1}{4} = \frac{\boxed{}}{2} \times \frac{\boxed{}}{4} = \boxed{}$

Práctica y resolución de problemas

Escanear para
contenido digital

En 19 y 20, halla cada producto. Colorea el modelo como ayuda para resolver.

19. $\frac{1}{3} \times \frac{5}{6}$

20. $\frac{2}{3} \times \frac{1}{12}$

En 21 a 28, halla cada producto.

21. $\frac{7}{8} \times \frac{1}{2}$

22. $\frac{2}{5} \times \frac{1}{12}$

23. $\frac{5}{7} \times \frac{7}{9}$

24. $\frac{1}{2} \times \frac{3}{4}$

25. $\frac{1}{4} \times \frac{7}{8}$

26. $\frac{5}{6} \times \frac{9}{10}$

27. $\frac{1}{4} \times \frac{1}{8}$

28. $\frac{1}{3} \times \frac{3}{7}$

En 29 a 36, estima el producto. Luego, halla cada producto.

29. $2\frac{1}{6} \times 4\frac{1}{2}$

30. $\frac{3}{4} \times 8\frac{1}{2}$

31. $1\frac{1}{8} \times 3\frac{1}{3}$

32. $3\frac{1}{5} \times \frac{2}{3}$

33. $3\frac{1}{4} \times 6$

34. $5\frac{1}{3} \times 3$

35. $2\frac{3}{8} \times 4$

36. $4\frac{1}{8} \times 5\frac{1}{2}$

En 37 y 38, usa el diagrama de la derecha.

37. Linda caminó $\frac{3}{4}$ de la longitud del camino Tremont antes de detenerse a descansar. ¿Qué distancia había recorrido del camino?

38. La ciudad planea extender el camino Wildflower para que su longitud sea $2\frac{1}{2}$ veces la longitud actual en los próximos 5 años. ¿Cuál será la longitud del camino Wildflower dentro de 5 años?

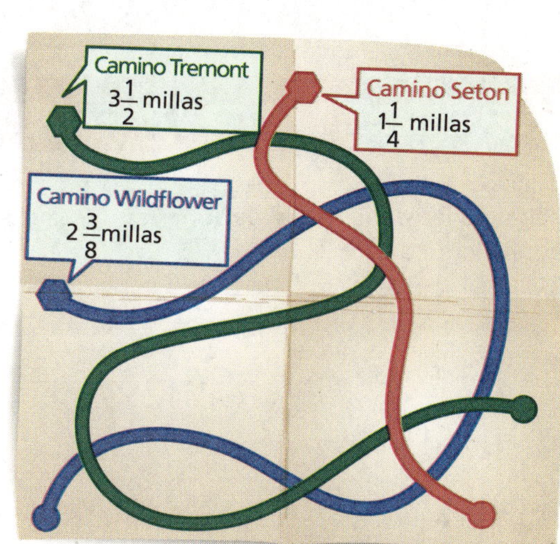

39. El geco más pequeño del mundo mide $\frac{3}{4}$ de pulgada de longitud. Un geco de bandas del noroeste macho adulto mide $7\frac{1}{3}$ veces esa longitud. ¿Cuánto mide un geco de bandas del noroeste macho adulto?

40. Razonamiento de orden superior En la clase de la maestra Barclay, $\frac{2}{5}$ de los estudiantes juegan al ajedrez. De los estudiantes que juegan al ajedrez, $\frac{5}{6}$ también juegan al sudoku. Si hay 30 estudiantes en la clase de la maestra Barclay, ¿cuántos juegan al ajedrez y al sudoku?

41. La carretera elevada Boca Grande de la Florida mide aproximadament $1\frac{4}{9}$ veces la longitud del puente Golden Gate de San Francisco. El puente Golden Gate mide aproximadamente 9,000 pies de longitud. ¿Aproximadamente cuánto mide la carretera elevada Boca Grande?

42. Si se multiplica $\frac{7}{8}$ por $\frac{4}{5}$, ¿el producto será mayor que cualquiera de los dos factores? Explícalo.

43. Hacerlo con precisión Para enmendar la Constitución de los Estados Unidos, $\frac{3}{4}$ de los 50 estados deben aprobar la enmienda. Si 35 estados aprueban una enmienda, ¿se enmendará la Constitución?

44. Una científica tenía $\frac{3}{4}$ de una botella de una solución. Usó $\frac{1}{6}$ de la solución en un experimento. ¿Qué cantidad de la botella usó?

45. En las elecciones del concejo municipal del distrito electoral 5, votaron solo $\frac{1}{2}$ de las personas con derecho al voto. ¿Qué fracción de todas las personas con derecho al voto votaron por Shelley? ¿Y por Morgan? ¿Quién recibió la mayor cantidad de votos?

Candidato	Fracción de votos recibidos
Shelley	$\frac{3}{10}$
Morgan	$\frac{5}{8}$

✓ Práctica para la evaluación

46. ¿Cuál de las siguientes ecuaciones es equivalente a $1\frac{1}{2} \times 3\frac{1}{5} = 4\frac{1}{2}$?

Ⓐ $4\frac{1}{2} \div 3\frac{1}{5} = 1\frac{1}{2}$

Ⓑ $1\frac{1}{2} \div 4\frac{1}{2} = 3\frac{1}{5}$

Ⓒ $1\frac{1}{2} \div 3\frac{1}{5} = 4\frac{1}{2}$

Ⓓ $3\frac{1}{5} \div 4\frac{1}{2} = 1\frac{1}{2}$

47. ¿Cuál de estas ecuaciones es equivalente a $\frac{3}{4} \times 8\frac{1}{5} = 6\frac{3}{20}$? Selecciona todas las que apliquen.

☐ $\frac{3}{4} \div 8\frac{1}{5} = 6\frac{3}{20}$

☐ $6\frac{3}{20} \div \frac{3}{4} = 8\frac{1}{5}$

☐ $6\frac{3}{20} \div 8\frac{1}{5} = \frac{3}{4}$

☐ $\frac{3}{4} \div 6\frac{3}{20} = 8\frac{1}{5}$

☐ $8\frac{1}{5} \div 6\frac{3}{20} = \frac{3}{4}$

Nombre: _______________________________

1. Vocabulario ¿Cómo puedes usar un *número compatible* para estimar un cociente cuando divides un número decimal por un número entero?
Lección 1-2

2. Keaton está construyendo un tablero rectangular y quiere colocar una guarda metálica alrededor del borde. La longitud del tablero es 1.83 metros y el ancho es 0.74 metros. Usa la fórmula $P = 2\ell + 2a$ para hallar el perímetro del tablero. ***Lección 1-1***

3. El vivero de Norberto tiene una venta de ofertas. Las cajas de flores cuestan lo que se muestra, impuestos incluidos. Jake compra 2 cajas de petunias, 3 cajas de margaritas y 1 caja de begonias. Si paga con un billete de $50, ¿cuánto le darán de cambio? ***Lección 1-1***

Vivero de Norberto

Flor	Precio por caja
Petunia	$5.25
Margarita	$7.65
Begonia	$8.40

4. Margarita vende espacio en un libro de publicidad para un evento comunitario para recaudar fondos. Cada $\frac{1}{4}$ de página del libro cuesta $15.50. ¿Cuál es el costo de $\frac{3}{4}$ de página? ***Lección 1-1***

Ⓐ $62.00

Ⓑ $46.50

Ⓒ $20.67

Ⓓ $11.63

5. ¿Cuál es el valor de $170 \div (4 \times 5)$? ***Lección 1-2***

6. Lucía camina $2\frac{3}{4}$ millas el lunes. El lunes camina $1\frac{1}{2}$ veces la cantidad de millas que camina el martes. ¿Qué ecuación puede usarse para hallar cuánto camina Lucía el martes? ***Lección 1-3***

Ⓐ $2\frac{3}{4} \times 1\frac{1}{2} = 4\frac{1}{8}$

Ⓑ $2\frac{3}{4} + 1\frac{1}{2} = 4\frac{1}{4}$

Ⓒ $2\frac{3}{4} \div 1\frac{1}{2} = 1\frac{5}{6}$

Ⓓ $1\frac{1}{2} \div 2\frac{3}{4} = \frac{6}{11}$

¿Cómo te fue en la prueba de control de mitad del tema?
Rellena las estrellas.

TAREA DE RENDIMIENTO DE MITAD DEL TEMA

El equipo Robótica Nyan recibió su desafío anual y debe comprar partes para construir su robot para las competencias.

Listado de partes

Parte	Costo por par
Viga	$5.95
Canal	$8.50
Controlador de motor	$99.75
Soporte del motor	$17.55
Engranaje	$12.15
Diente de engranaje	$3.00
Rueda	$18.90
Eje	$4.35

PARTE A

Los miembros del equipo Eric y Natalia consiguen una beca de $75.00 para comprar vigas y canales. Si el equipo necesita 3 vigas y 6 canales, ¿cubrirá la beca el costo? Si es así, ¿cuánto sobrará de la beca?

PARTE B

Los miembros del equipo Corinne, Kevin y Tomás deciden dividir el costo de 2 controladores de motor y 4 ruedas en partes iguales. ¿Cuánto dinero debe aportar cada miembro?

PARTE C

Robótica Nyan tiene un presupuesto de $99 para comprar dientes de engranaje, ejes y engranajes. Si gastan $\frac{2}{3}$ del presupuesto en dientes de engranaje, ¿cuánto dinero del presupuesto queda para comprar ejes y engranajes?

Representación matemática en 3 actos:
Abastecerse

En línea

ACTO 1

1. Después de mirar el video, ¿cuál es la primera pregunta que te viene a la mente?

2. Escribe la Pregunta principal a la que responderás.

3. Construir argumentos Haz una predicción para responder a esa Pregunta principal. Explica tu predicción.

4. En la siguiente recta numérica, escribe un número que sea demasiado pequeño para ser la respuesta. Escribe un número que sea demasiado grande.

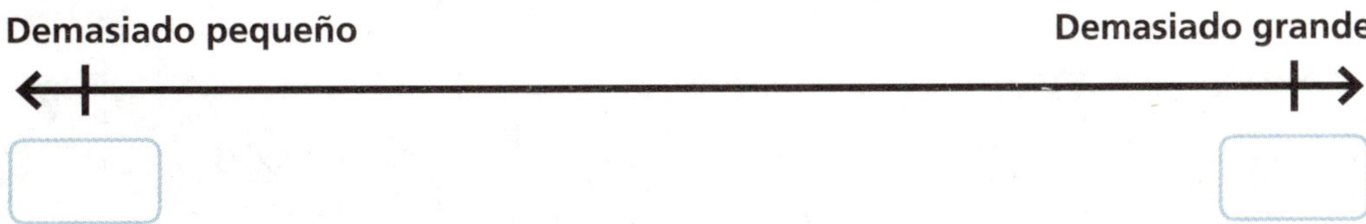

Demasiado pequeño   **Demasiado grande**

5. Marca tu predicción en la misma recta numérica.

6. ¿Qué información de esta situación sería útil saber? ¿Cómo usarías esa información?

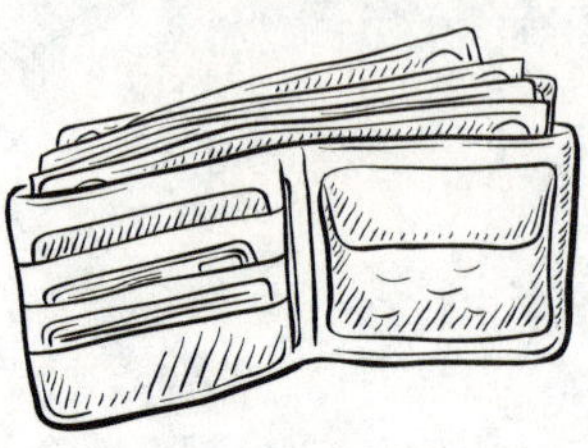

7. Usar herramientas apropiadas ¿Qué herramientas puedes usar para resolver el problema? Explica cómo la usarías de manera estratégica.

8. Representar con modelos matemáticos Representa la situación usando las matemáticas. Usa tu propia representación para responder a la Pregunta principal.

9. ¿Cuál es tu respuesta a la Pregunta principal? ¿Es mayor o menor que tu predicción? Explica por qué.

10. Escribe la respuesta que viste en el video.

11. Razonar ¿Coincide tu respuesta con la respuesta del video? Si no, ¿qué razones explicarían la diferencia?

12. Entender y perseverar ¿Cambiarías tu modelo ahora que sabes la respuesta? Explícalo.

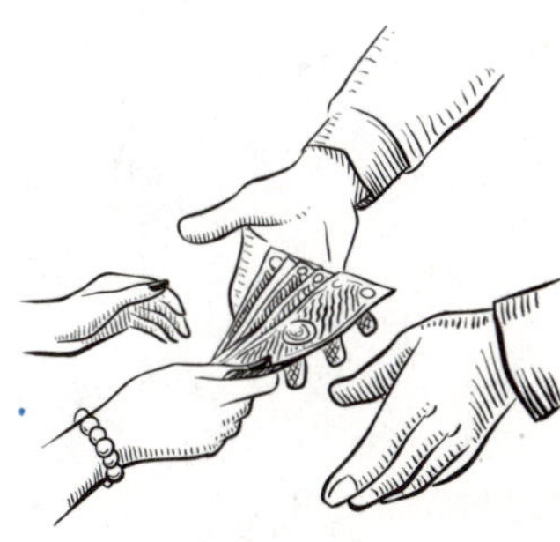

Reflexionar

13. Representar con modelos matemáticos Explica cómo usaste un modelo matemático para representar la situación. ¿Cómo te ayudó el modelo a responder a la Pregunta principal?

14. Razonar ¿Cómo representaste la situación usando símbolos? ¿Cómo usaste esos símbolos para resolver el problema?

CONTINUACIÓN

15. Representar con modelos matemáticos La tienda compra cajas de pasta por $0.82 y latas de salsa por $1.62. ¿Qué ganancia obtiene la tienda por esta compra?

¡Explóralo!

Los estudiantes compiten en una carrera de relevos de 4 kilómetros. Hay 10 corredores.

Lección 1-4
Entender divisiones con fracciones

Puedo...
usar modelos y ecuaciones para representar división de fracciones.

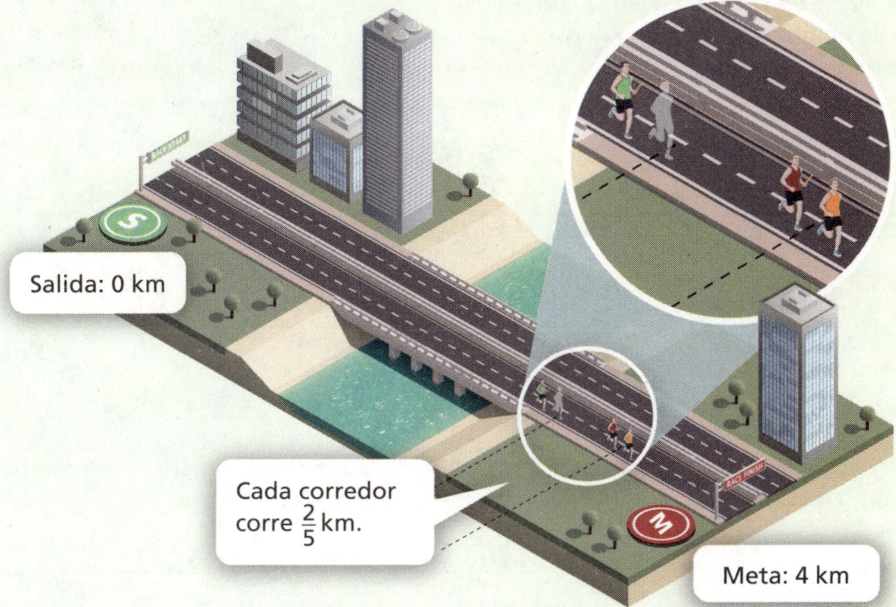

A. Usa la recta numérica para representar los datos de la carrera.

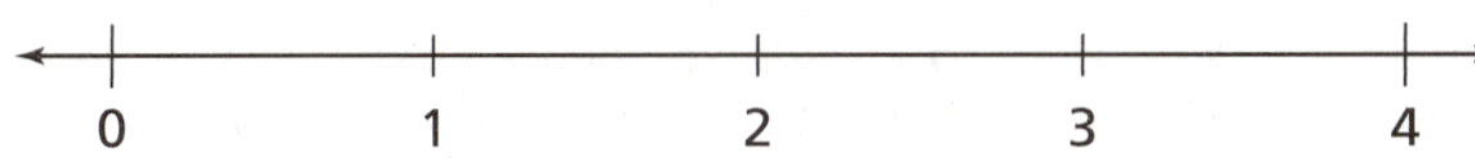

B. Usa la multiplicación o la división para describir tu trabajo en la recta numérica.

Enfoque en las prácticas matemáticas

Representar con modelos matemáticos Describe qué aspecto tendría la recta numérica si hubiera 10 corredores y cada uno corriera $\frac{1}{2}$ kilómetro en una carrera de 5 kilómetros.

EJEMPLO 1 — Dividir números enteros por fracciones

Escanear para contenido digital 

El Sr. Roberts tiene un tablero que mide 3 pies de longitud. Planea cortar el tablero en pedazos que midan $\frac{3}{4}$ de pie de longitud cada uno para construir unos estantes. ¿Cuántos estantes puede hacer?

Usar la estructura
¿Cuántos $\frac{3}{4}$ hay en 3?

UNA MANERA Escribe 3 en forma de fracción con 4 como denominador, $\frac{12}{4}$. Piensa en la división como resta repetida.

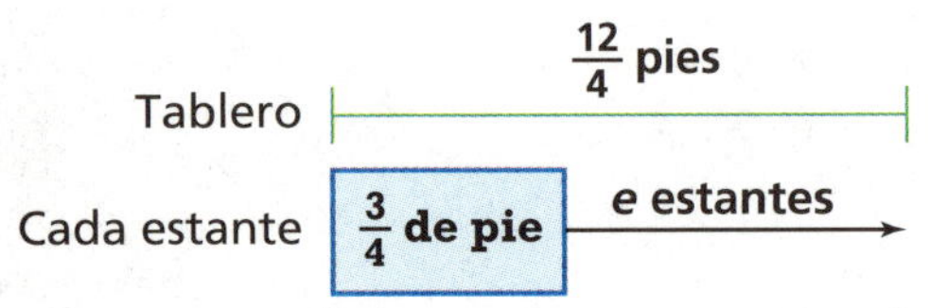

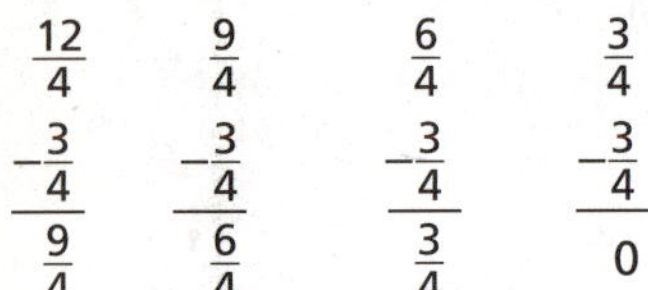

$$\begin{array}{cccc} \frac{12}{4} & \frac{9}{4} & \frac{6}{4} & \frac{3}{4} \\ -\frac{3}{4} & -\frac{3}{4} & -\frac{3}{4} & -\frac{3}{4} \\ \frac{9}{4} & \frac{6}{4} & \frac{3}{4} & 0 \end{array}$$

El Sr. Roberts puede hacer 4 estantes.

OTRA MANERA Usa una recta numérica para mostrar 3 pies. Divídela en partes de $\frac{3}{4}$ de pie.

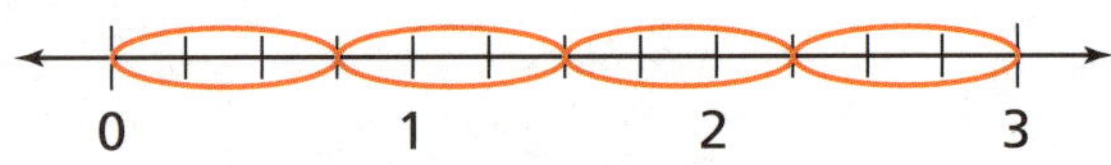

Por tanto, $3 \div \frac{3}{4} = 4$.

Cuando el divisor es menor que 1, el cociente es mayor que el dividendo.

El Sr. Roberts puede hacer 4 estantes.

✓ ¡Inténtalo!

Un tablero mide 6 pies de longitud. ¿Cuántos pedazos de $\frac{2}{3}$ de pie de longitud se pueden cortar del tablero? Usa la recta numérica para mostrar tu trabajo.

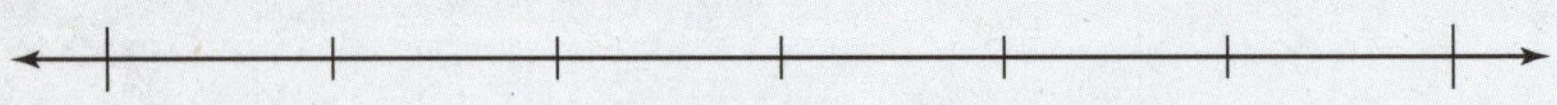

¡Convénceme! ¿Por qué la cantidad de pedazos que se pueden cortar del tablero es mayor que la cantidad de pies de longitud que mide el tablero?

EJEMPLO 2 — Dividir fracciones por números enteros

¿Cuánto pastel recibirá cada persona si 3 amigos deciden compartir medio pastel en partes iguales? Halla $\frac{1}{2} \div 3$.

Haz un dibujo para mostrar $\frac{1}{2}$.

$\frac{1}{2}$

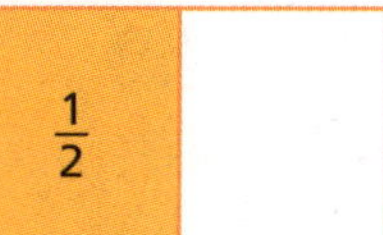

Divide $\frac{1}{2}$ en 3 partes iguales.

$\frac{1}{2} \div 3$

Cada parte es $\frac{1}{6}$ del entero.

$\frac{1}{2} \div 3 = \frac{1}{6}$

Cada persona recibirá $\frac{1}{6}$ del pastel.

¡Inténtalo!

Haz un diagrama para hallar $\frac{2}{3} \div 4$.

EJEMPLO 3 — Usar relaciones para dividir números enteros por fracciones

Puedes usar lo que sabes sobre la división de fracciones para hallar y usar un patrón. Mira las divisiones y multiplicaciones de la derecha. Halla y usa un patrón para resolver $4 \div \frac{2}{3}$.

El patrón muestra que cuando divides por una fracción, obtienes el mismo resultado que cuando multiplicas por el recíproco.

$8 \div \frac{4}{1} = 2$	$8 \times \frac{1}{4} = 2$
$5 \div \frac{1}{2} = 10$	$5 \times \frac{2}{1} = 10$
$3 \div \frac{3}{4} = 4$	$3 \times \frac{4}{3} = 4$

$4 \div \frac{2}{3} = 4 \times \frac{3}{2}$

Reescribe el problema como una multiplicación usando el recíproco del divisor.

$= \frac{4}{1} \times \frac{3}{2}$

$= \frac{12}{2}$ o 6

Dos números cuyo producto es 1 se llaman **recíprocos** uno del otro. Si un número distinto de cero se expresa como una fracción $\frac{a}{b}$, entonces su recíproco es $\frac{b}{a}$.

¡Inténtalo!

Usa el patrón de la tabla anterior para hallar $8 \div \frac{3}{4}$.

$8 \div \frac{3}{4} = 8 \times \boxed{} = \boxed{}$

Para dividir un número entero por una fracción:

Escribe el número entero en forma de fracción.

$$14 \div \frac{4}{7} = \frac{14}{1} \div \frac{4}{7}$$

$$\frac{14}{1} \times \frac{7}{4} = \frac{98}{4} \text{ o } 24\frac{1}{2}$$

Multiplica el número entero por el recíproco del divisor.

Para dividir una fracción por un número entero:

Escribe el número entero en forma de fracción.

$$\frac{4}{7} \div 14 = \frac{4}{7} \div \frac{14}{1}$$

$$\frac{4}{7} \times \frac{1}{14} = \frac{4}{98} \text{ o } \frac{2}{49}$$

Multiplica la fracción por el recíproco del número entero.

¿Lo entiendes?

1. **Pregunta esencial** ¿Cómo puedes representar la división de fracciones?

2. **Razonar** Dibuja un diagrama para representar $8 \div \frac{2}{3}$. Luego, escribe una ecuación para mostrar la solución.

3. **Razonar** ¿Es lo mismo $4 \div \frac{3}{2}$ que $4 \div \frac{2}{3}$? Explícalo.

4. ¿Cómo puedes escribir cualquier número entero distinto de cero en forma de fracción?

5. **Buscar relaciones** ¿Cómo se relacionan el cociente y el dividendo cuando el divisor es una fracción menor que 1?

6. ¿Qué ecuación de división se representa con el diagrama?

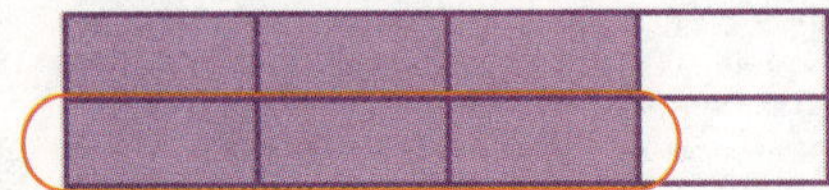

¿Cómo hacerlo?

En 7 a 14, halla cada recíproco.

7. $\frac{3}{5}$

8. $\frac{1}{6}$

9. 9

10. $\frac{7}{4}$

11. $\frac{5}{8}$

12. 16

13. $\frac{7}{12}$

14. $\frac{11}{5}$

En 15 a 22, halla cada cociente.

15. $6 \div \frac{2}{3}$

16. $12 \div \frac{3}{8}$

17. $\frac{1}{4} \div 3$

18. $\frac{2}{5} \div 2$

19. $2 \div \frac{1}{2}$

20. $3 \div \frac{1}{4}$

21. $9 \div \frac{3}{5}$

22. $5 \div \frac{2}{7}$

Práctica y resolución de problemas

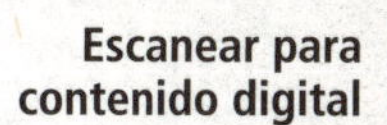

Práctica al nivel En **23** y **24**, completa cada división.

23. $6 \div \boxed{} = 12$

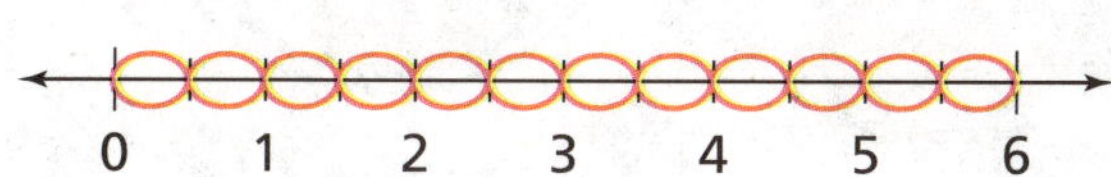

La recta numérica muestra 6 enteros.

24. $\dfrac{2}{3} \div \boxed{} = \dfrac{2}{9}$

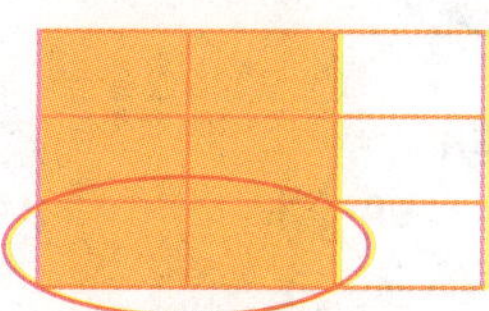

En **25** y **26**, halla cada cociente. Dibuja un diagrama como ayuda.

25. $\dfrac{3}{5} \div 3$

26. $2 \div \dfrac{2}{5}$

En **27** a **30**, halla cada recíproco.

27. $\dfrac{3}{10}$

28. 6

29. $\dfrac{1}{15}$

30. 3

En **31** a **38**, halla cada cociente.

31. $36 \div \dfrac{3}{4}$

32. $2 \div \dfrac{3}{8}$

33. $18 \div \dfrac{2}{3}$

34. $9 \div \dfrac{4}{5}$

35. $\dfrac{1}{6} \div 2$

36. $\dfrac{2}{3} \div 3$

37. $\dfrac{3}{5} \div 2$

38. $\dfrac{1}{4} \div 4$

39. Una empleada vierte 3 cuartos de líquido en recipientes de $\dfrac{3}{8}$ de cuarto. ¿Cuántos recipientes puede llenar? Escribe y resuelve una ecuación de división.

40. Razonamiento de orden superior Sin hacer cálculos, ¿cómo puedes usar la información dada para decidir qué animal se mueve más rápido?

41. Razonar El cociente de $250 \div \frac{5}{8}$ indica aproximadamente qué distancia podría recorrer un perezoso en una hora. ¿Qué distancia puede recorrer un perezoso en 90 minutos? Justifica tu razonamiento.

42. El cociente de $600 \div \frac{2}{3}$ indica aproximadamente qué distancia podría recorrer una tortuga en una hora. Halla esa distancia.

43. Escribe y resuelve una ecuación para hallar qué distancia puede recorrer un caracol en una hora.

44. Una mesera vierte $\frac{3}{4}$ de galón de jugo en partes iguales en 5 jarras. ¿Qué fracción de un galón de jugo hay en cada jarra? Usa el rectángulo para representar el problema. Luego, escribe una ecuación para mostrar la solución.

El rectángulo representa 1 galón entero. Traza líneas para representar primero $\frac{3}{4}$ de galón. Luego, divide eso en 5 partes iguales.

Práctica para la evaluación

45. Selecciona todas las opciones que tengan el mismo cociente.

- [ ] $12 \div \frac{2}{3}$
- [ ] $\frac{2}{3} \div \frac{1}{27}$
- [ ] $16 \div \frac{4}{5}$
- [ ] $12 \div \frac{3}{2}$
- [ ] $24 \div \frac{4}{3}$

46. Selecciona todos los enunciados matemáticos que sean verdaderos.

- [ ] $\frac{1}{3} \div 3$ es $\frac{1}{3} \div \frac{3}{1} = \frac{1}{3} \times \frac{1}{3}$
- [ ] $\frac{4}{5} \div 5$ es $\frac{4}{5} \div \frac{5}{1} = \frac{4}{5} \times \frac{1}{5}$
- [ ] $\frac{7}{8} \div 8$ es $\frac{7}{8} \div \frac{1}{8} = \frac{7}{8} \times \frac{8}{1}$
- [ ] $\frac{2}{3} \div 6$ es $\frac{2}{3} \div \frac{6}{1} = \frac{2}{3} \times \frac{1}{6}$
- [ ] $\frac{4}{9} \div 4$ es $\frac{4}{9} \div \frac{1}{4} = \frac{4}{9} \times \frac{4}{1}$

¡Resuélvelo y coméntalo!

ACTIVITY

Se cortó una barra de granola en 6 pedazos iguales. Alguien comió una parte de la barra de granola y queda $\frac{2}{3}$ de la barra original. ¿Cuántas partes de $\frac{1}{6}$ quedan? Usa la ilustración y dibuja un modelo para representar y hallar $\frac{2}{3} \div \frac{1}{6}$.

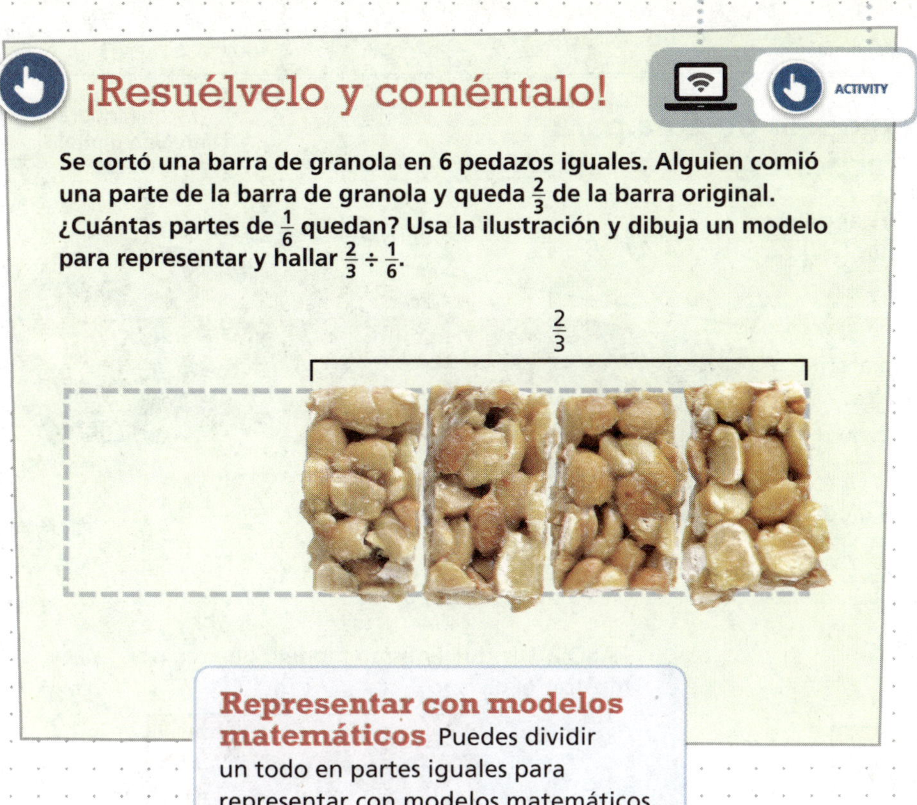

Representar con modelos matemáticos Puedes dividir un todo en partes iguales para representar con modelos matemáticos.

Puedo...
dividir una fracción por otra fracción.

Enfoque en las prácticas matemáticas

Usar la estructura ¿Cómo puedes usar la multiplicación para comprobar tu respuesta?

EJEMPLO 1 — Usar un modelo de área para dividir fracciones

Simon compra $\frac{1}{2}$ yarda de material para fabricar pelotas. ¿Cuántas pelotas puede fabricar Simón? Halla $\frac{1}{2} \div \frac{1}{6}$.

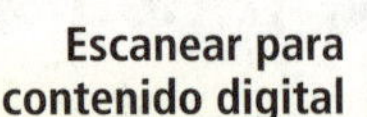

Simon usa $\frac{1}{6}$ de yarda de material para cada pelota que fabrica.

Representar con modelos matemáticos ¿Cómo puedes usar un modelo de área para representar la división?

PASO 1 Dibuja un modelo de área para mostrar el dividendo, $\frac{1}{2}$.

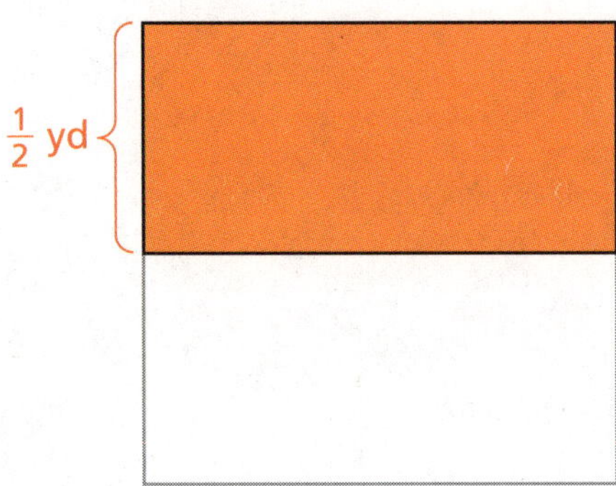

Luego, halla cuántos $\frac{1}{6}$ hay en $\frac{1}{2}$.

PASO 2 Divide el mismo modelo de área por $\frac{1}{6}$ para mostrar el divisor.

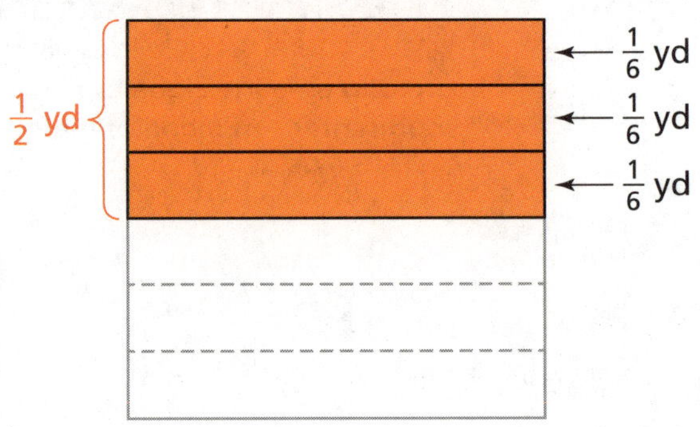

Hay tres $\frac{1}{6}$ en $\frac{1}{2}$.

Por tanto, $\frac{1}{2} \div \frac{1}{6} = 3$.

Simón puede fabricar 3 pelotas.

✓ ¡Inténtalo!

Usa la siguiente recta numérica para representar $\frac{1}{6} \times 3 = \frac{1}{2}$. Luego, escribe una división equivalente.

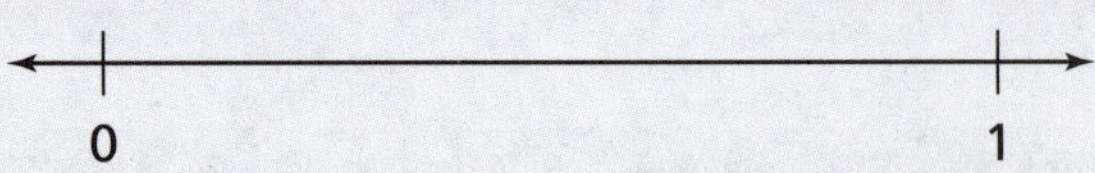

¡Convénceme! ¿Cómo se representan el dividendo, el divisor y el cociente en la recta numérica?

EJEMPLO 2 — Usar otro modelo de área para dividir fracciones

¿Cuántos vasos de $\frac{3}{4}$ de taza hay en $\frac{2}{3}$ de taza de yogur?

PASO 1 Halla $\frac{2}{3} \div \frac{3}{4}$. Muestra $\frac{2}{3}$ y $\frac{3}{4}$.

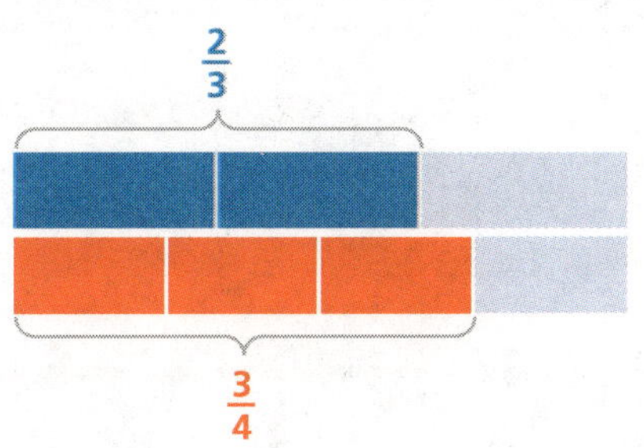

PASO 2 Multiplica los denominadores y halla la unidad común de doceavos para comparar $\frac{2}{3}$ y $\frac{3}{4}$.

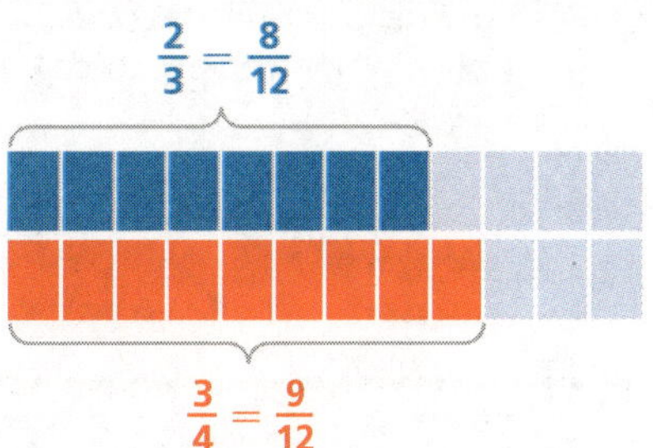

$\frac{2}{3}$ está dividido en 8 partes iguales, mientras que $\frac{3}{4}$ está dividido en 9 partes iguales.

Por tanto, $\frac{2}{3}$ de taza es $\frac{8}{9}$ de un vaso de $\frac{3}{4}$-de taza.

¡Inténtalo!

Halla $\frac{1}{4} \div \frac{3}{8}$. Dibuja un modelo de áre a.

EJEMPLO 3 — Dividir fracciones

Andrew tiene $\frac{3}{4}$ de galón de jugo de naranja. Quiere verterlo en recipientes de $\frac{1}{6}$-de galón. ¿Cuántos recipientes puede llenar Andrew?

Halla $\frac{3}{4} \div \frac{1}{6}$. Para dividir por una fracción, reescribe el problema como una multiplicación usando el recíproco del divisor.

$$\frac{3}{4} \div \frac{1}{6} = \frac{3}{4} \times \frac{6}{1}$$

$\frac{6}{1}$ es el recíproco de $\frac{1}{6}$.

$$= \frac{18}{4} \text{ o } 4\frac{1}{2}$$

Andrew puede llenar $4\frac{1}{2}$ recipientes.

¡Inténtalo!

¿Cuál es el ancho de un terreno rectangular que mide $\frac{3}{4}$ de milla de longitud y tiene un área de $\frac{1}{2}$ milla cuadrada? Usa la fórmula del área: $A = \ell \times a$.

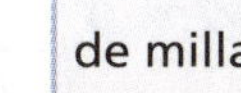

$$\frac{1}{2} = \frac{3}{4}a \;\rightarrow\; \frac{1}{2} \div \boxed{} = a \;\rightarrow\; \frac{1}{2} \times \boxed{} = a \;\rightarrow\; a = \boxed{}$$

El ancho del terreno mide $\boxed{}$ de milla.

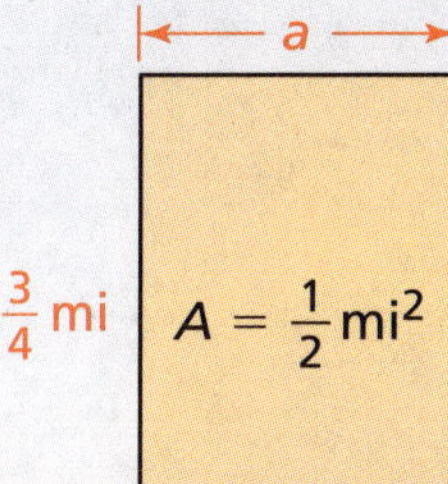

CONCEPTO CLAVE

Para dividir una fracción por una fracción, reescribe la ecuación de división como una ecuación de multiplicación.

> Para dividir por una fracción, multiplica por el recíproco del divisor.

$$\frac{4}{5} \div \frac{3}{10} = \frac{4}{5} \times \frac{10}{3} = \frac{40}{15} \text{ o } 2\frac{2}{3}$$

¿Lo entiendes?

1. **Pregunta esencial** ¿Cómo puedes dividir una fracción por una fracción?

2. **Evaluar el razonamiento** Para hallar el cociente de $\frac{2}{5} \div \frac{8}{5}$, Corey reescribe el problema como $\frac{5}{2} \times \frac{8}{5}$. Explica el error de Corey y cómo corregirlo.

3. **Razonar** ¿Es mayor o menor que $\frac{3}{5}$ el cociente de $\frac{3}{5} \div \frac{6}{7}$? Explícalo.

4. ¿En qué se diferencia dividir un número entero por una fracción de dividir una fracción por una fracción?

¿Cómo hacerlo?

En 5 a 7, escribe una división para representar cada modelo.

5.

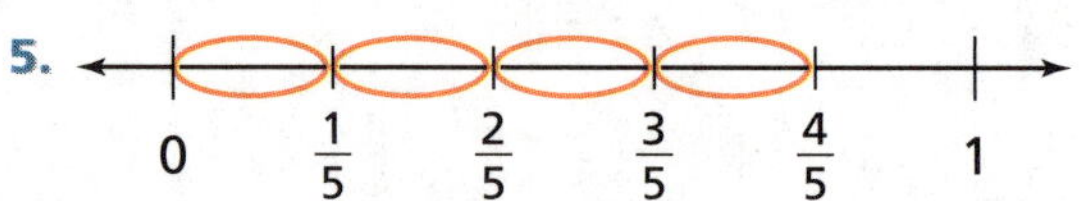

6.

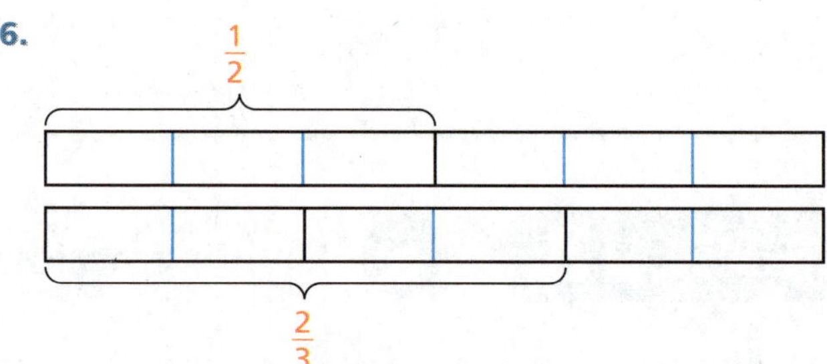

7.

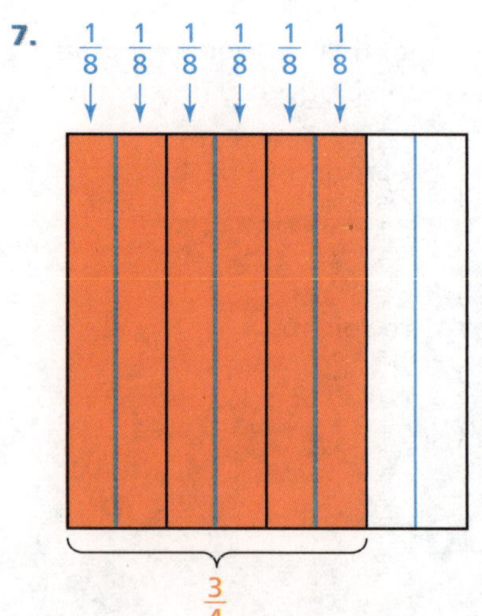

En 8 a 11, halla cada cociente.

8. $\frac{3}{4} \div \frac{2}{3}$ **9.** $\frac{3}{12} \div \frac{1}{8}$

10. $\frac{1}{2} \div \frac{4}{5}$ **11.** $\frac{7}{10} \div \frac{2}{5}$

Práctica y resolución de problemas

  PRACTICE  TUTORIAL

Escanear para contenido digital 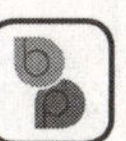

En 12 y 13, completa cada división usando los modelos dados.

12. $\frac{1}{3} \div \frac{1}{12} = \boxed{}$

0 $\frac{1}{3}$

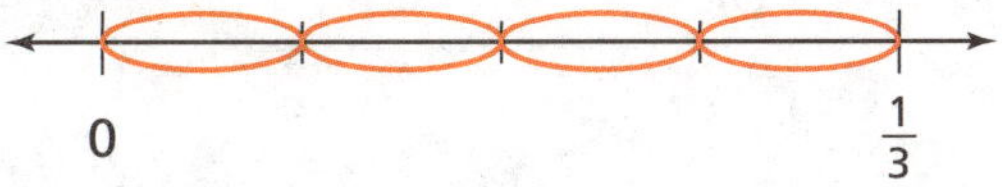

13. $\frac{2}{5} \div \frac{1}{10} = \boxed{}$

$\frac{1}{10}$ $\frac{1}{10}$ $\frac{1}{10}$ $\frac{1}{10}$

$\frac{2}{5}$

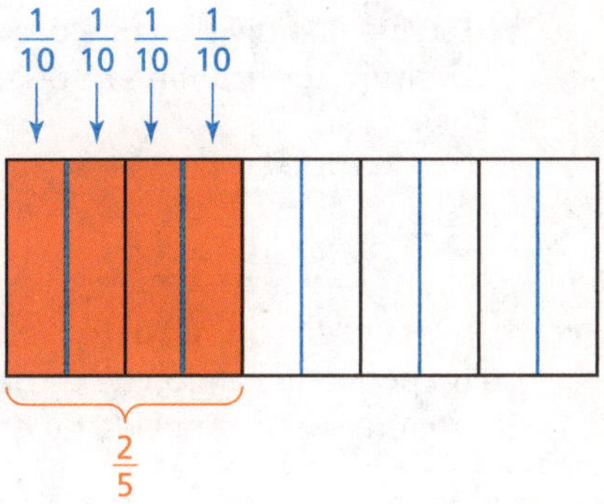

En 14 a 25, halla cada cociente.

14. $\frac{2}{3} \div \frac{1}{3}$

15. $\frac{1}{2} \div \frac{1}{16}$

16. $\frac{1}{4} \div \frac{1}{12}$

17. $\frac{6}{7} \div \frac{3}{7}$

18. $\frac{5}{14} \div \frac{4}{7}$

19. $\frac{5}{8} \div \frac{1}{2}$

20. $\frac{7}{12} \div \frac{3}{4}$

21. $\frac{2}{7} \div \frac{1}{2}$

22. $\frac{4}{9} \div \frac{2}{3}$

23. $\frac{7}{12} \div \frac{1}{8}$

24. $\frac{3}{10} \div \frac{3}{5}$

25. $\frac{2}{5} \div \frac{1}{8}$

26. Hacerlo con precisión Una bolsa grande contiene $\frac{12}{15}$ de libra de granola. ¿Cuántas bolsas de $\frac{1}{3}$ de libra se pueden llenar con esta cantidad de granola? ¿Cuánta granola sobra?

27. Razonamiento de orden superior Halla $\frac{3}{4} \div \frac{2}{3}$. Luego, haz un dibujo y escribe una explicación en la que describas cómo obtener una respuesta.

28. El área de una pintura rectangular es $\frac{1}{6}$ de yarda cuadrada. El ancho es $\frac{2}{3}$ de yarda. ¿Cuál es la longitud de la pintura? Usa la fórmula $A = \ell \times a$.

29. Halla el valor de n en la ecuación $\frac{13}{16} \div \frac{1}{6} = n$.

30. Representar con modelos matemáticos Una cafetería usa $\frac{1}{6}$ de libra de café para llenar un dosificador de café grande. La cafetería tiene $\frac{2}{3}$ de libra de café para usar.

a. Completa el modelo de la derecha para hallar cuántos dosificadores de café puede llenar la cafetería.

b. Escribe una división que describa el modelo e indique cuántos dosificadores se pueden llenar.

$\frac{2}{3}$

31. Representar con modelos matemáticos La carga completa de un pequeño camión de carga es $\frac{2}{3}$ de tonelada de grava. El camión lleva $\frac{1}{2}$ tonelada de grava.

a. Completa el modelo de abajo para hallar qué cantidad de la carga completa lleva el camión.

b. Escribe una división que describa el modelo e indique qué cantidad de la carga completa lleva el camión.

$\frac{1}{2}$

$\frac{2}{3}$

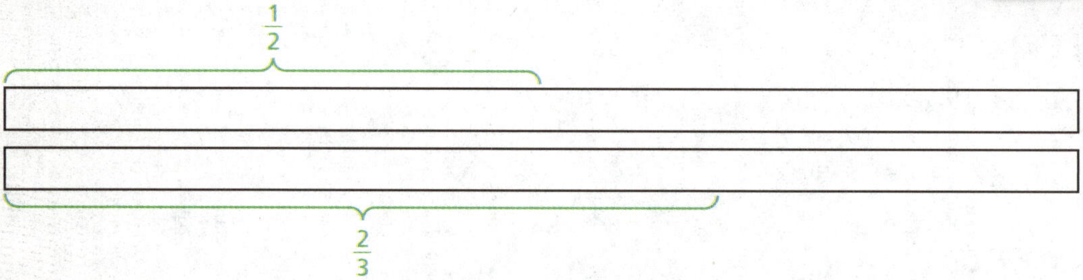

32. Usar la estructura ¿Cuántos pedazos de $\frac{1}{4}$ de pulgada se pueden cortar de un pedazo de metal de $\frac{5}{8}$ de pulgada de longitud?

33. Escribe un problema que se pueda resolver hallando $\frac{5}{8} \div \frac{2}{5}$.

Práctica para la evaluación

34. ¿Qué división muestra el modelo de la derecha?

Ⓐ $\frac{2}{3} \div \frac{1}{9} = 6$

Ⓑ $\frac{1}{9} \div \frac{2}{3} = \frac{1}{6}$

Ⓒ $6 \div \frac{1}{9} = 54$

Ⓓ $6 \div \frac{2}{3} = 9$

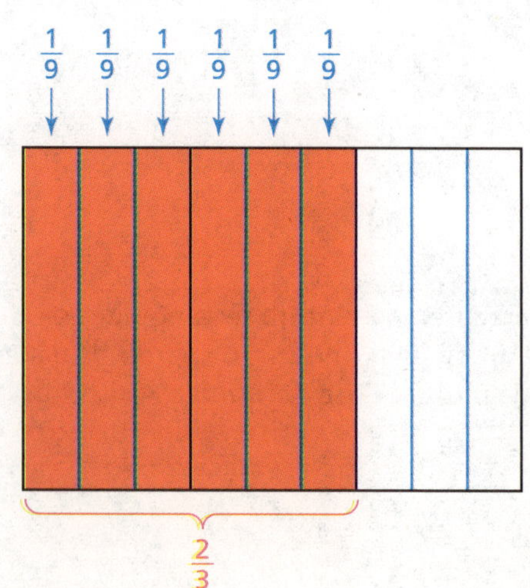

¡Resuélvelo y coméntalo!

ACTIVITY

Una joyera tiene una tira de alambre plateado de $5\frac{1}{2}$-pulgadas y la corta en pedazos de $1\frac{3}{8}$ pulgadas. ¿Cuántos pedazos puede cortar?

Puedo...
dividir con números mixtos.

Generalizar ¿Cómo puedes usar lo que sabes sobre resolver problemas con fracciones para hallar cuántos pedazos puede cortar la joyera?

Enfoque en las prácticas matemáticas

Generalizar Explica cómo usar una estimación para comprobar si tu respuesta es razonable.

  VISUAL LEARNING  ASSE

EJEMPLO 1 Dividir un número mixto por un número mixto

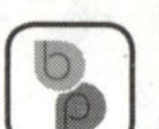

Damon tiene un espacio de $37\frac{1}{2}$ pulgadas en el parachoques de su carro y quiere usarlo para pegar calcomanías para el carro. ¿Cuántas calcomanías cortas puede pegar Damon una al lado de la otra en el parachoques?

$37\frac{1}{2}$ pulgadas

Largas = 15 pulgadas

Medianas = $10\frac{3}{4}$ pulgadas

Cortas = $6\frac{1}{4}$ pulgadas

PASO 1 Estima $37\frac{1}{2} \div 6\frac{1}{4}$.

Espacio en el parachoques — $37\frac{1}{2}$ pulgs.

Calcomanía corta — $6\frac{1}{4}$ **pulgs.** → n calcomanías

$$37\frac{1}{2} \div 6\frac{1}{4}$$
$$\downarrow \qquad \downarrow$$
$$36 \div 6 = 6$$

Usa números compatibles para estimar el cociente.

Por tanto, $37\frac{1}{2} \div 6\frac{1}{4} \approx 6$.

PASO 2 Halla $37\frac{1}{2} \div 6\frac{1}{4}$. Escribe cada número mixto en forma de fracción.

$$37\frac{1}{2} \div 6\frac{1}{4} = \frac{75}{2} \div \frac{25}{4}$$
$$= \frac{75}{2} \times \frac{4}{25}$$
$$= \frac{300}{50} \text{ o } 6$$

Usa el recíproco de $\frac{25}{4}$ para escribir un problema de multiplicación.

Puesto que 6 es la estimación, el cociente es razonable. Damon puede pegar 6 calcomanías cortas en el parachoques.

✓ ¡Inténtalo!

¿Cuántas calcomanías medianas puede pegar Damon una al lado de la otra en el parachoques del carro? Halla $37\frac{1}{2} \div 10\frac{3}{4}$.

¡Convénceme! ¿Por qué multiplicas $\frac{75}{2}$ por $\frac{4}{43}$ para dividir $37\frac{1}{2}$ por $10\frac{3}{4}$?

$$37\frac{1}{2} \div 10\frac{3}{4} = \frac{75}{2} \div \boxed{}$$
$$= \frac{75}{2} \times \boxed{}$$
$$= \boxed{}$$

Damon puede pegar $\boxed{}$ calcomanías medianas en el parachoques del carro.

EJEMPLO 2  Dividir un número entero por un número mixto

Kayla maneja su carro nuevo al trabajo todos los días. Usa $1\frac{3}{5}$ galones de gasolina en cada viaje de ida y vuelta. ¿Cuántos viajes de ida y vuelta al trabajo puede hacer Kayla con un tanque de gasolina lleno?

PASO 1

Usa números compatibles para estimar.

$$16 \div 1\frac{3}{5} \rightarrow 16 \div 2 = 8$$

Por tanto, $16 \div 1\frac{3}{5} \approx 8$.

PASO 2

$$16 \div 1\frac{3}{5} = \frac{16}{1} \div \frac{8}{5}$$

> Escribe el número entero y el número mixto en forma de fracción.

$$= \frac{16}{1} \times \frac{5}{8}$$

> Multiplica por el recíproco del divisor.

$$= \frac{80}{8} \text{ o } 10$$

La estimación, 8, está cerca del cociente, 10. La respuesta es razonable. Kayla puede hacer 10 viajes de ida y vuelta al trabajo con un tanque de gasolina lleno.

EJEMPLO 3  Dividir un número mixto por un número entero

Lillian recorre el camino en 4 horas. Camina la misma cantidad de millas por hora. ¿Cuántas millas caminó Lillian cada hora?

PASO 1

Usa números compatibles para estimar.

$$15\frac{5}{6} \div 4 \rightarrow 16 \div 4 = 4$$

Por tanto, $15\frac{5}{6} \div 4 \approx 4$.

PASO 2

$$15\frac{5}{6} \div 4 = \frac{95}{6} \div \frac{4}{1}$$

> Escribe el número mixto y el número entero en forma de fracción.

$$= \frac{95}{6} \times \frac{1}{4}$$

> Multiplica por el recíproco del divisor.

$$= \frac{95}{24} \text{ o } 3\frac{23}{24}$$

La estimación, 4, está cerca del cociente, $3\frac{23}{24}$. La respuesta es razonable. Lillian camina $3\frac{23}{24}$ millas por hora.

 ¡Inténtalo!

Divide.

a. $20 \div 2\frac{2}{3}$

b. $12\frac{1}{2} \div 6$

Para dividir con números mixtos, escribe los números mixtos y los números enteros en forma de fracción.

Usa el recíproco del divisor para reescribir el problema como un problema de multiplicación.

$$5\frac{1}{3} \div 1\frac{1}{3} = \frac{16}{3} \div \frac{4}{3} = \frac{16}{3} \times \frac{3}{4} = \frac{48}{12} \text{ o } 4$$

Finalmente, multiplica y usa la estimación para comprobar si la respuesta es razonable.

Usa números compatibles para estimar.

$$5 \div 1 = 5$$

¿Lo entiendes?

1. **Pregunta esencial** ¿Cómo puedes dividir con números mixtos?

2. Generalizar Al dividir números mixtos, ¿por qué es importante estimar el cociente primero?

3. Razonar En el Ejemplo 1, ¿cuántas calcomanías largas puede pegar Damon una al lado de la otra en el parachoques? ¿Quedará espacio libre? Explícalo.

4. ¿Cuál es la diferencia entre dividir fracciones menores que 1 y dividir números mixtos?

¿Cómo hacerlo?

En 5 a 13, halla cada cociente.

5. $2\frac{5}{8} \div 2\frac{1}{4} = \frac{21}{8} \div \boxed{}$

$$= \frac{21}{8} \times \boxed{}$$

$$= \boxed{}$$

6. $3 \div 4\frac{1}{2}$

7. $18 \div 3\frac{2}{3}$

8. $1\frac{2}{5} \div 7$

9. $5 \div 6\frac{2}{5}$

10. $8\frac{1}{5} \div 3\frac{3}{4}$

11. $2\frac{1}{2} \div 4\frac{1}{10}$

12. $2\frac{2}{3} \div 6$

13. $6\frac{5}{9} \div 1\frac{7}{9}$

Práctica y resolución de problemas

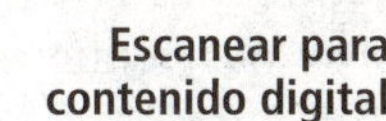 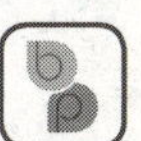

Escanear para
contenido digital

Práctica al nivel En **14** a **25**, halla cada cociente.

14. $10 \div 2\frac{1}{4} = \frac{10}{1} \div \boxed{}$

$= \frac{10}{1} \times \boxed{}$

$= \boxed{}$

15. $9\frac{1}{3} \div 6 = \frac{28}{3} \div \boxed{}$

$= \frac{28}{3} \times \boxed{}$

$= \boxed{}$

16. $1\frac{3}{8} \div 4\frac{1}{8} = \frac{11}{8} \div \boxed{}$

$= \frac{11}{8} \times \boxed{}$

$= \boxed{}$

17. $2\frac{2}{3} \div 8 = \frac{8}{3} \div \boxed{}$

$= \boxed{} \times \boxed{}$

$= \boxed{}$

18. $4\frac{1}{3} \div 3\frac{1}{4} = \frac{13}{3} \div \boxed{}$

$= \boxed{} \times \boxed{}$

$= \boxed{}$

19. $1 \div 8\frac{5}{9} = \frac{1}{1} \div \boxed{}$

$= \boxed{} \times \boxed{}$

$= \boxed{}$

20. $3\frac{5}{6} \div 9\frac{5}{6}$

21. $16 \div 2\frac{2}{3}$

22. $2\frac{5}{8} \div 13$

23. $3\frac{6}{7} \div 6\frac{3}{4}$

24. $2\frac{1}{3} \div 1\frac{1}{3}$

25. $3\frac{3}{4} \div 1\frac{1}{2}$

26. Beth está haciendo una escalera de cuerda. Cada peldaño de la escalera mide $2\frac{1}{3}$ pies de ancho. Beth tiene una cuerda de 21 pies de longitud. ¿Cuántos peldaños puede hacer con la cuerda?

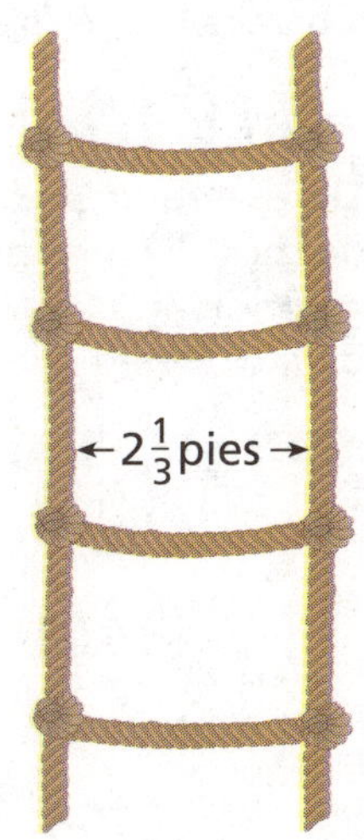

27. El área de este rectángulo es $257\frac{1}{4}$ pulg.^{2}. Halla la longitud del lado a.

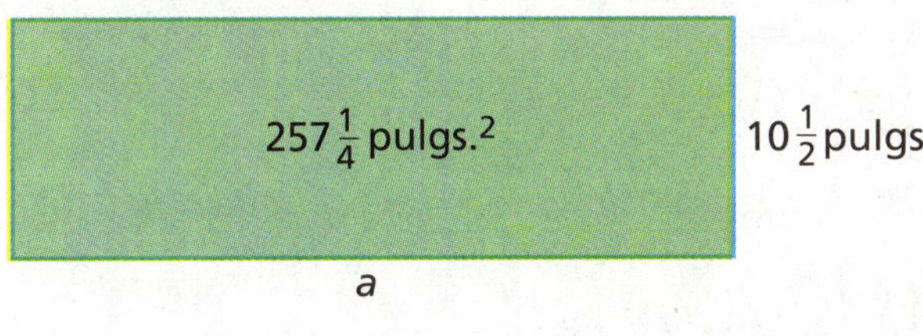

28. El cuarto más grande tiene dos veces la longitud del cuarto más pequeño. ¿Cuál es la longitud del cuarto más grande?

29. Si la longitud del cuarto más pequeño se divide en 4 partes iguales, ¿cuál es la longitud de cada parte?

$20\frac{4}{5}$ pies   ?

30. **Entender y perseverar** Luis tiene 3 libras de pavo molido para preparar hamburguesas de pavo. Usa $\frac{1}{8}$ de libra por hamburguesa para preparar 6 hamburguesas. ¿Cuántas hamburguesas de $\frac{1}{4}$ de libra puede preparar Luis con el pavo que sobra?

31. **Razonamiento de orden superior** Si $9 \times \frac{n}{5} = 9 \div \frac{n}{5}$, entonces, ¿cuánto vale n? Explícalo.

32. Margaret usa $1\frac{3}{4}$ cucharaditas de cáscara de lima para preparar 12 bizcochitos de lima. Quiere preparar 30 bizcochitos. ¿Cuánta cáscara de lima usará Margaret?

33. **Usar la estructura** Una tienda de gemas de Fort Lauderdale recibió un envío de $1\frac{1}{2}$ libras de cristales de piedra lunar. Si se separaran los cristales de piedra lunar en 6 bolsas iguales, ¿cuánto pesaría cada bolsa?

34. El dueño de una tienda acuática usó $17\frac{1}{2}$ galones de agua para llenar peceras. Puso $5\frac{5}{6}$ galones de agua en cada pecera. ¿Cuántas peceras llenó?

35. Escribe una explicación a un amigo sobre cómo estimarías $17\frac{1}{5} \div 3\frac{4}{5}$.

✓ Práctica para la evaluación

36. Un restaurante tiene $15\frac{1}{5}$ libras de carne de cocodrilo para preparar sabrosos platos de cocodrilo.

PARTE A

Para cada olla de guiso de cocodrilo se necesitan $2\frac{3}{8}$ libras de carne de cocodrilo. ¿Qué solución muestra cuántas ollas de guiso de cocodrilo pueden hacerse?

PARTE B

El restaurante podría preparar una olla de guiso de cocodrilo más pequeña con $1\frac{3}{5}$ libras de carne de cocodrilo. ¿Cuántas ollas de guiso de cocodrilo pequeñas más que las grandes pueden hacerse?

Ⓐ 36 ollas; $15\frac{1}{5} \times 2\frac{3}{8}$

Ⓑ $\frac{5}{32}$ de olla; $2\frac{3}{8} \div 15\frac{1}{5}$

Ⓒ 7 ollas; $15\frac{1}{5} \div 2\frac{3}{8}$

Ⓓ 6 ollas; $15\frac{1}{5} \div 2\frac{3}{8}$

¡Explícalo!

Jenna alimenta a su gato dos veces por día. Le da $\frac{3}{4}$ de lata de comida para gatos por vez. Una amiga cuidará el gato de Jenna durante 5 días. Para prepararse, compró 8 latas de comida para gatos. ¿Compró Jenna suficiente comida para gatos?

Puedo...
resolver problemas de varios pasos con fracciones y números decimales.

A. ¿Qué necesitas saber antes de responder la pregunta?

B. ¿Cómo determinas qué operaciones debes usar para resolver el problema?

Enfoque en las prácticas matemáticas

Razonar Para averiguar si tiene suficiente comida para gatos, Jenna multiplica, divide y compara. Explica cómo Jenna pudo haber resuelto el problema.

 **VISUAL LEARNING**  ASSE

EJEMPLO 1 Resolver problemas de varios pasos con fracciones

Escanear para contenido digital 

Un granjero construye un pequeño circuito para montar a caballo. El vallado alrededor del circuito se construye con tres filas de tablas de madera. El granjero decidió usar tablas de madera de $8\frac{1}{2}$ pies de longitud; por tanto, ordenó 130 tablas de madera a un almacén de maderas local. ¿Ordenó suficientes tablas de madera para construir el circuito?

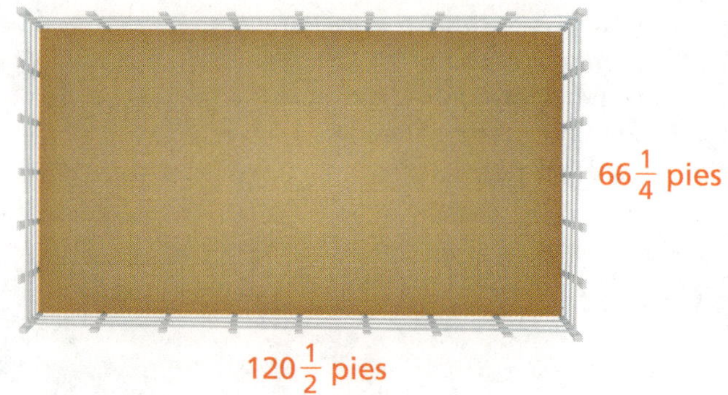

Halla el perímetro del circuito.

$$P = 2 \times 120\frac{1}{2} + 2 \times 66\frac{1}{4}$$

$$= 241 + 132\frac{1}{2}$$

$$= 373\frac{1}{2} \text{ pies}$$

El granjero necesita suficientes tablas de madera para cubrir 3 veces el perímetro.

$$3 \times 373\frac{1}{2} = 1,120\frac{1}{2} \text{ pies}$$

Divide para hallar cuántas tablas de $8\frac{1}{2}$ pies de longitud se necesitan.

$$1,120\frac{1}{2} \div 8\frac{1}{2} = \frac{2,241}{2} \div \frac{17}{2}$$

$$= \frac{2,241}{2} \times \frac{2}{17}$$

$$= \frac{4,482}{34} \text{ o } 131\frac{14}{17}$$

El granjero necesita por lo menos 132 tablas de madera para construir el vallado. No ordenó suficientes tablas de madera.

✓ ¡Inténtalo!

El granjero decidió que ordenó suficientes tablas de madera para un circuito de $115\frac{1}{4}$ pies por $63\frac{1}{2}$ pies. ¿Tiene razón? Explícalo.

¡Convénceme! ¿Qué preguntas necesitas responder para resolver el ejercicio de "¡Inténtalo!"?

 ACTIVITY
 ASSESS

Se está organizando un maratón de 26.2 millas. Se deben colocar estaciones de agua y carpas médicas a lo largo del recorrido.

A. Las estaciones de agua se instalan cada 2.62 millas del recorrido del maratón y en la línea de salida. ¿Cuántas estaciones de agua se necesitan?

> Divide 26.2 por 2.62 para hallar la cantidad de estaciones de agua a lo largo del recorrido.

$$26.2 \div 2.62 = 10$$

$$10 + 1 = 11$$

> Suma 1 para incluir la estación de agua que está en la línea de salida.

Se necesitan 11 estaciones de agua en total para el maratón.

B. Hay 5 carpas médicas separadas por la misma distancia a lo largo del recorrido del maratón, incluyendo una en la línea de salida y una en la meta. ¿Dónde se deberían colocar las otras 3 carpas médicas?

Hacerlo con precisión

Para hacerlo con precisión, calcula con exactitud cuando resuelves problemas.

> Divide 26.2 por 4 para hallar la ubicación de la primera carpa médica después de la que está en la línea de salida.

$$26.2 \div 4 = 6.55$$

$$6.55 \times 2 = 13.1 \qquad 6.55 \times 3 = 19.65$$

> Duplica la distancia para hallar la ubicación de la tercera carpa.

> Triplica la distancia para hallar la ubicación de la cuarta carpa.

La quinta carpa está en la línea de llegada.

Las carpas médicas están en la línea de salida, a las 6.55 millas, a las 13.1 millas, a las 19.65 millas y en la línea de llegada.

 **¡Inténtalo!**

La cantidad de corredores que terminan el maratón es 320. Los corredores donan $2.50 por cada milla que corren. ¿Cuánto dinero se dona? Explícalo.

$$26.2 \times \boxed{} = \boxed{} \text{ millas}$$

$$\boxed{} \times \$2.50 = \boxed{}$$

Cuando resuelves problemas de varios pasos con fracciones o números decimales:

- decide los pasos que se deben seguir para resolver el problema.

- escoge las operaciones correctas.

- identifica la información que necesitas del problema.

- usa la información de manera correcta.

- calcula con exactitud.

- interpreta las soluciones y comprueba que la respuesta sea razonable.

¿Lo entiendes?

1. **? Pregunta esencial** ¿Cómo puedes resolver problemas con números racionales?

2. **Hacerlo con precisión** Megan tiene $5\frac{1}{4}$ yardas de tela. Planea usar $\frac{2}{3}$ de la tela para hacer 4 mochilas idénticas. Para hallar cuánta tela usará para hacer las mochilas, Megan multiplica $5\frac{1}{4}$ por $\frac{2}{3}$. ¿Qué más debe hacer Megan para hallar cuánta tela necesita para cada mochila?

3. **Evaluar el razonamiento** Cada lado de un patio cuadrado mide 10.5 pies. El patio está formado por baldosas cuadradas de 1.5 pies por 1.5 pies. ¿Cuántas piedras hay en el patio? Mira la solución de abajo. ¿Incluye todos los pasos necesarios para resolver el problema? Explícalo.

$10.5 \times 10.5 = 110.25$

$110.25 \div 1.5 = 73.5$

¿Cómo hacerlo?

4. Devon graba 4 horas de *reality shows* en su grabadora de video digital. Graba programas de comedia durante $\frac{3}{8}$ de esa cantidad de tiempo. Devon ve los *reality shows* y las comedias en sesiones de media hora.

  a. Halla la cantidad de horas de programas de comedia que graba Devon.

  b. Halla la cantidad total de horas de *reality shows* y de comedia que graba Devon.

  c. Halla la cantidad de sesiones de media hora que necesita para ver todos los programas.

5. Un mecánico de carros gana $498.75 en 35 horas durante la semana. Cobra $2.50 más por hora el fin de semana. Si trabaja 6 horas durante el fin de semana además de las 35 horas de la semana, ¿cuánto gana?

  a. ¿Qué preguntas necesitas responder para resolver el problema?

  b. ¿Cuánto gana el mecánico? Explícalo.

Práctica y resolución de problemas

Escanear para contenido digital

En 6 a 8, usa la ilustración de la derecha.

6. Compras 3.17 libras de manzanas, 1.25 libras de peras y 2.56 libras de naranjas. ¿Cuánto gastas en total redondeado al centavo más cercano?

7. Un estudiante paga 8.9 libras de manzanas con un billete de $10. ¿Cuánto recibirá el estudiante de cambio?

   a. ¿Qué haces primero para resolver el problema?

   b. ¿Qué haces a continuación?

8. Un cliente paga $3.27 por las naranjas y $4.76 por las peras. ¿Cuántas libras de fruta compra el cliente?

   a. ¿Qué haces primero para resolver el problema?

   b. ¿Qué haces a continuación?

9. **Evaluar el razonamiento** Los estudiantes colocan $2\frac{1}{4}$ libras de mezcla de nueces y frutas secas en bolsas de $\frac{3}{8}$ de libra cada una. Llevan $\frac{2}{3}$ de las bolsas de mezcla de nueces y frutas secas a una excursión. ¿Puedes determinar cuántas bolsas de mezcla sobran haciendo un solo paso? Explícalo.

10. Tres quintos de las camisetas que hay en una tienda de camisetas son azules. Cinco octavos de esas camisetas están en oferta. Un tercio de las camisetas azules que están en oferta son medianas. ¿Qué fracción de las camisetas de la tienda son camisetas azules que están en oferta y son medianas? Explícalo.

En 11 y 12, usa el diagrama.

Un jardín comunitario está dividido en tres partes: un huerto, un herbario y un jardín de flores.

11. El área del huerto es 0.4 del área del jardín comunitario. ¿Cuál es el área del huerto?

12. El área del jardín de flores es 9.7 metros cuadrados más grande que el herbario. ¿Cuál es el área del jardín de flores?

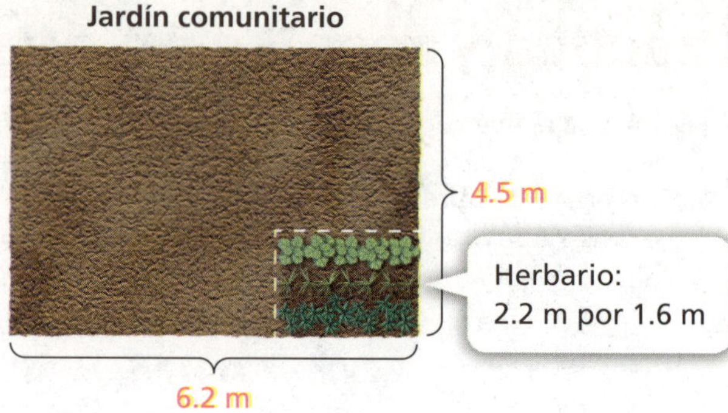

13. Razonar Al final de una fiesta, sobra $\frac{3}{4}$ de taza de salsa de pescado ahumado. Jim divide $\frac{4}{5}$ de la salsa de pescado ahumado que sobró en partes iguales entre 2 amigos. ¿Cuánta salsa recibe cada amigo?

14. Los estudiantes planean hacer una caminata de 3 días por los Everglades. La caminata cubre una distancia de 18.5 kilómetros. Los estudiantes recorren 0.28 de la distancia total el primer día. Si dividen la distancia que falta equitativamente entre el segundo y el tercer día, ¿cuánto caminarán el día 3?

15. Razonamiento de orden superior Kelly compra 3 recipientes de ensalada de papa en la salchichonería. Lleva $\frac{4}{5}$ de la ensalada de papa a un picnic. ¿Cuántas libras de ensalada de papa lleva Kelly al picnic? Describe dos maneras diferentes de resolver el problema.

Práctica para la evaluación

16. Los estudiantes preparan $84\frac{1}{2}$ libras de jabón líquido para una feria de manualidades. Colocan el jabón en frascos de $6\frac{1}{2}$ onzas y venden cada frasco a \$5.50. ¿Qué expresión muestra cuánto dinero ganan los estudiantes si venden todos los frascos de jabón líquido?

Ⓐ $71.50; $\left(84\frac{1}{2} \div 6\frac{1}{2}\right) \times 5.50$

Ⓑ $92.18; $\left(84\frac{1}{2} \div 5.50\right) \times 6$

Ⓒ $18.50; $\left(84\frac{1}{2} \div 6\frac{1}{2}\right) + 5.50$

Ⓓ $99.86; $\left(84\frac{1}{2} \times 6\frac{1}{2}\right) \div 5.50$

17. Claire cortó el césped de 5 casas la semana pasada. Tardó $\frac{7}{12}$ de hora en cada casa. Esta semana cortó la misma cantidad de césped en $\frac{5}{12}$ de hora usando su nueva cortadora de césped. ¿Cuántas veces el tiempo de esta semana tardó Claire en cortar el césped la semana pasada?

? Pregunta esencial del tema

¿Cómo puedes sumar, restar, multiplicar y dividir números decimales con fluidez? ¿Cómo multiplicas y divides fracciones?

Repaso del vocabulario

Completa cada definición y luego da un ejemplo de cada palabra de vocabulario.

Vocabulario dividendo fracción producto recíproco

Definición	Ejemplo
1. La respuesta a un problema de multiplicación se llama ___________.	
2. El/La ___________ es la cantidad que se divide.	
3. Para escribir una división en forma de multiplicación, se multiplica por el/la ___________ del divisor.	

Usar el vocabulario al escribir

Describe cómo usas la multiplicación para hallar el valor de $\frac{1}{3} \div \frac{9}{5}$. Usa las palabras *multiplicación*, *divisor*, *cociente* y *recíproco* en tu explicación.

Repaso de conceptos y destrezas

 Sumar, restar y multiplicar números decimales con fluidez

Repaso rápido

Para sumar o restar números decimales, alinea los puntos decimales para que los valores de posición coincidan. Suma o resta como lo harías con números enteros y coloca el punto decimal en la respuesta. Para multiplicar números decimales, multiplica como lo harías con números enteros y luego coloca el punto decimal en el producto comenzando por la derecha y contando la cantidad de lugares que corresponde a la suma de la cantidad de lugares decimales de los factores.

Ejemplo

Suma, resta o multiplica.

```
  22.6        22.6          22.6    1 lugar decimal
+ 12.4      − 12.4        × 12.4    1 lugar decimal
------      ------        ------
  35.0        10.2          904
                           4520
                        + 22600
                        --------
                         280.24    2 lugares decimales
```

Práctica

Suma, resta o multiplica.

1. 91.2 + 89.9

2. 902.3 − 8.8

3. 5 × 98.2

4. 4 × 0.21

5. 62.99 − 10.83

6. 423.22 + 98.30

7. 4.4 × 6

8. 7 × 21.6

9. 24.52 − 9.6

10. 369.45 + 32.42

11. 12.5 × 163.2

12. 16 × 52.3

13. 121.3 + 435.7

14. 201.7 − 104.6

 Dividir números enteros y números decimales con fluidez

Repaso rápido

Para dividir números decimales, multiplica el divisor y el dividendo por la misma potencia de 10 de modo tal que el divisor sea un número entero. Luego, usa el algoritmo de la división de números enteros.

Ejemplo

Halla 2.75 ÷ 0.05.

```
      55.
  5)275.     Multiplica el divisor y el dividendo por
  − 25       la misma potencia de 10 para dividir
  ----       números enteros.
    25
  − 25       Coloca el punto decimal en el cociente
  ----       y divide.
     0
```

Práctica

Divide.

1. 9.6 ÷ 1.6

2. 48.4 ÷ 0.4

3. 13.2 ÷ 0.006

4. 10.8 ÷ 0.09

5. 45 ÷ 4.5

6. 1,008 ÷ 1.8

7. 1.26 ÷ 0.2

8. 2.24 ÷ 3.2

9. 35.75 ÷ 55

10. 120.4 ÷ 602

11. 330 ÷ 5.5

12. 1.08 ÷ 0.027

Repaso rápido

Multiplica los numeradores para hallar el numerador del producto. Multiplica los denominadores para hallar el denominador del producto.

Ejemplo

Halla $\frac{2}{3} \times \frac{5}{6}$.

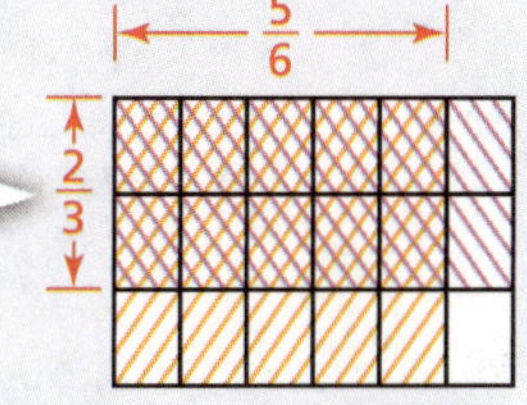

10 de los 18 rectángulos están en el área superpuesta. Por tanto, $\frac{2}{3} \times \frac{5}{6} = \frac{10}{18}$ o $\frac{5}{9}$.

Práctica

Halla cada producto.

1. $\frac{2}{3} \times \frac{3}{8}$ **2.** $\frac{1}{4} \times \frac{3}{5}$

3. $\frac{1}{6} \times \frac{1}{8}$ **4.** $\frac{4}{7} \times \frac{4}{7}$

5. $\frac{6}{7} \times \frac{1}{2}$ **6.** $\frac{3}{8} \times \frac{8}{3}$

7. $\frac{2}{3} \times \frac{1}{3}$ **8.** $\frac{7}{8} \times \frac{3}{2}$

9. $2\frac{1}{3} \times 4\frac{1}{5}$ **10.** $4\frac{1}{2} \times 6\frac{2}{3}$

11. $3\frac{3}{5} \times 2\frac{5}{7}$ **12.** $14\frac{2}{7} \times 4\frac{3}{10}$

Repaso rápido

Para dividir por una fracción, usa el recíproco del divisor y reescribe el problema como un problema de multiplicación.

Ejemplo

Halla $4 \div \frac{4}{5}$.

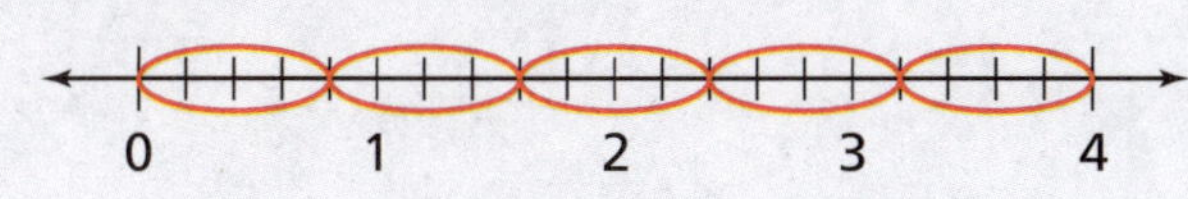

$4 \div \frac{4}{5} = 4 \times \frac{5}{4}$

$\frac{4}{1} \times \frac{5}{4} = \frac{20}{4}$ o 5

Halla $\frac{3}{4} \div \frac{1}{8}$.

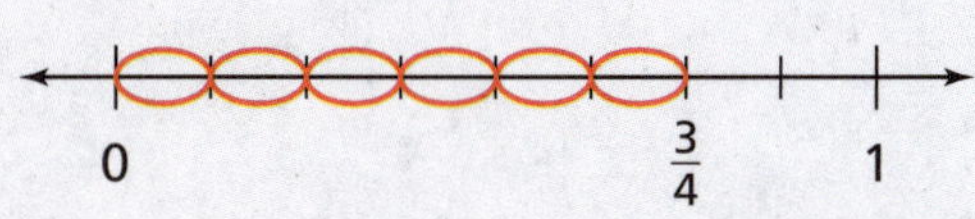

$\frac{3}{4} \div \frac{1}{8} = \frac{3}{4} \times \frac{8}{1}$

$\frac{3}{4} \times \frac{8}{1} = \frac{24}{4}$ o 6

Práctica

Halla cada cociente.

1. $7 \div \frac{1}{2}$ **2.** $6 \div \frac{2}{5}$

3. $2 \div \frac{1}{8}$ **4.** $8 \div \frac{4}{9}$

5. $\frac{1}{2} \div \frac{1}{4}$ **6.** $\frac{8}{10} \div \frac{1}{5}$

7. $\frac{5}{6} \div \frac{3}{8}$ **8.** $\frac{1}{3} \div \frac{1}{2}$

9. $5 \div \frac{5}{16}$ **10.** $\frac{7}{12} \div \frac{3}{4}$

11. $20 \div \frac{5}{6}$ **12.** $16 \div \frac{1}{4}$

13. $\frac{4}{5} \div \frac{1}{8}$ **14.** $5 \div \frac{1}{10}$

15. $\frac{7}{11} \div \frac{1}{11}$ **16.** $4 \div \frac{2}{8}$

Repaso rápido

Para dividir por un número mixto, expresa cada número mixto como una fracción. Luego, usa el recíproco del divisor para reescribir el problema como un problema de multiplicación.

Ejemplo

$6\frac{1}{2} \div 1\frac{1}{6} = \frac{13}{2} \div \frac{7}{6}$

> Expresa los números mixtos como fracciones.

$\frac{13}{2} \div \frac{7}{6} = \frac{13}{2} \times \frac{6}{7}$

> Escribe el problema como un problema de multiplicación usando el recíproco del divisor.

$\frac{13}{2} \times \frac{6}{7} = \frac{78}{14}$ o $5\frac{4}{7}$

> Multiplica. Expresa la fracción del cociente como un número mixto.

Práctica

Halla cada cociente.

1. $6\frac{3}{8} \div 4\frac{1}{4}$

2. $9 \div 2\frac{2}{7}$

3. $3\frac{3}{5} \div 1\frac{1}{5}$

4. $5\frac{1}{2} \div 3\frac{3}{8}$

5. $3\frac{2}{5} \div 1\frac{1}{5}$

6. $12\frac{1}{6} \div 3$

7. $12 \div 1\frac{1}{2}$

8. $3\frac{1}{2} \div 2\frac{1}{4}$

9. $8 \div 1\frac{1}{4}$

10. $10\frac{1}{2} \div 1\frac{3}{4}$

11. $3\frac{3}{4} \div 2\frac{1}{2}$

12. $60 \div 3\frac{1}{3}$

Repaso rápido

Cuando resuelves problemas de varios pasos:

- **decide los pasos a seguir para resolver el problema.**
- **escoge las operaciones correctas.**
- **identifica la información que necesitas del problema.**
- **usa la información de manera correcta.**
- **calcula con exactitud.**
- **comprueba que la respuesta es razonable.**

Ejemplo

El jardín de Jane mide 3.4 metros por 6.5 metros. Si el vallado cuesta $2.25 por metro, ¿cuánto costará cercar el jardín de Jane?

Paso 1: Halla cuánta valla se necesita.
$3.4 + 3.4 + 6.5 + 6.5 = 19.8$ metros

Paso 2: Multiplica para hallar el costo.
$19.8 \times 2.25 = \$44.55$

Paso 3: Haz una estimación para comprobar.
$3 + 3 + 7 + 7 = 20$ metros
$20 \times 2.00 = \$40.00$

$40 está cerca de $44.55; por tanto, la respuesta es razonable.

Práctica

Daisy tiene un pepino que mide 3 pulgadas de longitud y otro pepino que mide 5 pulgadas de longitud. Corta los pepinos en rodajas de $\frac{3}{8}$ de pulgada de espesor y se las agrega a una ensalada. ¿Cuántas rodajas de $\frac{3}{8}$ de pulgada de espesor tiene Daisy?

1. Escribe expresiones de división para representar los primeros pasos del problema.

2. Resuelve. Luego, explica tu respuesta.

Hallar la ruta

Sombrea una ruta desde la SALIDA hasta la META. Sigue las soluciones en las que el dígito de la posición de las centésimas sea mayor que el dígito de la posición de las décimas. Solo puedes ir hacia arriba, abajo, derecha o izquierda.

Puedo... multiplicar y dividir números decimales.

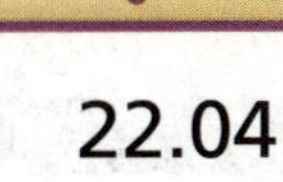

22.04×9	$7.2\overline{)42.12}$	53.08×2.4	0.18×1.5	$7\overline{)0.28}$
$25\overline{)28}$	3.71×0.6	$2.5\overline{)23.35}$	$9\overline{)0.954}$	0.9×0.27
12.4×14.6	$1.3\overline{)2.314}$	86.35×7	$0.4\overline{)1.06}$	$6\overline{)72.72}$
$1.2\overline{)0.9}$	1.05×1.05	$2.4\overline{)8.7}$	7.2×0.06	$75\overline{)18}$
86.3×0.4	$16\overline{)0.04}$	$8\overline{)4.4}$	5.2×3.8	22.3×1.8

ENTEROS Y NÚMEROS RACIONALES

? Pregunta esencial del tema

¿Qué son los enteros y los números racionales? ¿Cómo se grafican puntos en un plano de coordenadas?

Vistazo al tema

2-1 Entender enteros

2-2 Representar números racionales en la recta numérica

2-3 Valores absolutos de números racionales

2-4 Representar números racionales en el plano de coordenadas

Representación matemática en 3 actos: El disco volador

2-5 Hallar distancias en el plano de coordenadas

2-6 Representar polígonos en el plano de coordenadas

Vocabulario del tema

- cuadrantes
- enteros
- ejes de las x y de las y
- número racional
- opuestos
- origen
- par ordenado
- plano de coordenadas
- valor absoluto

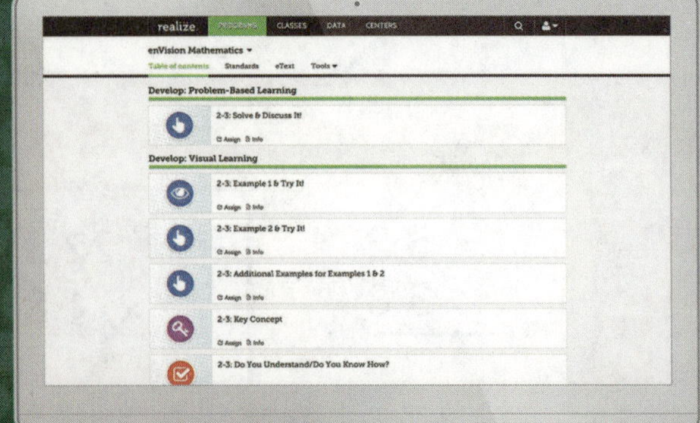

En línea

Recursos digitales de la lección

INTERACTIVE STUDENT EDITION
Accede con o sin conexión.

VISUAL LEARNING ANIMATION
Interactúa con el aprendizaje visual animado.

ACTIVITY Úsala con las actividades *¡Resuélvelo y coméntalo!*, *¡Explóralo!* y *¡Explícalo!*, y para explorar los Ejemplos.

VIDEOS Mira videos como apoyo para las lecciones de *Representación matemática en 3 actos* y los *Proyectos* STEM.

El disco volador

▶ El disco volador

¿Has jugado alguna vez *ultimate*? Es un deporte que se juega con un disco volador. El objetivo es anotar la mayor cantidad de puntos pasando el disco hacia la zona de anotación de tu oponente. Millones de personas juegan ultimate en todo el mundo, desde partidos informales hasta ligas profesionales.

Existen muchas maneras de lanzar un disco volador. Se necesita mucha práctica para aprender cada tipo de tiro. Si quieres que el disco recorra un camino y una distancia específicos, debes probar tiros diferentes con efectos y potencias diferentes. Piensa en esto durante la lección de Representación matemática en 3 actos.

PRACTICE Practica lo que has aprendido.

TUTORIALS Usa los videos de *Virtual Nerd* cuando los necesites.

MATH TOOLS Explora las matemáticas con herramientas digitales.

GAMES Usa los Juegos de Matemáticas como apoyo para aprender.

KEY CONCEPT Repasa el contenido importante de la lección.

A-Z GLOSARIO Lee y escucha las definiciones en inglés y español.

ASSESSMENT Muestra lo que has aprendido.

¿Sabías que…?

Los ingenieros usan el proceso de diseño de ingeniería para hallar soluciones a los desafíos actuales y para innovar.

Los ingenieros muchas veces necesitan volver a realizar pasos anteriores del proceso. Si hallan un problema durante la comprobación del modelo, deben volver atrás, hacer ajustes e intentar nuevamente.

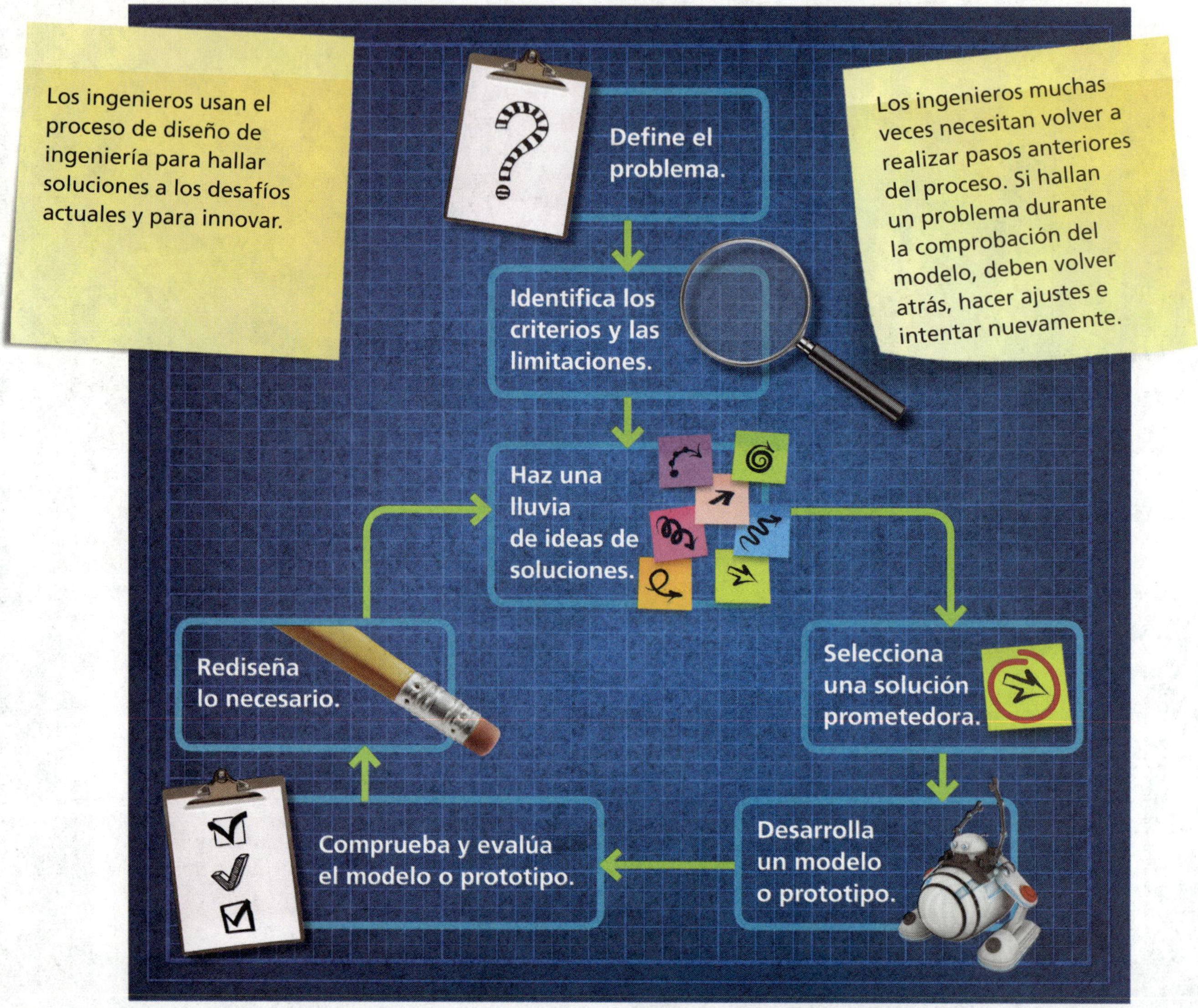

Tu tarea:
Mejora tu escuela 

Ahora que ya has definido el problema, o las mejoras necesarias, tú y tus compañeros aplicarán el proceso de diseño de ingeniería para proponer soluciones.

¡Repasa lo que sabes!

Vocabulario

Escoge el mejor término del recuadro para completar cada definición.

> denominador
>
> fracción
>
> numerador
>
> número decimal

1. Un/Una ________________ nombra una parte de un todo, una parte de un conjunto o una ubicación en una recta numérica.

2. El número que está arriba de la barra de fracciones y representa la parte

del todo es el/la ________________.

3. El número que está debajo de la barra de fracciones y representa la cantidad

total de partes iguales que hay en un todo es el/la ________________.

Fracciones y números decimales

Escribe cada fracción en forma decimal.

4. $\dfrac{2}{5}$

5. $\dfrac{3}{4}$

6. $\dfrac{10}{4}$

7. $\dfrac{12}{5}$

8. $\dfrac{3}{5}$

9. $\dfrac{15}{3}$

División con números decimales

Divide.

10. $1.25 \div 0.5$

11. $13 \div 0.65$

12. $12.2 \div 0.4$

Pares ordenados

Escribe el par ordenado para cada punto que se muestra en la gráfica.

13. J

14. K

15. L

16. M

Marca cada punto en el plano de coordenadas.

17. $A(6, 2)$

18. $B(1, 3)$

19. $C(5, 7)$

20. $D(3, 4)$

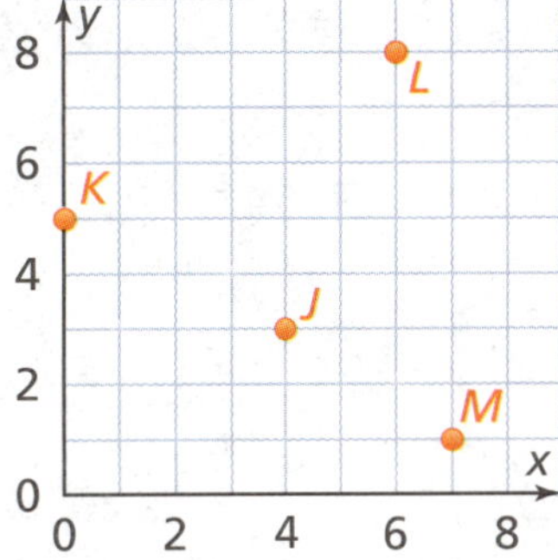

Explicar

21. Leo dijo que el cociente de $3.9 \div 0.75$ es 0.52. Explica cómo sabes que Leo no tiene razón sin completar la división.

Desarrollo del lenguaje

Usa el organizador gráfico como ayuda para entender nuevas palabras de vocabulario.

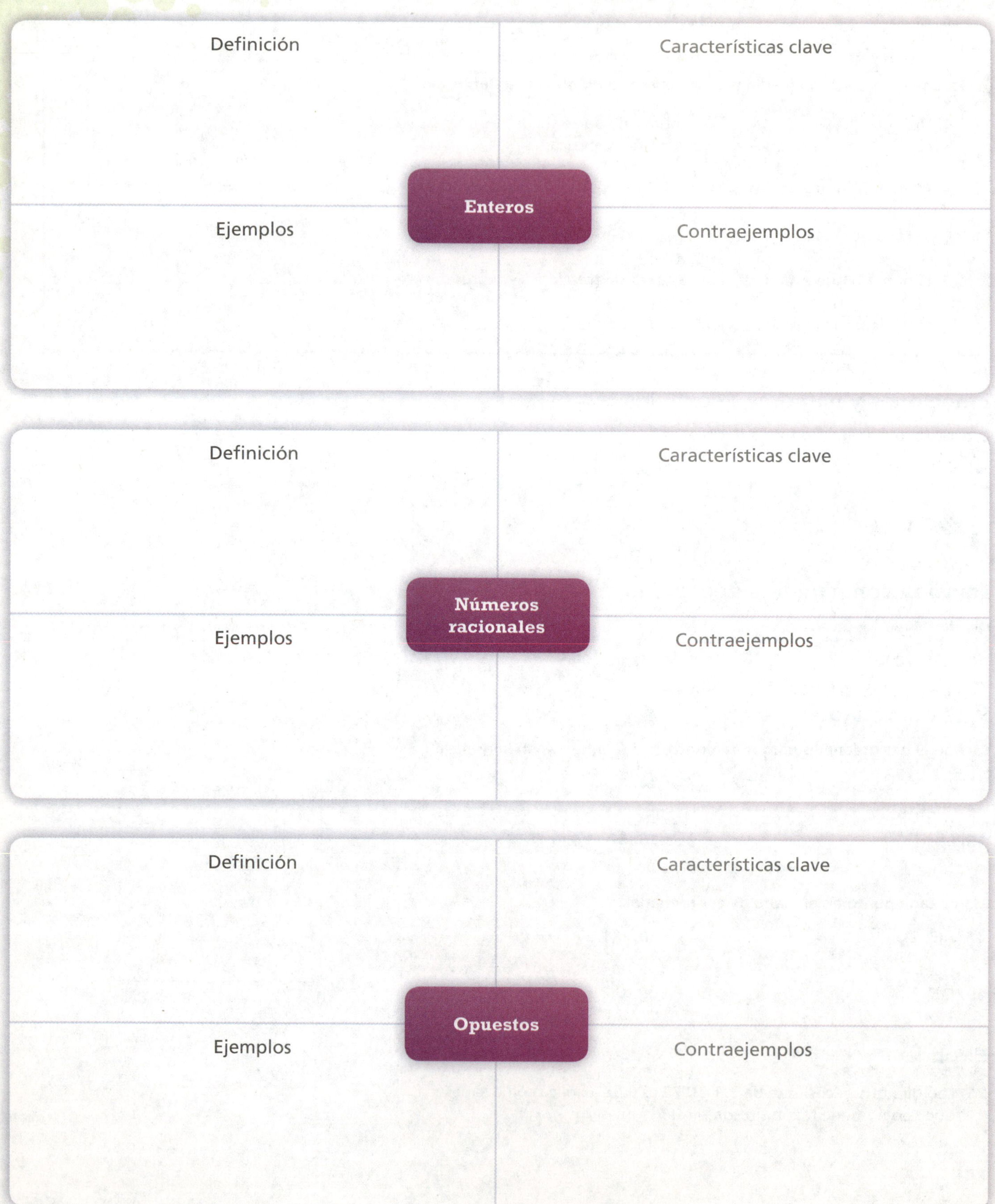

¿Qué lugares de los Estados Unidos querrías visitar?

PROYECTO: DISEÑA UN FOLLETO DE VIAJE

Si decidieras resolver un rompecabezas, ¿qué tipo escogerías?

PROYECTO: DISEÑA UN ROMPECABEZAS DE UNIR LOS PUNTOS

PROYECTO 2C

¿Cuáles son algunos ejercicios para mantenerse en forma y divertirse?

PROYECTO: GRABA UN VIDEO DE EJERCICIOS

PROYECTO 2D

Si hicieras un anuncio publicitario, ¿de qué producto sería?

PROYECTO: ESCRIBE TU PROPIO COMERCIAL

¡Explícalo!

Puedo...
usar enteros positivos y negativos.

Sam registró que la temperatura exterior era − 4 °F a las 7:30 *a. m.* Al mediodía, era 22 °F. Sam dijo que la temperatura cambió 18 °F, porque $22 - 4 = 18$.

A. Evaluar el razonamiento ¿Tiene o no tiene razón Sam? Explícalo.

B. Construir argumentos ¿Cuánto cambió en total la temperatura desde las 7:30 *a. m.* hasta el mediodía? Usa el termómetro como ayuda para justificar tu solución.

Enfoque en las prácticas matemáticas

Razonar 0 °C es la temperatura a la que se congela el agua. ¿Qué temperatura es más fría: 10 °C o −10 °C? Explícalo.

EJEMPLO 1  Definir enteros y opuestos

Escanear para
contenido digital 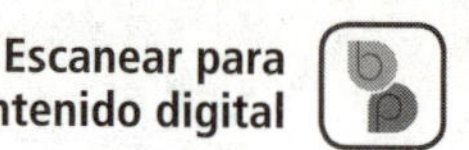

Los números para contar, sus opuestos y 0 son **enteros**. Los números que están ubicados en lados opuestos del 0 y que están a la misma distancia del 0 en una recta numérica son **opuestos**. ¿Qué entero es el opuesto de 6? ¿Cuál es el opuesto de −6?

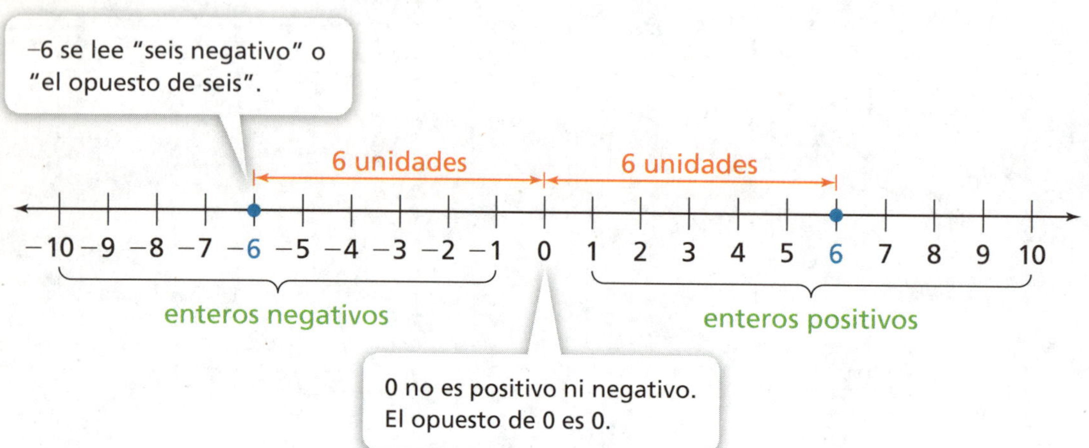

Un termómetro es como una recta numérica vertical que usa enteros para mostrar la temperatura medida en grados.

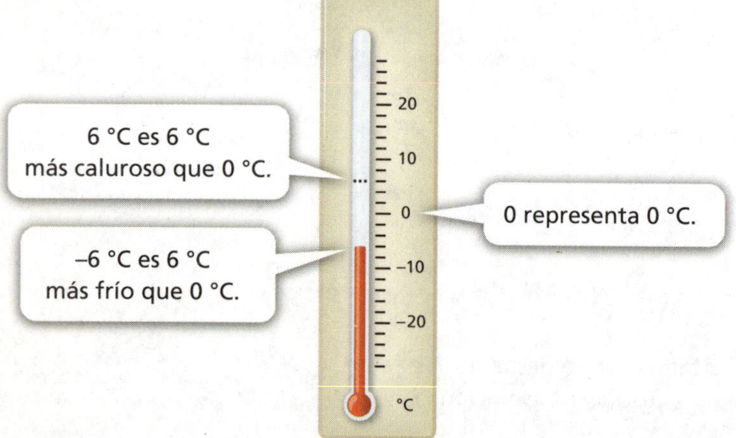

−6 es el opuesto de 6.

El opuesto del opuesto de un número es el mismo número.

Por ejemplo, el opuesto de 6 es −6 y el opuesto de −6 es 6.

Usar la estructura Para representar el opuesto de −6, escribe −(−6).

✓ ¡Inténtalo!

Rotula los enteros en la recta numérica.

El opuesto de 4 es ⬜.   El opuesto de −4 es ⬜.

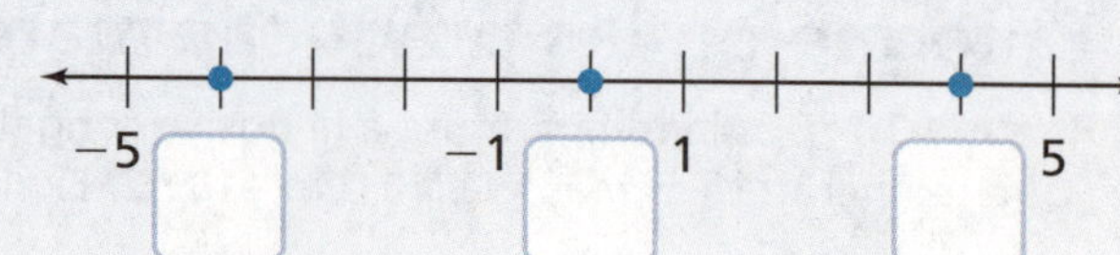

¡Convénceme! ¿Cómo sabes que dos números son opuestos?

EJEMPLO 2 — Comparar y ordenar enteros

Riley anotó las temperaturas de cinco días en enero. ¿Cuál fue el día más frío que anotó Riley? ¿Cuál fue el día más caluroso? Escribe las temperaturas de menor a mayor.

Día	Lunes	Martes	Miércoles	Jueves	Viernes
Temperatura (°F)	−5 °F	−2 °F	4 °F	−3 °F	1 °F

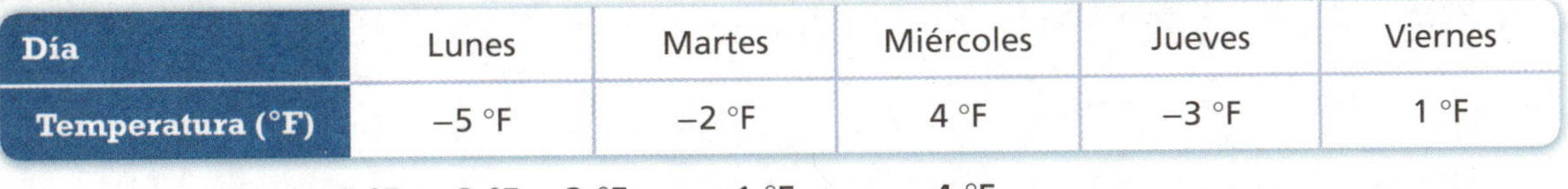

Las temperaturas de menor a mayor son: −5 °F, −3 °F, −2 °F, 1 °F, 4 °F.

 ¡Inténtalo!

¿Qué número es mayor: −4 o −2? Explícalo.

EJEMPLO 3 — Usar enteros para representar cantidades

Los enteros describen muchas situaciones de la vida diaria, incluso la altitud, la elevación, la profundidad, la temperatura y las cargas eléctricas. El cero representa un valor específico en cada situación. ¿Qué entero representa el nivel del mar? ¿Cuál representa al avión? ¿Y a la ballena?

¡Inténtalo!

¿Qué entero representa cada situación?

a. Una deuda de $10

b. Seis grados bajo cero

c. Un depósito de $25

Los **enteros** son todos los números para contar, sus opuestos y el cero.
Los **opuestos** son enteros que están a la misma distancia del 0 y en lados opuestos del 0 en una recta numérica.

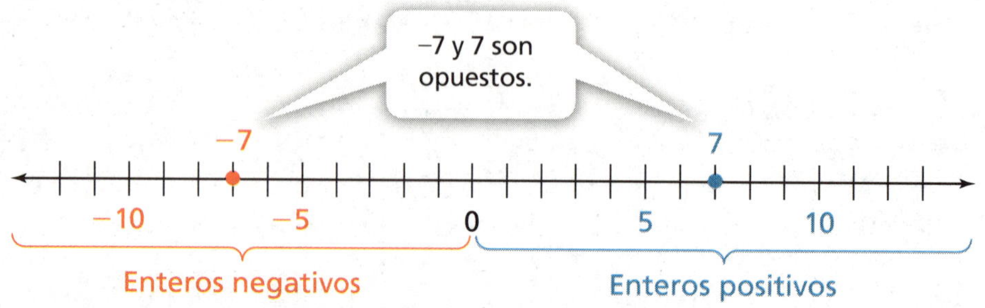

¿Lo entiendes?

1. **Pregunta esencial** ¿Qué son los enteros y cómo se usan para representar cantidades de la vida diaria?

2. **Razonar** ¿Qué sabes sobre dos enteros diferentes que son opuestos?

3. ¿Cómo lees −17?

4. **Construir argumentos** ¿Qué cantidad representa una deuda de doscientos cincuenta dólares: $250 o −$250 Explícalo.

5. **Generalizar** Cuando se comparan dos enteros negativos, ¿cómo determinas qué entero es el número mayor?

¿Cómo hacerlo?

En 6 a 17, escribe el opuesto de cada entero.

6. 1

7. −1

8. −11

9. 30

10. 0

11. −16

12. −(−8)

13. 28

14. −(−65)

15. 98

16. 100

17. −33

En 18 a 20, ordena los enteros de menor a mayor.

18. 2, −3, 0, −4

19. 4, 12, −12, −11

20. −5, 6, −7, −8

Práctica y resolución de problemas

Escanear para
contenido digital

En 21 a 24, usa las ilustraciones de la derecha.

21. Generalizar ¿Qué entero representa el nivel del mar?
Explícalo.

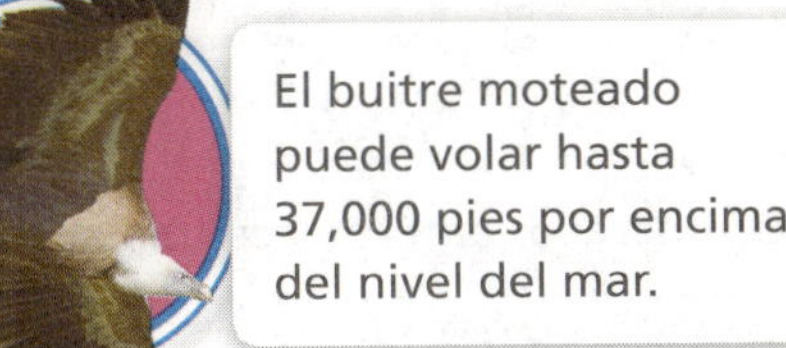

22. Usa un entero negativo para
representar la profundidad
a la que puede nadar un delfín.

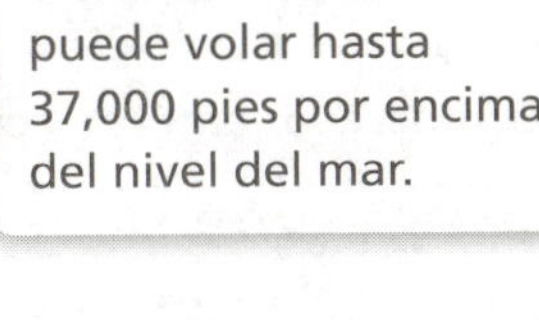

23. ¿Cuál de estos animales puede recorrer la
mayor distancia desde el nivel del mar?

24. Ordena las elevaciones de los animales
como enteros de menor a mayor.

En 25 a 30, marca cada punto en la siguiente recta numérica.

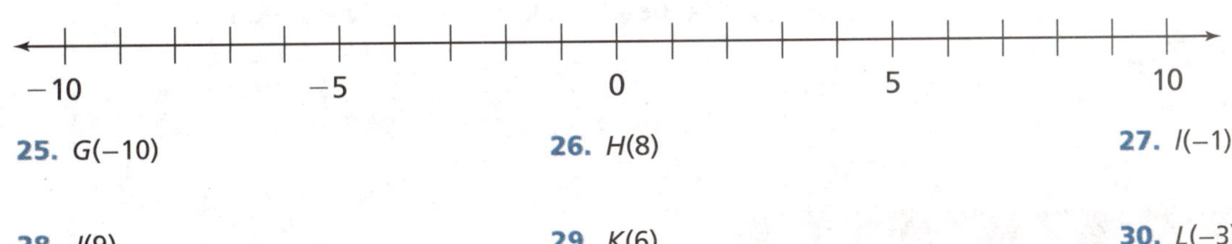

25. $G(-10)$ **26.** $H(8)$ **27.** $I(-1)$

28. $J(9)$ **29.** $K(6)$ **30.** $L(-3)$

**En 31 a 36, escribe el valor entero que representa cada punto.
Luego, usa la recta numérica como ayuda para escribir su opuesto.**

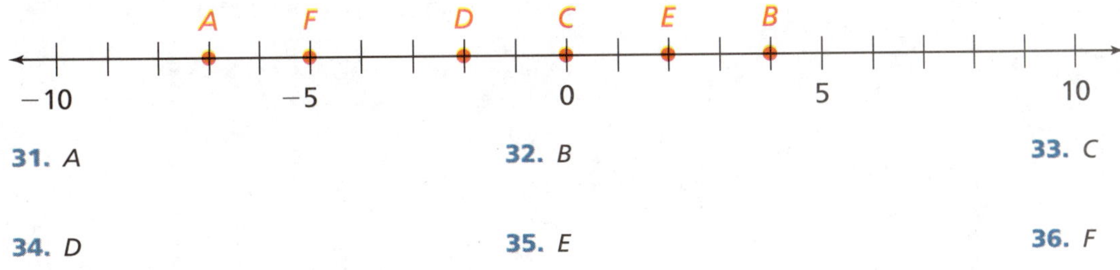

31. A **32.** B **33.** C

34. D **35.** E **36.** F

37. Escribe el opuesto de cada entero.

A. 5

B. −13

C. −(−22)

D. −31

E. −50

F. −(−66)

38. Compara los enteros y escribe el entero que tiene el mayor valor.

A. −5, 1

B. −6, −7

C. −9, 8

D. −12, −(−10)

E. −(−9), 11

F. −(−4), 3

39. La pantalla de la derecha muestra las temperaturas mínimas diarias de varios días consecutivos en una ciudad de Nueva Inglaterra. Ordena las temperaturas de menor a mayor. ¿Qué día hizo más frío?

40. En una cuenta bancaria, un gasto que se paga se llama *débito* y un depósito se llama *crédito*. ¿Usarías enteros positivos o negativos para representar créditos? ¿Y débitos? Explícalo.

41. Razonamiento de orden superior Los átomos tienen partículas cargadas negativamente que se llaman *electrones* y partículas cargadas positivamente que se llaman *protones*. Si un átomo pierde un electrón, tiene una carga eléctrica positiva. Si gana un electrón, tiene una carga eléctrica negativa. ¿Qué entero representaría la carga eléctrica de un átomo que tiene la misma cantidad de electrones que de protones?

☑ Práctica para la evaluación

42. Marco realiza una expedición de buceo recreativo. ¿Cuál es la profundidad posible de la expedición?

Ⓐ 0 metros

Ⓑ 40 metros

Ⓒ 400 metros

Ⓓ −40 metros

43. Rellena los círculos para emparejar cada entero con su opuesto.

	8	−19	−24	−(−24)
−24	Ⓐ	Ⓑ	Ⓒ	Ⓓ
19	Ⓔ	Ⓕ	Ⓖ	Ⓗ
24	Ⓘ	Ⓙ	Ⓚ	Ⓛ
−8	Ⓜ	Ⓝ	Ⓞ	Ⓟ

¡Explóralo!

Se muestra la ubicación de cuatro animales respecto del nivel del mar.

Gaviota $\frac{3}{4}$ de yarda 

Delfín $-\frac{1}{4}$ de yarda

Tiburón −0.5 yardas

Tortuga marina −1 yarda

Puedo…
representar números racionales usando una recta numérica.

A. ¿Qué puedes decir sobre los animales y su posición respecto del nivel del mar?

B. ¿Cómo puedes usar una recta numérica para representar la ubicación de los animales?

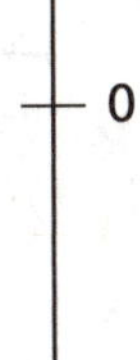

Enfoque en las prácticas matemáticas

Generalizar ¿En qué se parece representar la ubicación de fracciones y números decimales negativos a representar la ubicación de fracciones y números decimales positivos? ¿En qué se diferencia?

EJEMPLO 1 — Entender números racionales

Escanear para contenido digital

Cualquier número que puede expresarse como el cociente de dos enteros es un **número racional**. Un número racional se puede escribir como $\frac{a}{b}$ o $-\frac{a}{b}$, donde a y b son enteros y $b \neq 0$. Un número racional puede ser un número entero no negativo, una fracción o un número decimal.

¿Cómo puedes hallar $-\frac{4}{3}$ y -1.5 en una recta numérica?

Generalizar Puedes marcar números en rectas numéricas horizontales o verticales.

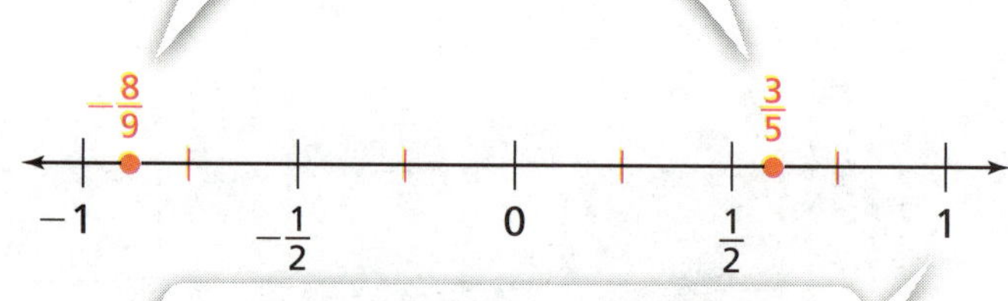

UNA MANERA Usa una recta numérica horizontal para marcar $-\frac{4}{3}$. Puedes escribir $-\frac{4}{3}$ en forma de número mixto.

$$-\frac{4}{3} = -1\frac{1}{3}$$

Divide las unidades en la recta numérica en tercios y halla uno y un tercio a la izquierda del 0.

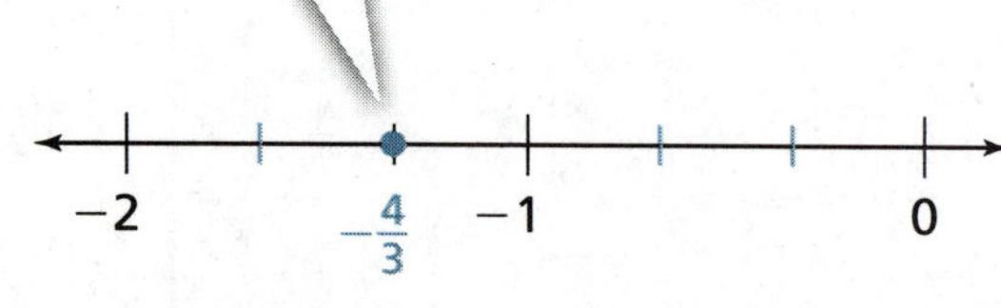

OTRA MANERA Usa una recta numérica vertical para marcar -1.5.

Puedes escribir -1.5 en forma de número mixto.

$$-1.5 = -1\frac{5}{10} \text{ o } -1\frac{1}{2}$$

Divide las unidades en la recta numérica en medios y halla uno y un medio debajo del 0.

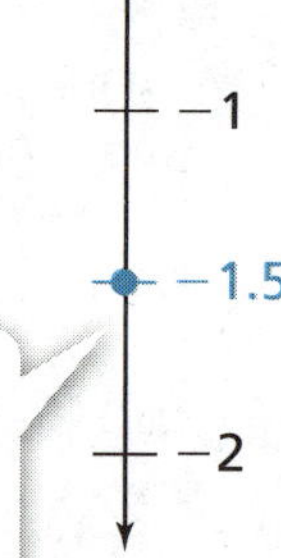

¡Inténtalo!

¿Cómo puedes hallar $-\frac{5}{4}$ y -1.75 en rectas numéricas? Escribe $-\frac{5}{4}$ y -1.75 en forma de números mixtos; luego, marca los puntos en las rectas numéricas.

$$-\frac{5}{4} = \boxed{} \qquad -1.75 = \boxed{}$$

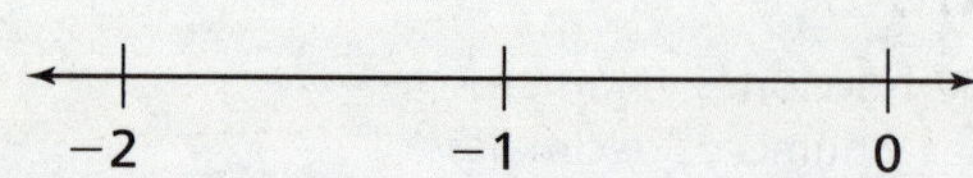

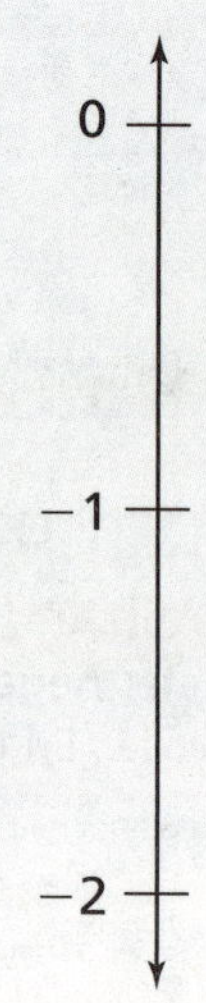

¡Convénceme! ¿Por qué resulta útil expresar $-\frac{5}{4}$ y -1.75 como números mixtos cuando se marcan estos puntos en una recta numérica?

EJEMPLO 2 — Comparar y ordenar números racionales

Haru debía comparar y ordenar tres números racionales. Muestra cómo puede usar <, >, o = para comparar $\frac{2}{3}$, 1.75 y −0.75. Luego, ordena los números de menor a mayor.

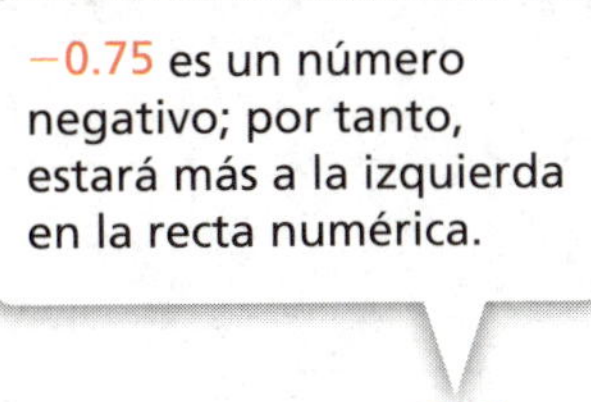

Buscar relaciones Recuerda: $\frac{a}{b} = a \div b$, por tanto, $\frac{2}{3}$ significa $2 \div 3 = 0.66\ldots$ Puedes usar esta forma decimal de $\frac{2}{3}$ para marcar este punto en una recta numérica.

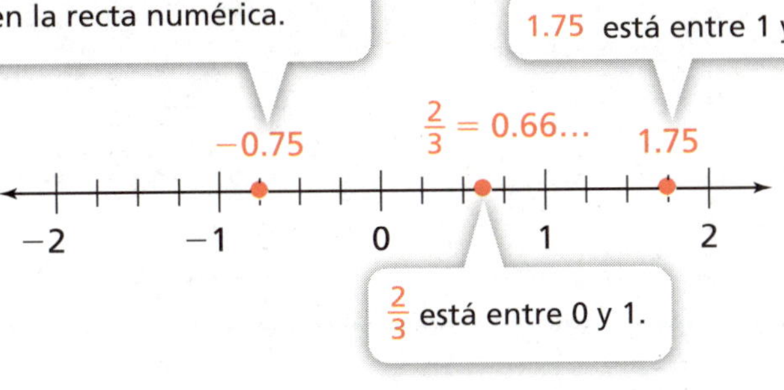

Por tanto, $-0.75 < \frac{2}{3} < 1.75$ y el orden de menor a mayor es −0.75, $\frac{2}{3}$, 1.75.

¡Inténtalo!

Si se ordenara $\frac{1}{4}$ en la lista de números del ejemplo de arriba, ¿entre qué dos números se ubicaría?

EJEMPLO 3 — Interpretar números racionales en contextos de la vida diaria

Sam y Rashida están buceando. Se muestra su ubicación respecto del nivel del mar.

Usa <, > o = para comparar las dos profundidades y explica la relación.

−40 < −25. Rashida está a una profundidad mayor que Sam.

¡Inténtalo!

Una noche de invierno a las 10:00 *p. m.*, la temperatura era −3 °C. A la medianoche, la temperatura era −7 °C. Usa <, > o = para comparar las dos temperaturas y explica la relación.

Un **número racional** se puede expresar como una fracción en la forma $\frac{a}{b}$ o $-\frac{a}{b}$, donde a y b son enteros y b no es 0.

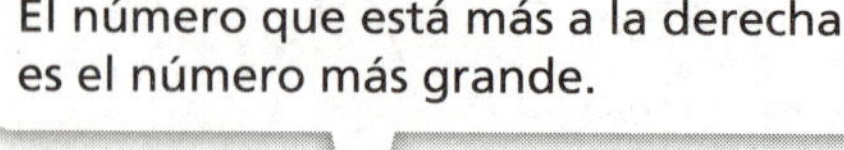

Los números ordenados de menor a mayor son: -1.75, $\frac{3}{5}$, 1.25.

¿Lo entiendes?

1. **? Pregunta esencial** ¿Cómo puedes marcar, comparar y ordenar números racionales usando una recta numérica?

2. **Generalizar** ¿Por qué los números enteros no negativos son números racionales? Usa 15 como ejemplo.

3. **Vocabulario** ¿Por qué los enteros son números racionales? Da un ejemplo.

4. **Razonar** Explica de qué manera la desigualdad $-4\ {}^\circ C > -9\ {}^\circ C$ describe cómo se relacionan las temperaturas.

¿Cómo hacerlo?

En 5 a 7, escribe el número que está ubicado en cada punto.

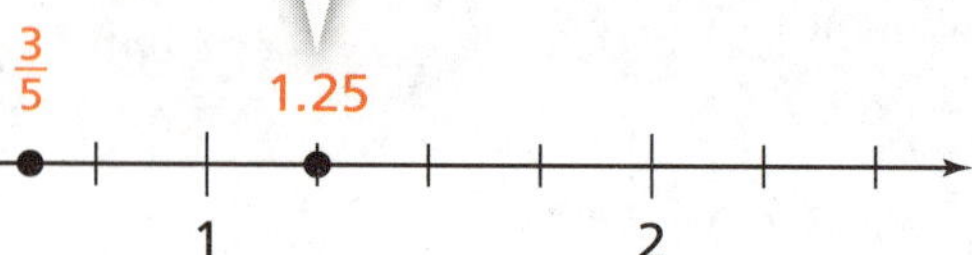

5. A   6. B   7. C

En 8 a 11, marca los puntos en la siguiente recta numérica.

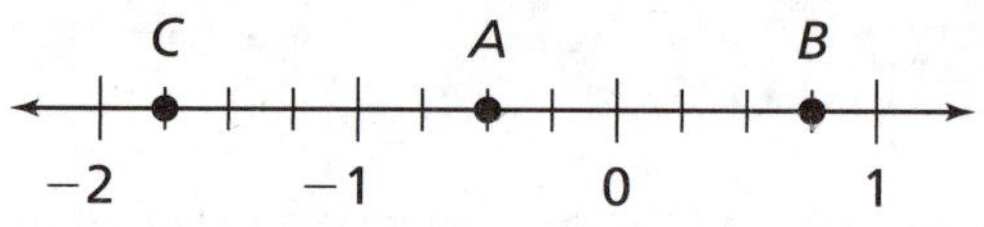

8. P en $-1\frac{1}{4}$ 9. Q en 0.25

10. R en -0.75 11. S en $-\frac{1}{4}$

En 12 a 14, usa la recta numérica como ayuda para ordenar los números de menor a mayor.

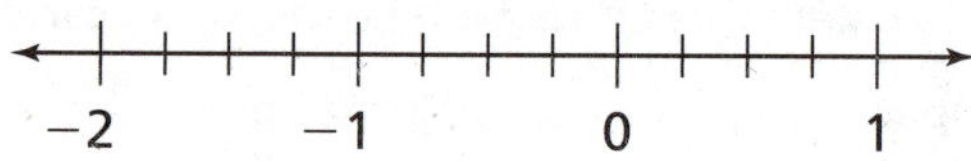

12. 1.25, $-\frac{3}{2}$, -1.25, $1\frac{1}{2}$

13. -0.5, $\frac{1}{2}$, -0.75, $\frac{3}{4}$

14. -1.5, -0.75, -1, 2

Práctica y resolución de problemas

Escanear para
contenido digital 

En 15 a 20, escribe el número que está ubicado en cada punto.

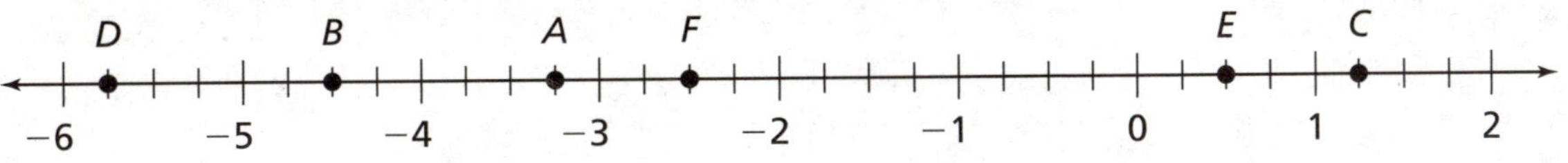

15. A

16. B

17. C

18. D

19. E

20. F

21. Marca los puntos en la siguiente recta numérica.

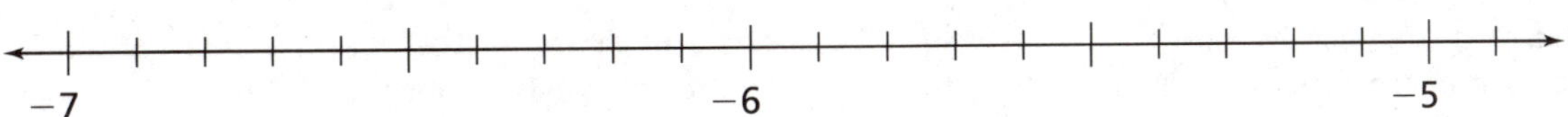

A. $-5\frac{1}{2}$

B. -6.3

C. -5.8

D. $-6\frac{7}{10}$

E. -4.9

F. $-6\frac{9}{10}$

22. Usa $<$, $>$ o $=$ para comparar.

A. $\frac{1}{10} \bigcirc 0.09$

B. $-1.44 \bigcirc -1\frac{1}{4}$

C. $-\frac{2}{3} \bigcirc -0.8$

D. $0.5 \bigcirc \frac{2}{4}$

E. $-2\frac{3}{4} \bigcirc -2.25$

F. $-\frac{3}{5} \bigcirc -0.35$

23. Ordena los números de menor a mayor.

A. -6, 8, -9, 13

B. $-\frac{4}{5}$, $-\frac{1}{2}$, 0.25, -0.2

C. 4.75, $-2\frac{1}{2}$, $-\frac{8}{3}$, $\frac{9}{2}$

D. 4, -3, -8, -1

E. $-\frac{1}{4}$, 0.5, $\frac{3}{4}$, $-\frac{1}{2}$

F. $-\frac{4}{5}$, $-\frac{5}{4}$, $-\frac{3}{2}$, 1.5

24. Entender y perseverar ¿Cuál es la menor cantidad de puntos que debes marcar para tener ejemplos de los cuatro conjuntos de números, incluyendo al menos un entero positivo y un entero negativo? Explícalo.

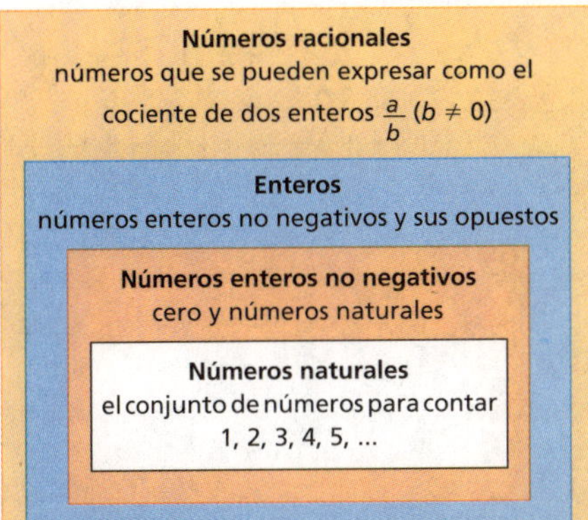

25. Razonar Supón que marcas la ubicación de los animales en una recta numérica. ¿Qué animal estaría representado por el punto más alejado del 0 en la recta numérica? Explícalo.

Animal	Ubicación posible respecto de la superficie del océano
Ctenóforo de barriga color sangre	-0.8 km
Pez sapo abisal	$-\frac{2}{3}$ km
Rape	$-2\frac{1}{4}$ km
Pez pelícano	-1.1 km
Pez dragón negro	$-\frac{3}{10}$ km
Tijera esbelta	-0.6 km

26. ¿Qué animal está más cerca de una profundidad de -0.7 km?

27. El cambio en el valor de una acción está representado por el número racional -5.90. Describe en palabras qué significa.

28. Construir argumentos Un compañero ordenó estos números de mayor a menor. ¿Está bien su trabajo? Construye un argumento para justificar tu respuesta.

$$4.4,\ 4.2,\ -4.42,\ -4.24$$

29. Entender y perseverar Ordena -3.25, $-3\frac{1}{8}$, $-3\frac{3}{4}$ y -3.1 de menor a mayor. Explícalo.

30. Razonamiento de orden superior Supón que $\frac{a}{b}$, $\frac{c}{d}$ y $\frac{e}{f}$ representan tres números racionales. Si $\frac{a}{b}$ es menor que $\frac{c}{d}$, y $\frac{c}{d}$ es menor que $\frac{e}{f}$, compara $\frac{a}{b}$ y $\frac{e}{f}$. Explícalo.

Práctica para la evaluación

31. ¿Cuál podría ser el valor de n?

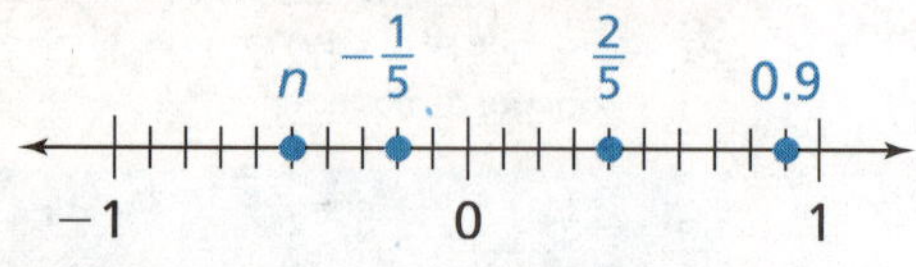

Ⓐ $-\frac{1}{2}$

Ⓑ $-\frac{1}{3}$

Ⓒ $-\frac{1}{4}$

Ⓓ $-\frac{1}{6}$

32. ¿Qué desigualdad NO representa la posición correcta de dos números en una recta?

Ⓐ $4\frac{1}{2} > \frac{25}{4}$

Ⓑ $-4\frac{1}{2} > -\frac{25}{5}$

Ⓒ $-6 < -5$

Ⓓ $-\frac{1}{2} < \frac{1}{2}$

¡Resuélvelo y coméntalo!

ACTIVITY

A continuación se muestra una parte de un resumen de una cuenta bancaria. ¿Cómo interpretarías el valor del saldo final? Explícalo.

Razonar ¿Qué significa un saldo de $0?

Puedo...
hallar e interpretar el valor absoluto.

Enfoque en las prácticas matemáticas

Razonar ¿Cuál es un ejemplo de un saldo de una cuenta bancaria que representa una deuda mayor que $40?

EJEMPLO 1  Describir cantidades usando el valor absoluto

Escanear para contenido digital 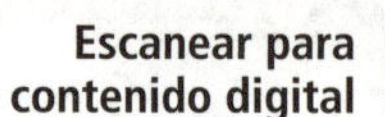

El valor de las acciones sube y baja durante el año. La tabla muestra el cambio total en el valor de las acciones de una empresa año tras año.

¿Durante qué dos años fue mayor el cambio total en el valor de las acciones?

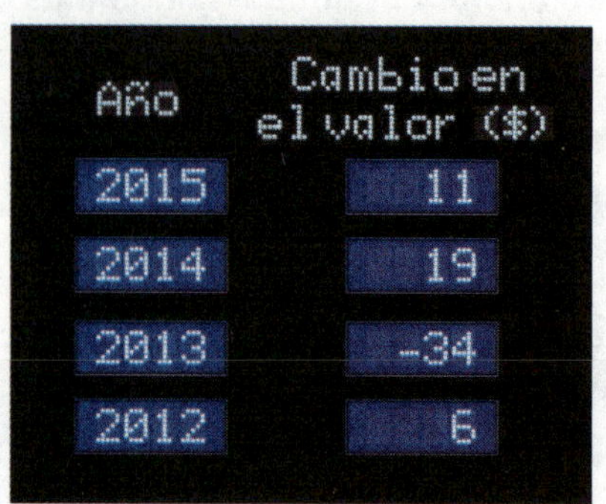

El **valor absoluto** de un número es su distancia del 0 en una recta numérica. La distancia siempre es positiva.

El valor absoluto de −5 se escribe |−5|.

El valor absoluto de 5 se escribe |5|.

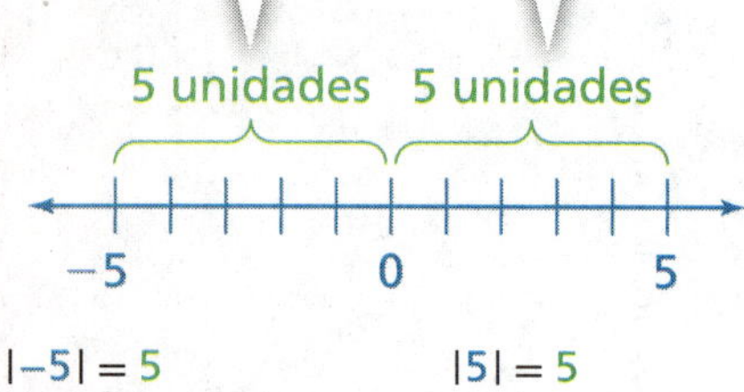

$|-5| = 5$ $|5| = 5$

Buscar relaciones Los números opuestos tienen el mismo valor absoluto, porque están a la misma distancia del cero.

Para hallar los dos años en los que el cambio fue mayor, usa el valor absoluto.

A continuación se muestra el valor absoluto de los cambios anuales en el valor de las acciones de la empresa.

2015: $|11|$ = 11
2014: $|19|$ = 19 ·········· segundo cambio mayor
2013: $|-34|$ = 34 ·········· cambio mayor
2012: $|6|$ = 6

Por tanto, los dos años en que el cambio en el valor de las acciones fue mayor fueron 2013 y 2014.

✓ ¡Inténtalo!

Los estudiantes de una clase de ciencias anotaron el cambio en el nivel del agua de un río local. ¿Durante qué semana el nivel del agua cambió más?

Usa el valor absoluto para representar los cambios en el nivel del agua.

Semana	1	2	3
Cambio en el nivel del agua (pulgs.)	$-7\frac{1}{2}$	2.2	−4.38

El nivel del agua cambió más durante la semana ☐.

¡Convénceme! ¿Puede un número más pequeño representar un cambio mayor en el nivel del agua que un número más grande? Explícalo.

Semana 1: $\left|-7\frac{1}{2}\right| = $ ☐ pulgs.

Semana 2: $|2.2| = $ ☐ pulgs.

Semana 3: $|-4.38| = $ ☐ pulgs.

Halla cada valor absoluto.

A. |−4| **B.** |0| **C.** |3|

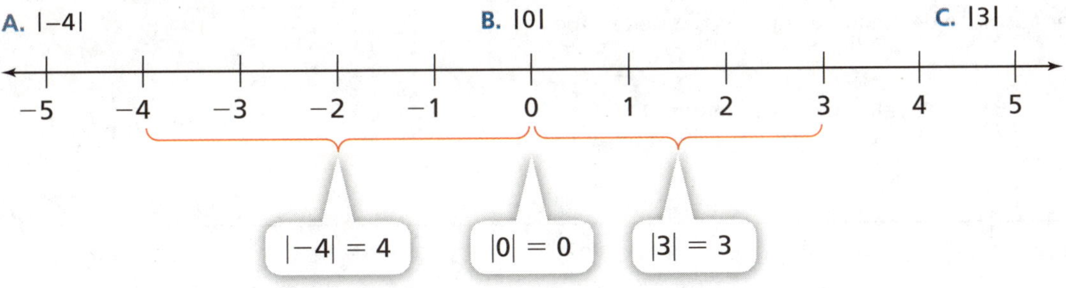

$|−4| = 4$ $|0| = 0$ $|3| = 3$

EJEMPLO **3**   Interpretar el valor absoluto

Los números negativos a veces representan deudas. Yasmín es dueña de una empresa. La tabla muestra tres saldos de cuentas que representan las deudas de su galería.

A. ¿Qué cuenta tiene el saldo menor?

B. ¿Qué cuenta tiene la deuda mayor?

Cuenta	Saldo
A	−$35.42
B	−$50.99
C	−$12.75

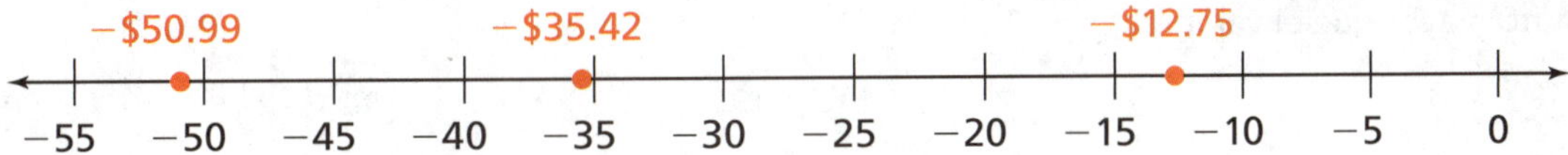

Dado que −50.99 está más a la izquierda en la recta numérica que −35.42 y que −12.75, −50.99 es el número menor, o el saldo menor.

El valor absoluto de cada saldo indica el tamaño de cada deuda, o la cantidad de dinero que se debe.

Cuenta A   **Cuenta B**   **Cuenta C**
$|−35.42| = 35.42$ $|−50.99| = 50.99$ $|−12.75| = 12.75$

$50.99 es la mayor cantidad de dinero que se debe. La Cuenta B tiene la deuda mayor.

¡Inténtalo!

Un banco tiene dos clientes con cuentas en descubierto. ¿Qué saldo es el número mayor? ¿Qué saldo es la menor cantidad de dinero que se debe?

Cuenta	Saldo
V. Wong	−$19.45

Cuenta	Saldo
J. Olson	−$23.76

El **valor absoluto** de un número es su distancia del 0 en una recta numérica. La distancia siempre es positiva. El valor absoluto de cualquier número, *n*, se escribe |*n*|.

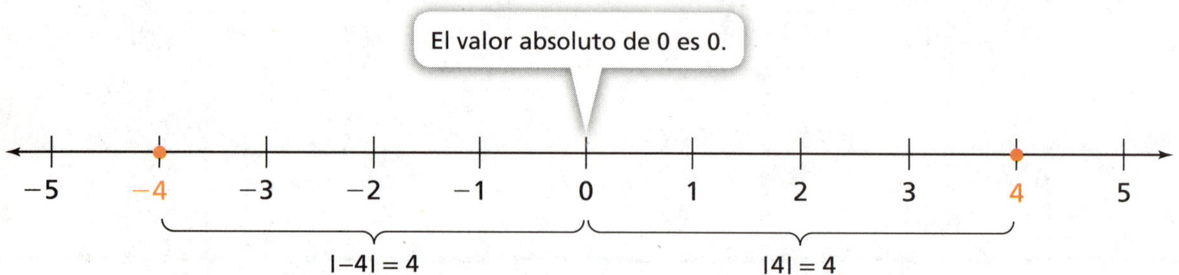

−4 y 4 son opuestos, porque están a la misma distancia del 0.

¿Lo entiendes?

1. **? Pregunta esencial** ¿Cómo se usa el valor absoluto para describir cantidades?

2. **Construir argumentos** Explica por qué −7 tiene un valor absoluto mayor que el valor absoluto de 6.

3. **Razonar** Da un ejemplo de un saldo que tenga un valor entero mayor que un saldo de −$12 pero que represente una deuda de menos de $5.

4. De tres elevaciones, −2 pies, −12 pies y 30 pies, ¿cuál representa el número menor? ¿Cuál representa la mayor distancia respecto del nivel del mar?

¿Cómo hacerlo?

En 5 a 14, halla cada valor absoluto.

5. $|-9|$

6. $\left|5\frac{3}{4}\right|$

7. $|-5.5|$

8. $|82.5|$

9. $\left|-14\frac{1}{3}\right|$

10. $|-7.75|$

11. $|-19|$

12. $\left|-2\frac{1}{2}\right|$

13. $|24|$

14. $|35.4|$

En 15 a 17, usa el valor absoluto de cada saldo de cuenta para determinar qué cuenta tiene la mayor cantidad de dinero en descubierto.

15. Cuenta A: −$5.42
Cuenta B: −$35.76

16. Cuenta A: −$6.47
Cuenta B: −$2.56

17. Cuenta A: −$32.56
Cuenta B: −$29.12

Práctica y resolución de problemas

Escanear para contenido digital

En 18 a 33, halla cada valor absoluto.

18. $|-46|$

19. $|0.7|$

20. $\left|-\frac{2}{3}\right|$

21. $|-7.35|$

22. $\left|-4\frac{3}{4}\right|$

23. $|-54.5|$

24. $\left|27\frac{1}{4}\right|$

25. $|-13.35|$

26. $|14|$

27. $|-11.5|$

28. $|-6.3|$

29. $|3.75|$

30. $|-8.5|$

31. $|15|$

32. $\left|-6\frac{3}{4}\right|$

33. $|-5.3|$

En 34 a 37, ordena los números de menor a mayor.

34. $|-12|,\ \left|11\frac{3}{4}\right|,\ |-20.5|,\ |2|$

35. $|10|,\ |-3|,\ |0|,\ |-5.25|$

36. $|-6|,\ |-4|,\ |11|,\ |0|$

37. $|4|,\ |-3|,\ |-18|,\ |-3.18|$

Alberto y Rebecca lanzan herraduras a una estaca. El que más acerca la herradura a la estaca gana un punto.

38. Razonar ¿Qué número describe mejor la ubicación de la herradura de Alberto respecto de la estaca? ¿Qué número describe mejor la ubicación de la herradura de Rebecca?

39. Evaluar el razonamiento Alberto dice que −3 es menor que 2; por tanto, él gana un punto. ¿Tiene razón Alberto? Explícalo.

40. Representar con modelos matemáticos Halla la distancia desde la herradura de Alberto hasta la herradura de Rebecca. Explícalo.

41. Razonamiento de orden superior Sea a = un número racional. ¿Es diferente el valor absoluto de a si a es un número positivo o un número negativo? Explícalo.

42. Construir argumentos Samuel y Leticia están jugando. Después de la primera ronda del juego, el puntaje de Samuel era −19 y el puntaje de Leticia era 21. El puntaje con el mayor valor absoluto gana cada ronda. ¿Quién ganó la primera ronda? Explícalo.

43. Usar la estructura Ana y Chuyen exploran la vida subacuática durante una aventura de buceo con casco. La ubicación de Ana es −30 pies debajo del nivel del mar y la ubicación de Chuyen es −12 pies debajo del nivel del mar. ¿Qué niña está ubicada más lejos del nivel del mar?

44. El saldo de la cuenta de Marie es −$45.62. El saldo de la cuenta de Tom es −$42.55. ¿Qué saldo representa el número mayor? ¿Qué saldo representa la menor cantidad de dinero adeudado?

45. En Nueva York, la bóveda de oro de la Reserva Federal está ubicada a una profundidad de $|-80|$ pies debajo del suelo. Se cree que el tesoro de la Isla del Roble está ubicado a una profundidad de $|-134|$ pies. ¿Cuál está más lejos del suelo: la bóveda de oro o el tesoro de la Isla del Roble?

46. Dos buzos nadan por debajo del nivel del mar. Se puede representar la ubicación de los buzos con −30 pies y −42 pies. ¿Qué medida representa la ubicación que está más cerca del nivel del mar?

Práctica para la evaluación

47. La tabla de la derecha muestra el puntaje al final de la primera ronda de un torneo de golf. Los puntajes están en relación con el par.

Golfista	Kate	Sam	Lisa	Carlos
Puntaje	−6	5	2	−3

PARTE A

El par está representado por 0. Usando el valor absoluto, muestra la distancia a la que está cada puntaje del par.

PARTE B

El golfista con el menor puntaje gana la ronda. ¿Quién ganó la primera ronda del torneo? Explícalo.

1. Vocabulario Describe las ubicaciones relativas de los números racionales $-\left(-\frac{a}{b}\right)$ y $\frac{a}{b}$ en una recta numérica. *Lecciones 2-1 y 2-2*

2. Marc depositó $175 en una nueva cuenta bancaria. Después de comprar algunos muebles, tiene una deuda de $55. Selecciona todos los enunciados verdaderos sobre la cuenta de Marc. *Lección 2-1*

☐ Al comenzar, Marc tenía un saldo negativo.

☐ En esta situación, 0 representa una cuenta bancaria vacía.

☐ Cuando Marc quedó a deber, tenía un saldo negativo.

☐ Después de comprar los muebles, Marc tenía un saldo positivo.

☐ El saldo más bajo de la cuenta era -%55.

3. ¿Qué número está representado en la recta numérica? Da tu respuesta como una fracción y un número decimal. *Lección 2-2*

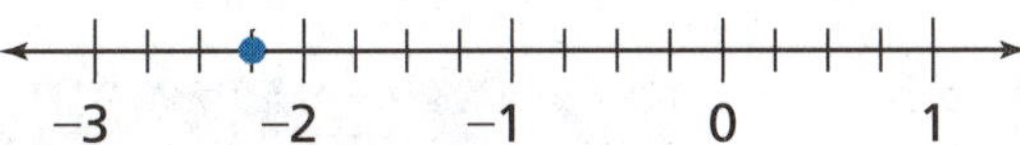

4. El valor absoluto de un número es 52. Selecciona todos los enteros que podría ser ese número. *Lección 2-3*

☐ −52 ☐ −25 ☐ 25 ☐ $-\frac{1}{52}$ ☐ 52

5. La tabla muestra la ubicación de cuatro cofres con tesoros respecto del nivel del mar. ¿Cómo puedes usar la recta numérica para hallar el cofre que está más alejado del nivel del mar? *Lección 2-2*

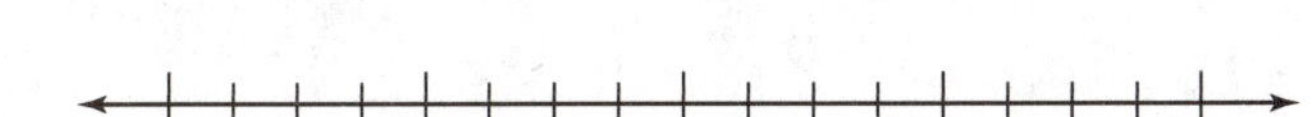

Cofre con tesoros	Ubicación respecto del nivel del mar
A	0.75 pies
B	$-\frac{5}{4}$ pies
C	−0.5 pies
D	1 pie

6. Tres clientes tienen cuentas con deudas. La tabla muestra los saldos de las cuentas que representan las deudas de los clientes. ¿Qué cliente debe la menor cantidad de dinero? *Lección 2-3*

Cliente	Saldo
M. Milo	−$85.50
B. Barker	−$42.75
S. Stampas	−$43.25

¿Cómo te fue en la prueba de control de mitad del tema?
Rellena las estrellas.

TAREA DE RENDIMIENTO DE MITAD DEL TEMA

Warren y Natasha comenzaron un negocio para pasear perros. Durante la primera semana, pagaron $10 para hacer tarjetas de presentación y $6 por una caja de 4.5 libras de galletas para perros. Warren paseó un perro durante 15 minutos y Natasha paseó un perro durante 30 minutos.

PARTE A

¿Qué entero representa la cantidad de dólares que se gastó o se ganó durante la primera semana del negocio de Warren y Natasha? Selecciona todos los que apliquen.

☐ $5 ☐ −$5 ☐ $10 ☐ −$10 ☐ −$6

Cantidad de minutos	Costo por un perro
15	$5
30	$10
60	$20

PARTE B

Al final de cada semana, Warren anota el peso en libras de las galletas para perros que se consumieron en forma de número racional negativo. Marca la cantidad de libras que se consumieron cada semana en la recta numérica. Ordena los números de la mayor cantidad de libras de galletas consumidas a la menor cantidad de libras de galletas consumidas.

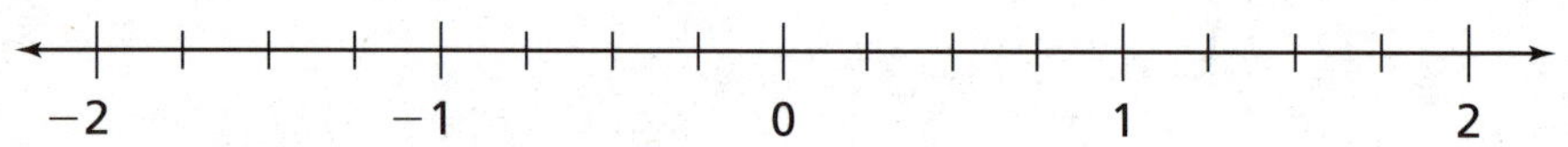

Semana	Libra(s) consumida(s)
1	$-\dfrac{3}{2}$
2	$-\dfrac{2}{3}$
3	−0.5
4	$-\dfrac{5}{4}$

PARTE C

Halla el valor absoluto de la cantidad de libras de galletas para perros que se consumieron cada semana. ¿Durante qué dos semanas se consumió la mayor cantidad de libras de galletas?

Representar números racionales en el plano de coordenadas

Puedo...
graficar puntos con coordenadas racionales en un plano de coordenadas.

¡Resuélvelo y coméntalo!

El punto *B* tiene la misma coordenada *x* que el punto *A*, pero la coordenada *y* es la opuesta a la coordenada *y* del punto *A*. Marca el punto *B* y escribe sus coordenadas.

Entender y perseverar ¿Cómo puedes usar lo que sabes sobre enteros y sobre graficar puntos en un plano de coordenadas para marcar el punto *B*?

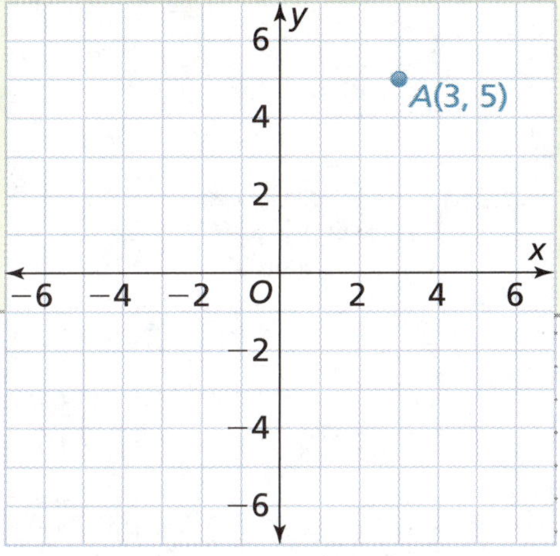

Enfoque en las prácticas matemáticas

Generalizar Dos puntos tienen la misma coordenada *x* pero coordenada *y* opuesta. ¿A través de qué eje forman una imagen reflejada del otro punto?

Pregunta esencial ¿Cómo se puede graficar un punto con coordenadas racionales en un plano de coordenadas?

EJEMPLO 1 Graficar puntos con coordenadas enteras

Escanear para contenido digital

Un **plano de coordenadas** es una gráfica que contiene dos rectas numéricas que se intersecan en un ángulo recto en 0. Las rectas numéricas, denominadas **eje de las x** y **eje de las y**, dividen el plano en cuatro **cuadrantes**. ¿Cómo puedes marcar y rotular puntos en un plano de coordenadas?

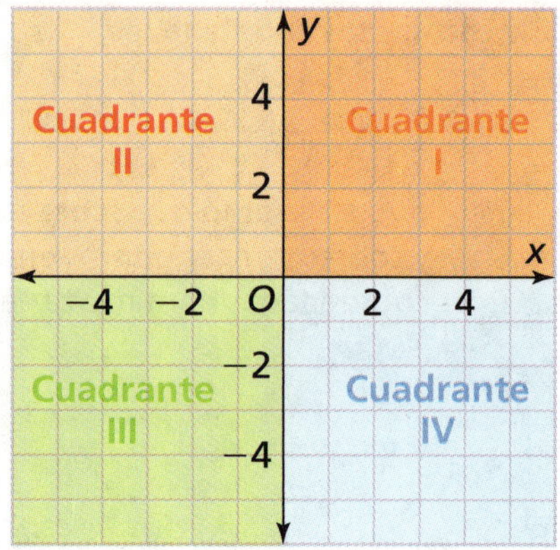

> **Usar la estructura** ¿Cómo puedes extender lo que sabes sobre gráficas al plano de coordenadas?

Un **par ordenado** (x, y) de números brinda las coordenadas que ubican un punto respecto de cada eje. Marca los puntos $Q(2, -3)$, $R(-1, 1)$ y $S(0, 2)$ en un plano de coordenadas.

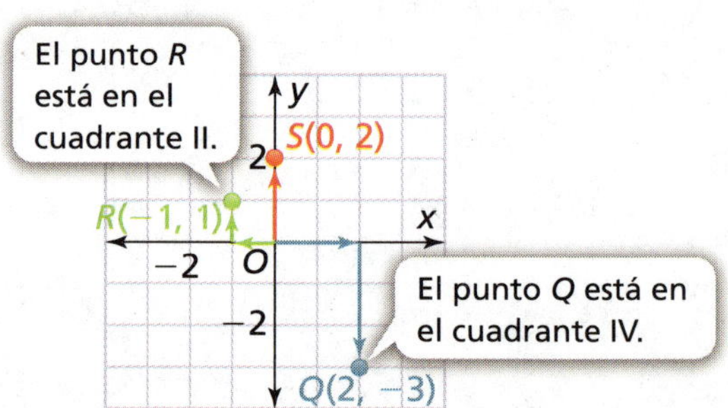

Para graficar cualquier punto con coordenadas (x, y):

- Comienza en el **origen**, $(0, 0)$.

- Usa la coordenada x del punto para moverte hacia la derecha (si es positivo) o hacia la izquierda (si es negativo) por el eje de las x.

- Luego, usa la coordenada y del punto para moverte hacia arriba (si es positivo) o hacia abajo (si es negativo) por el eje de las y.

- Marca un punto en el plano de coordenadas y rotula el punto.

¡Inténtalo!

Marca el punto $P(-2, -3)$ en el siguiente plano de coordenadas.

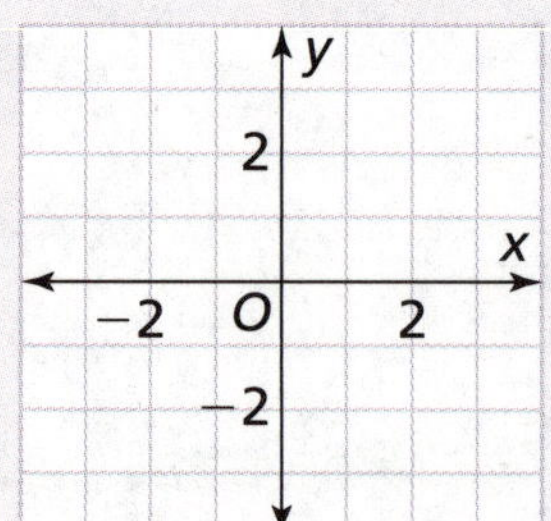

Comienza en el origen (☐ , ☐).

La coordenada x es negativa; por tanto, muévete ☐ unidades hacia la izquierda.

Luego, usa la coordenada y para moverte ☐ unidades hacia abajo.

Dibuja y rotula el punto.

¡Convénceme! ¿De qué manera los signos de las coordenadas se relacionan con el cuadrante en que se ubica el punto? Explícalo para cada uno de los cuatro cuadrantes.

EJEMPLO 2 — Ubicar e identificar puntos con coordenadas racionales

A la derecha se muestra un mapa de coordenadas de Washington, D. C. ¿Cuáles son las coordenadas de la ubicación del monumento a Jefferson?

Halla el monumento a Jefferson.

- Sigue las líneas de la gráfica directamente por el eje de las x hasta llegar a la coordenada x, 0.5.

- Sigue las líneas de la gráfica directamente por el eje de las y hasta llegar a la coordenada y, -1.75.

Las coordenadas de la ubicación del monumento a Jefferson son $(0.5, -1.75)$.

Representar con modelos matemáticos Puedes usar números decimales o fracciones para representar coordenadas de números racionales. Dado que $0.5 = \frac{1}{2}$ y $-1.75 = -1\frac{3}{4}$, las coordenadas también se pueden expresar como $\left(\frac{1}{2}, -1\frac{3}{4}\right)$.

¡Inténtalo!

¿Qué punto de referencia está ubicado en el mapa en $\left(2, \frac{1}{4}\right)$?

EJEMPLO 3 — Reflejar puntos a través de los ejes

¿Cómo se relacionan los puntos $N(-3, 2)$, $P(3, -2)$ y $Q(-3, -2)$ con el punto $M(3, 2)$?

El punto $N(-3, 2)$ y el punto $M(3, 2)$ solo se diferencian en el signo de la coordenada x. Son reflexiones uno del otro a través del eje de las y.

El punto $P(3, -2)$ y el punto $M(3, 2)$ solo se diferencian en el signo de la coordenada y. Son reflexiones uno del otro a través del eje de las x.

El punto $Q(-3, -2)$ y el punto $M(3, 2)$ se diferencian por los signos de la coordenada x y de la coordenada y. Son reflexiones uno del otro a través de *ambos* ejes.

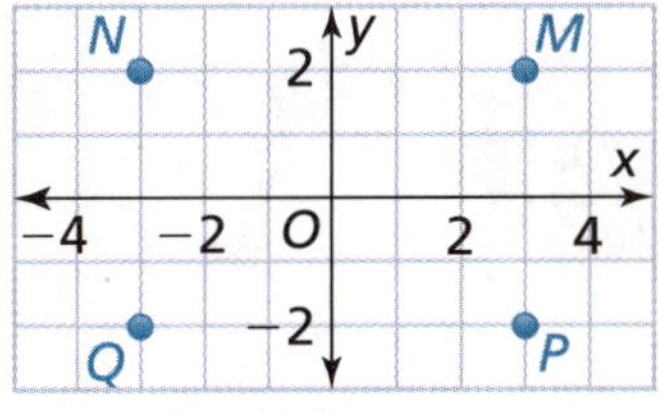

Hacerlo con precisión Una *reflexión* es una imagen reflejada a través de una recta.

¡Inténtalo!

Las coordenadas del punto A son $(-3, 5)$. ¿Cuáles son las coordenadas del punto B, que es una reflexión del punto A a través del eje de las x?

Un **plano de coordenadas** es una gráfica que contiene rectas numéricas que se intersecan en un ángulo recto y dividen el plano en cuatro **cuadrantes**. La recta numérica horizontal se denomina **eje de las x** y la recta numérica vertical se denomina **eje de las y**.

La ubicación de un punto en un plano de coordenadas se escribe como un **par ordenado** (x, y).

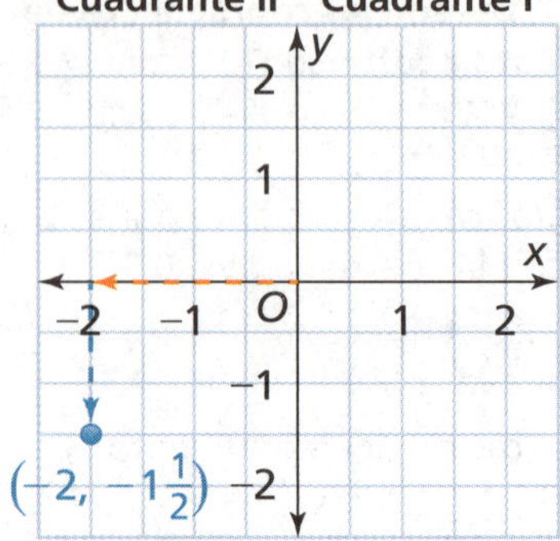

¿Lo entiendes?

1. **Pregunta esencial** ¿Cómo se puede graficar un punto con coordenadas racionales en un plano de coordenadas?

2. ¿Cuál es la coordenada y de un punto que está sobre el eje de las x?

3. **Buscar relaciones** ¿Cómo se relacionan los puntos (4, 5) y (−4, 5)?

4. **Construir argumentos** En un mapa más grande, las coordenadas de la ubicación de otro punto de referencia de Washington, D. C. son (8, −10). ¿En qué cuadrante del mapa se ubica el punto de referencia? Explícalo.

¿Cómo hacerlo?

En 5 a 7, grafica y rotula cada punto en el plano de coordenadas.

5. $A(-4, 1)$

6. $B(4, 3)$

7. $C(0, -2)$

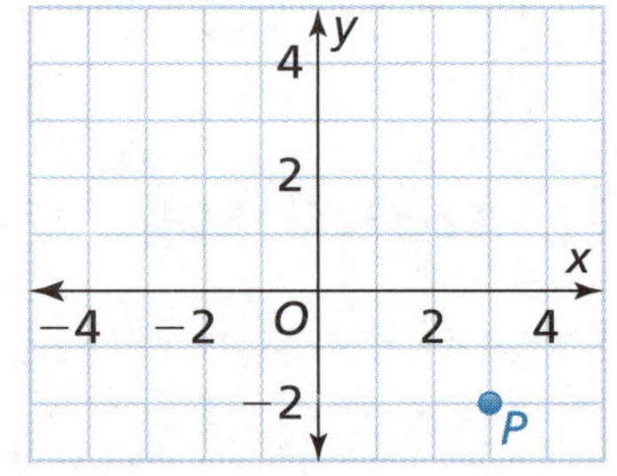

8. ¿Qué par ordenado da las coordenadas del punto P de arriba?

En 9 y 10, usa el mapa del Ejemplo 2 y escribe el par ordenado de cada ubicación.

9. Casa Blanca

10. Monumento a Lincoln

En 11 y 12, usa el mapa del Ejemplo 2 y escribe el punto de referencia ubicado en cada par ordenado.

11. (0.5, 0)

12. $\left(\frac{3}{4}, -\frac{1}{2}\right)$

Práctica y resolución de problemas

PRACTICE   TUTORIAL

Escanear para contenido digital 

En 13 a 20, grafica y rotula cada punto.

13. $A(1, -1)$

14. $B(4, 3)$

15. $C(-4, 3)$

16. $D(5, -2)$

17. $E(-2.5, 1.5)$

18. $F(2, 1.5)$

19. $G\left(-2, -1\frac{1}{2}\right)$

20. $H\left(1\frac{1}{2}, -1\right)$

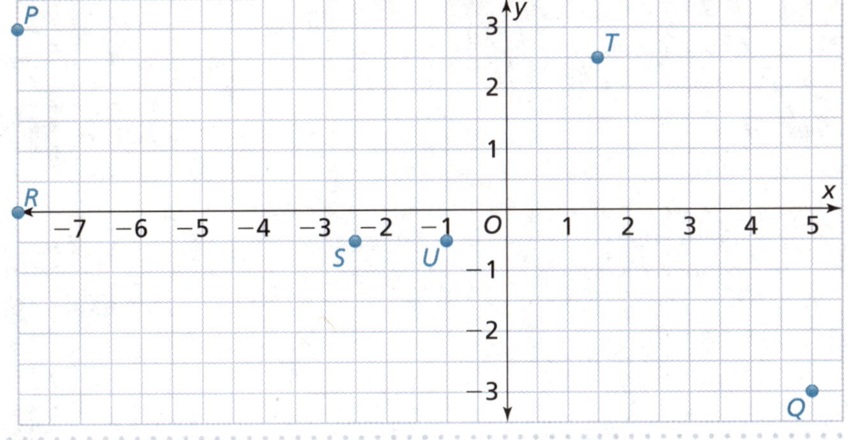

En 21 a 26, escribe el par ordenado para cada punto.

21. P

22. Q

23. R

24. S

25. T

26. U

En 27 a 30, usa el mapa de la derecha.

27. ¿Qué edificio está ubicado en el cuadrante III?

28. ¿Qué dos lugares tienen la misma coordenada x?

29. Usar la estructura El concejo municipal quiere que la entrada a un nuevo parque de la ciudad esté determinada por la reflexión de la entrada de la escuela a través del eje de las y. ¿Cuáles son las coordenadas de la entrada del nuevo parque en este mapa?

30. Razonamiento de orden superior Estás en la plaza central (0, 0) y quieres llegar al consultorio médico. Siguiendo las líneas de la gráfica, ¿cuál es el camino más corto?

En 31 a 36, usa el plano de coordenadas de la derecha.

31. ¿Qué está ubicado en (–0.7, –0.2)?

32. ¿Qué está ubicado en $\left(\frac{3}{10}, -\frac{1}{5}\right)$?

33. **Hacerlo con precisión** Escribe el par ordenado que indica el final del camino de senderismo de dos maneras diferentes.

34. ¿Cuáles son las coordenadas de la oficina de informes? Explícalo.

35. ¿Cuáles son las coordenadas del punto que es una reflexión a través del eje de las *x* del estanque?

36. **Usar la estructura** ¿Qué áreas para picnic están ubicadas en puntos que son reflexiones unos de otros a través de uno de los ejes del plano de coordenadas?

✓ Práctica para la evaluación

37. Grafica y rotula cada punto en el plano de coordenadas de la derecha.

$A\left(\frac{3}{4}, -1\frac{1}{2}\right)$

$B(-2.75, -2.25)$

$C\left(0, 2\frac{1}{4}\right)$

$D(-1.75, 2)$

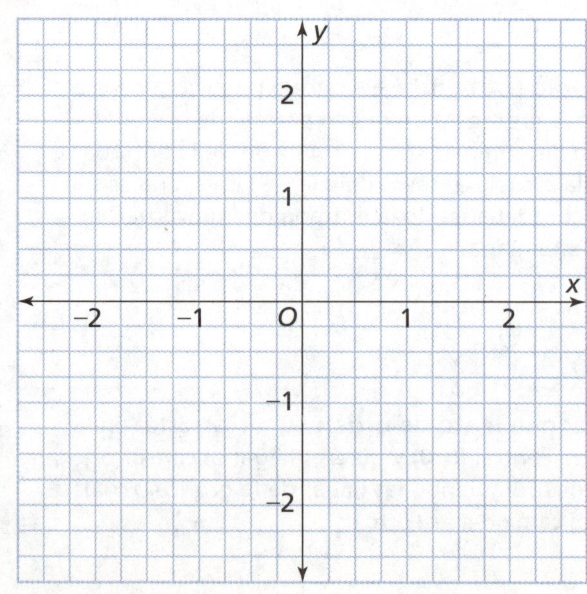

ACTO 1

1. Después de mirar el video, ¿cuál es la primera pregunta que te viene a la mente?

2. Escribe la Pregunta principal a la que responderás.

3. Haz una predicción para responder a esa Pregunta principal.

La persona que lanzó el disco volador más lejos es ____________ .

4. Construir argumentos Explica cómo decidiste cuál es tu predicción.

5. ¿Qué información de esta situación sería útil saber? ¿Cómo usarías esa información?

6. Usar herramientas apropiadas ¿Qué herramientas puedes usar resolver el problema? Explica cómo las usarías de manera estratégica.

7. Representar con modelos matemáticos Representa la situación usando las matemáticas. Usa tu propia representación para responder a la Pregunta principal.

8. ¿Cuál es tu respuesta a la Pregunta principal? ¿Difiere de tu predicción? Explícalo.

9. Escribe la respuesta que viste en el video.

10. Razonar ¿Coincide tu respuesta con la respuesta del video? Si no, ¿qué razones explicarían la diferencia?

11. Entender y perseverar ¿Cambiarías tu modelo ahora que sabes la respuesta? Explícalo.

Reflexionar

12. Representar con modelos matemáticos Explica cómo usaste un modelo matemático para representar la situación. ¿Cómo te ayudó el modelo a responder a la Pregunta principal?

13. Entender y perseverar ¿Qué parte se te dificultó más durante la resolución del problema? ¿Cómo superaste ese obstáculo?

CONTINUACIÓN

14. Razonar Supón que cada persona camina hacia el disco de la otra persona. Lanzan el disco de la otra persona hacia el punto de partida. ¿Dónde crees que aterrizará cada disco?

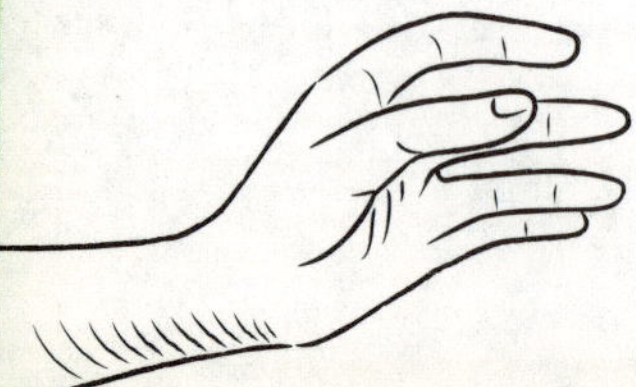
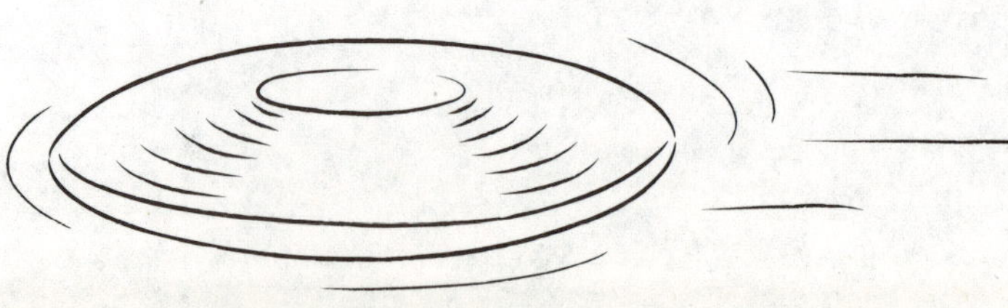

En línea

Puedo…
usar el valor absoluto para hallar distancias en un plano de coordenadas.

 **¡Resuélvelo y coméntalo!**

ACTIVITY

Grafica los puntos en el siguiente plano de coordenadas. ¿Qué dibujo formas cuando conectas los puntos en orden?

(3, 3), (0, 0), (−4, −4), (−9, 0), (−4, 4), (0, 0), (3, −3), (3, 3)

Nombra un par de puntos que estén a la misma distancia del eje de las *x*. Explica tu elección.

Usar la estructura
¿Cómo puedes usar la estructura de la gráfica para hallar un par de puntos que estén a la misma distancia del eje de las *x*?

Enfoque en las prácticas matemáticas

Usar la estructura ¿Cómo puedes usar el plano de coordenadas para hallar la longitud total del dibujo que graficaste?

 VISUAL LEARNING  ASSE

EJEMPLO 1  Hallar la distancia vertical

Escanear para contenido digital 

Tammy dibujó un mapa de su vecindario. ¿A qué distancia está la casa de Li de la escuela?

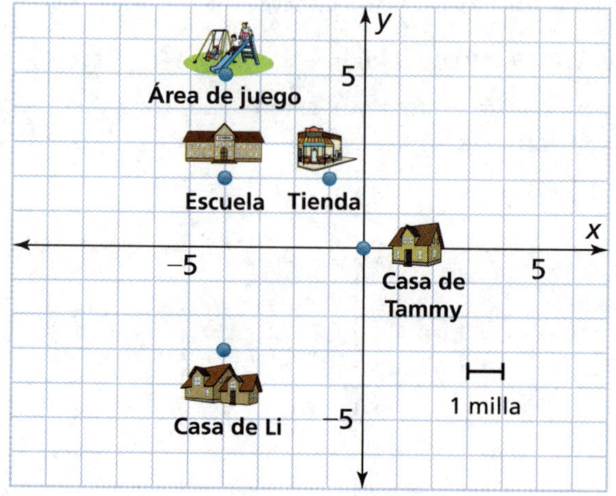

> **Razonar** ¿Cómo puedes usar el valor absoluto para hallar las distancias?

Halla las coordenadas de la casa de Li y de la escuela.

- Las coordenadas de la casa de Li son $(-4, -3)$.

- Las coordenadas de la escuela son $(-4, 2)$.

Los valores absolutos de las coordenadas y te indican la distancia entre cada punto y el eje de las x.

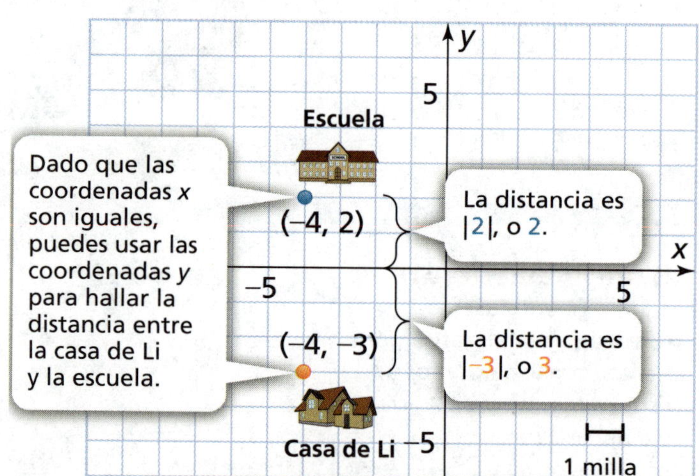

La distancia desde la casa de Li hasta la escuela es $|2| + |-3| = 2 + 3 = 5$ millas.

¡Inténtalo!

¿Cuál es la distancia entre la escuela y el área de juego? Explica cómo usaste valores absolutos para hallar la distancia.

¡Convénceme! Para hallar la distancia desde la escuela hasta el área de juego, ¿sumas o restas el valor absoluto de las coordenadas y? Explícalo.

La familia Coulter comienza en su casa y se detiene en un punto de descanso a almorzar. ¿Qué distancia les falta recorrer para llegar al parque acuático? Usa las coordenadas para hallar la distancia.

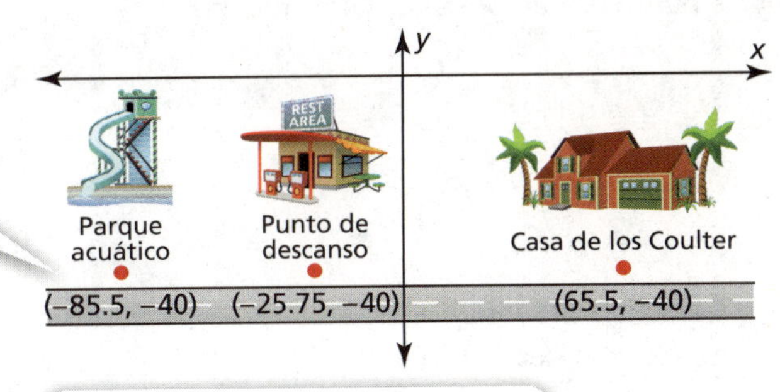

Las coordenadas y son iguales. Usa el valor absoluto de las coordenadas x para hallar la distancia. Resta los valores absolutos.

$$(-85.5, -40) \quad (-25.75, -40)$$
$$|-85.5| \quad\quad |-25.75|$$
$$85.5 \quad - \quad 25.75$$

Cada unidad representa 1 milla.

La distancia que falta hasta el parque acuático es 59.75 millas.

¡Inténtalo!

¿Cuál es la distancia total del viaje de regreso de la familia Coulter después del día en el parque acuático?

La distancia del viaje de regreso es $|-85.5|$ ▢ $|65.5| =$ ▢ ▢ ▢ $=$ ▢ millas.

EJEMPLO 3  Resolver problemas usando la distancia

El punto B está en el eje de las x y tiene la misma coordenada x que el punto A. El punto C está graficado en $(-2, n)$. La distancia desde el punto A hasta el punto C es igual a la distancia desde el punto A hasta el punto B. ¿Cuál es el valor de n?

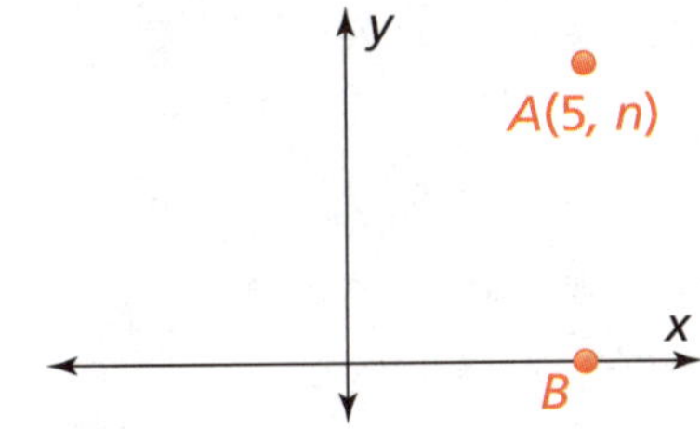

PASO 1 Halla la distancia desde el punto A hasta el punto C.

Las coordenadas y son iguales.

$$|-2| + |5| = 2 + 5 = 7 \text{ unidades}$$

Suma el valor absoluto de las coordenadas x para hallar la distancia.

PASO 2 Halla el valor de n.

El par ordenado $(5, 0)$ describe la ubicación del punto B.

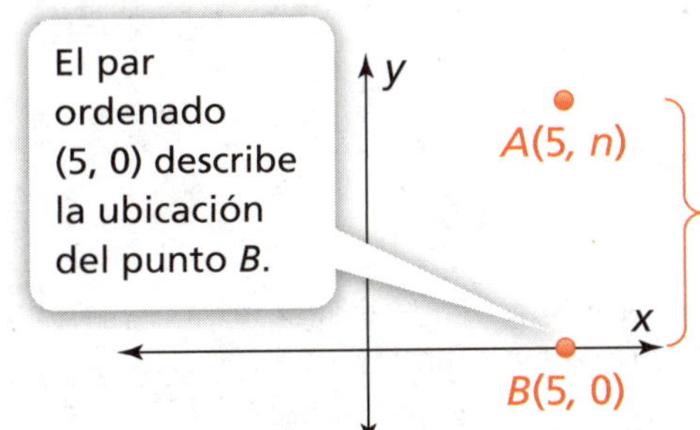

La distancia desde el punto A hasta el punto B es 7 unidades.
$$n - 0 = 7$$
$$n = 7$$

¡Inténtalo!

El punto D está en el cuadrante IV y está a la misma distancia del punto B que el punto A. ¿Cuáles son las coordenadas del punto D?

Puedes usar el valor absoluto para hallar la distancia entre puntos en un plano de coordenadas.

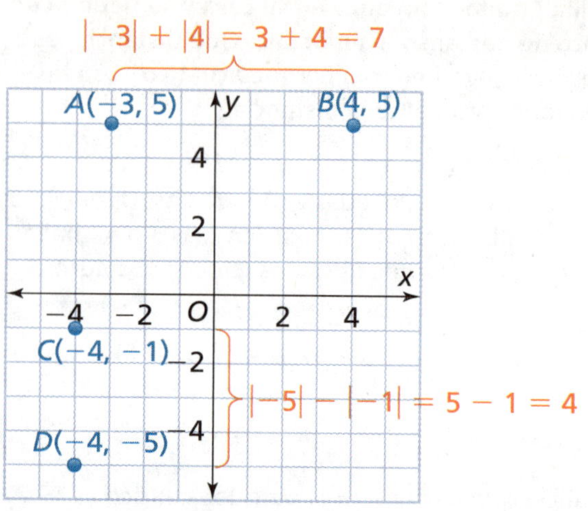

¿Lo entiendes?

1. **? Pregunta esencial** ¿Cómo se puede hallar la distancia entre dos puntos en un plano de coordenadas?

2. **Buscar relaciones** Para hallar la distancia entre dos puntos usando sus coordenadas, ¿cuándo sumas los valores absolutos y cuándo los restas?

3. **Razonar** ¿Puedes usar el valor absoluto para hallar la distancia entre la casa de Li y la casa de Tammy en el Ejemplo 1? Explícalo.

¿Cómo hacerlo?

En 4 a 9, halla la distancia entre cada par de puntos.

4. (−5, 2) y (−5, 6)

5. (4.5, −3.3) y (4.5, 5.5)

6. $\left(5\frac{1}{2}, -7\frac{1}{2}\right)$ y $\left(5\frac{1}{2}, -1\frac{1}{2}\right)$

7. $\left(-2\frac{1}{4}, -8\right)$ y $\left(7\frac{3}{4}, -8\right)$

8. $\left(5\frac{1}{4}, -3\frac{1}{4}\right)$ y $\left(5\frac{1}{4}, -6\frac{1}{4}\right)$

9. $\left(-1\frac{1}{2}, -6\frac{1}{2}\right)$ y $\left(-2\frac{1}{2}, -6\frac{1}{2}\right)$

Práctica y resolución de problemas

  PRACTICE TUTORIAL

Escanear para
contenido digital 

Práctica al nivel En **10** a **15**, halla la distancia entre cada par de puntos.

10. $(-2, 8)$ y $(7, 8)$

$$\left|\ \ \right| + \left|\ \ \right|$$
$$= \boxed{\ } + \boxed{\ }$$
$$= \boxed{\ } \text{ unidades}$$

11. $(-6.1, -8.4)$ y $(-6.1, -4.2)$

$$\left|\ \ \right| - \left|\ \ \right|$$
$$= \boxed{\ } - \boxed{\ }$$
$$= \boxed{\ } \text{ unidades}$$

12. $\left(12\frac{1}{2},\ 3\frac{3}{4}\right)$ y $\left(-4\frac{1}{2},\ 3\frac{3}{4}\right)$

$$\left|\ \ \right| + \left|\ \ \right|$$
$$= \boxed{\ } + \boxed{\ }$$
$$= \boxed{\ } \text{ unidades}$$

13. $(-5, -3)$ y $(-5, -6)$

14. $(-5.4, 4.7)$ y $(0.6, 4.7)$

15. $\left(7\frac{1}{2},\ -5\frac{3}{4}\right)$ y $\left(7\frac{1}{2},\ -1\frac{1}{4}\right)$

En **16** a **19**, usa el mapa de la derecha.

16. Halla la distancia desde la montaña rusa 1 hasta los columpios.

17. Halla la distancia desde la rueda de Chicago hasta la montaña rusa 3.

18. Halla la distancia total desde la montaña rusa 2 hasta la montaña rusa 3 y luego hasta el tobogán de agua.

19. Razonamiento de orden superior ¿Es la distancia desde el carrusel hasta el tobogán de agua la misma que la distancia desde el tobogán de agua hasta el carrusel? Explícalo.

La gráfica muestra la ubicación del punto *G* y el punto *H*. El punto *J* está en $(n, -3)$. La distancia desde el punto *H* hasta el punto *J* es igual a la distancia desde el punto *H* hasta el punto *G*.

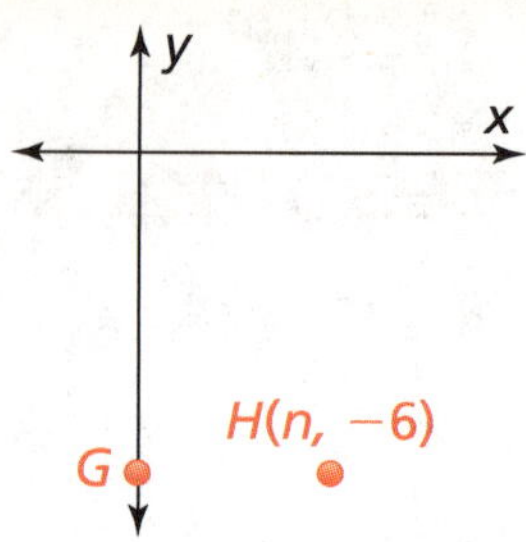

20. ¿Cuál es la distancia entre el punto *H* y el punto *J*?

21. ¿Cuál es el valor de *n*?

---

22. **Usar la estructura** Supón que *a*, *b* y *c* son todos números negativos. ¿Cómo hallas la distancia entre los puntos (a, b) y (a, c)?

23. Una científica graficó las ubicaciones del epicentro de un terremoto y todos los lugares donde se reportó que se sintió el terremoto. Ubicó el epicentro en $(-1, 8)$ y la ubicación más alejada en la que reportó que se sintió el terremoto estaba ubicada en $(85, 8)$. Si cada unidad de la gráfica representa 1 milla, ¿a qué distancia del epicentro se sintió el terremoto?

24. El rectángulo *ABCD* que se muestra en el plano de coordenadas representa una vista superior de un terreno. Cada unidad representa 1,000 pies. ¿Cuáles son las dimensiones del terreno rectangular, en pies?

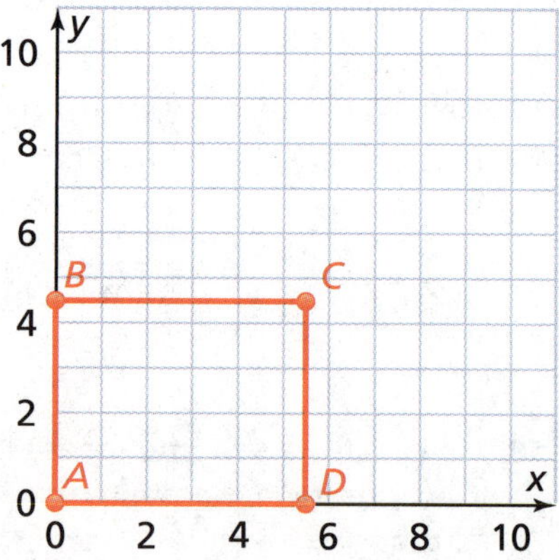

✓ Práctica para la evaluación

25. Se te dan los siguientes pares ordenados.
$(3.5, -1)$ $(-1.5, 3)$ $(-3, 3)$ $(3.5, 2.5)$ $(-1.5, -1.5)$

PARTE A
Grafica los pares ordenados en el plano de coordenadas.

PARTE B
Halla los dos pares ordenados del plano de coordenadas que están a 4.5 unidades de distancia.

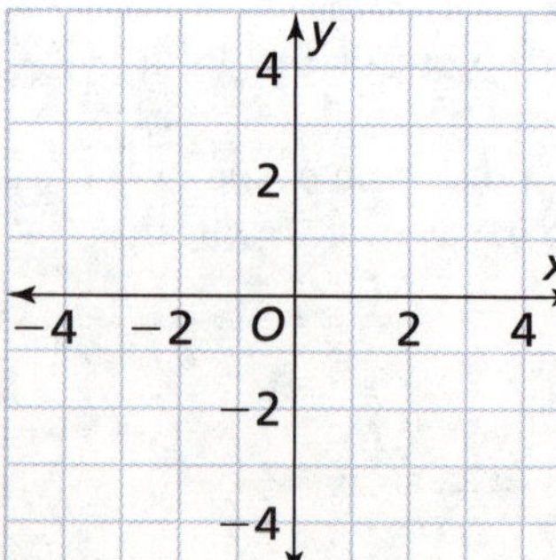

¡Resuélvelo y coméntalo!

ACTIVITY

Dibuja un polígono con vértices en $A(-1, 6)$, $B(-7, 6)$, $C(-7, -3)$ y $D(-1, -3)$. Luego, halla el perímetro del polígono.

Usar la estructura
¿Cómo puedes usar el plano de coordenadas para dibujar el polígono y hallar su perímetro?

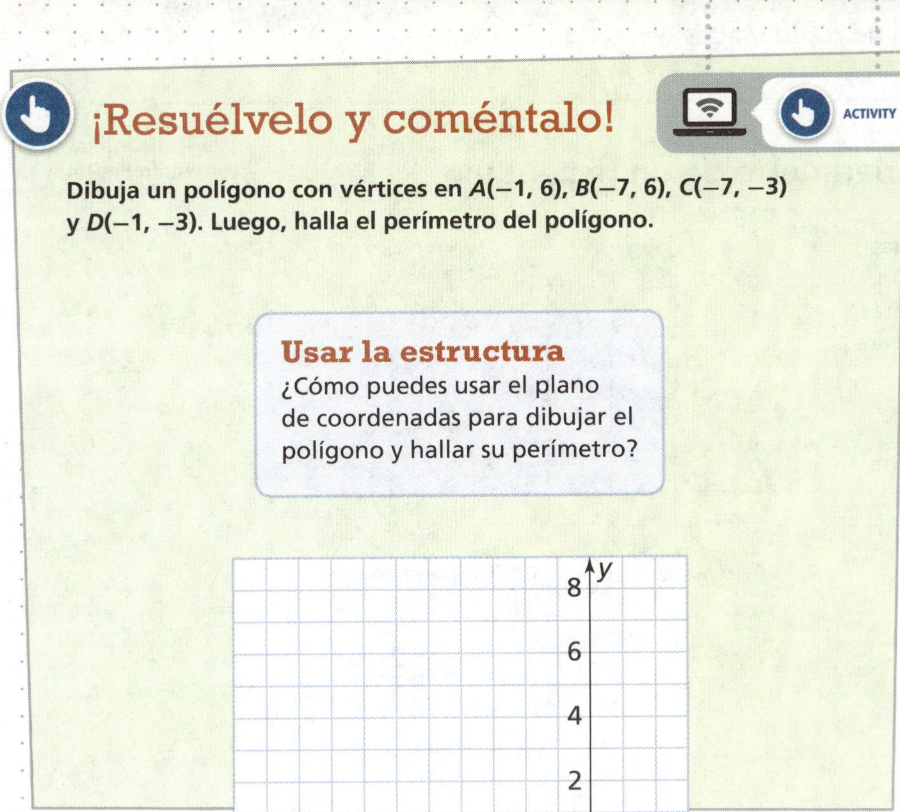

Puedo...
hallar la longitud de lado de un polígono en un plano de coordenadas.

Enfoque en las prácticas matemáticas

Construir argumentos ¿Qué tipo de polígono dibujaste?
Usa una definición para justificar tu respuesta.

  VISUAL LEARNING  ASSESS

EJEMPLO 1  **Hallar el perímetro de un rectángulo**

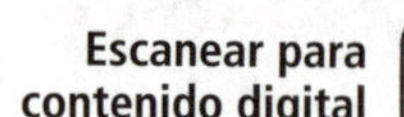

Una arqueóloga usó un plano de coordenadas para trazar el mapa de un área de excavación. Marcó las esquinas de un edificio con banderas, como se muestra. ¿Cuánta cuerda necesita para rodear el edificio?

> **Generalizar** ¿Cómo puedes usar lo que sabes sobre hallar distancias para hallar el perímetro del edificio?

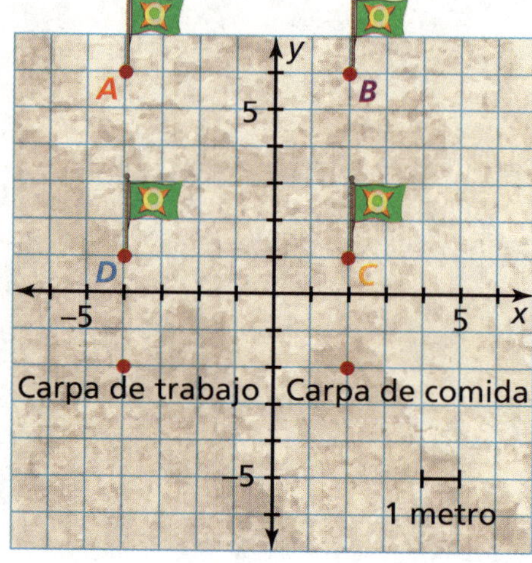

Halla la longitud de cada lado del rectángulo *ABCD*. Usa las coordenadas de los vértices del rectángulo: *A*(−4, 6), *B*(2, 6), *C*(2, 1) y *D*(−4, 1).

- *A* a *B* = $|-4| + |2| = 4 + 2 = 6$ m
- *B* a *C* = $|6| - |1| = 6 - 1 = 5$ m
- *C* a *D* = $|2| + |-4| = 2 + 4 = 6$ m
- *D* a *A* = $|6| - |1| = 6 - 1 = 5$ m

Suma las longitudes de los lados para hallar el perímetro del rectángulo *ABCD*.

Perímetro = 6 m + 5 m + 6 m + 5 m = 22 metros

La arqueóloga necesita 22 metros de cuerda.

✓ ¡Inténtalo!

Luego, la arqueóloga decide extender el área rodeada por la cuerda de modo tal que el nuevo perímetro va desde *A*, hasta *B*, hasta la carpa de comida, hasta la carpa de trabajo y de vuelta hasta *A*. ¿Cuánta cuerda necesita ahora?

De *A* hasta *B* = ☐ m

De la carpa de comida hasta la carpa de trabajo = $|2| +$ ☐ ☐ =

$2 +$ ☐ = ☐ m

De *B* hasta la carpa de comida = ☐ m

De la carpa de trabajo hasta *A* = ☐ $+ |6| =$ ☐ $+ 6 =$ ☐ m

La arqueóloga necesita ☐ metros de cuerda.

¡Convénceme! ¿Cómo puedes usar la fórmula del perímetro de un rectángulo para hallar el perímetro del rectángulo más grande usando dos de las distancias?

Hallar el perímetro de un polígono irregular

Un ganadero traza las coordenadas de un corral para sus vacas. ¿Cuánto alambrado necesita el ganadero para el corral para las vacas?

PASO 1 Halla la longitud de los lados.

$LM = |-16.25| - |-4.5| = 16.25 - 4.5 = 11.75$

$MN = |4| + |-6| = 4 + 6 = 10$

$NO = |-4.5| + |8.25| = 4.5 + 8.25 = 12.75$

$OP = |-12| - |-6| = 12 - 6 = 6$

$PQ = |8.25| + |-16.25| = 8.25 + 16.25 = 24.50$

$QL = |-12| + |4| = 12 + 4 = 16$

PASO 2 Suma la longitud de los lados.

$11.75 + 10 + 12.75 + 6 + 24.50 + 16 = 81$

El ganadero necesita 81 yardas de alambrado.

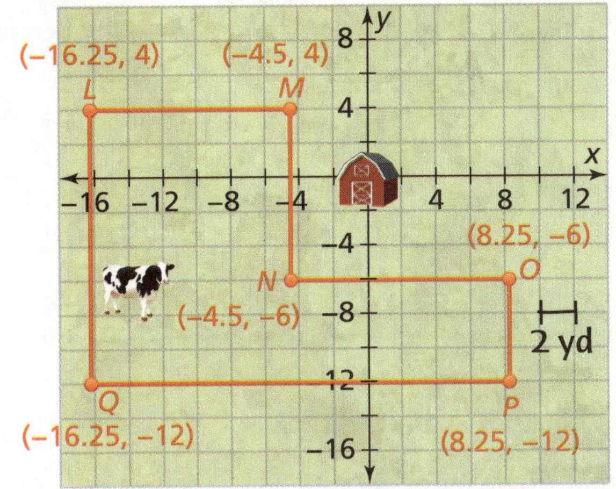

¡Inténtalo!

El ganadero necesita reemplazar el alambrado del corral para los caballos. ¿Cuánto alambrado necesita?

El ganadero necesita ☐ yardas de alambrado.

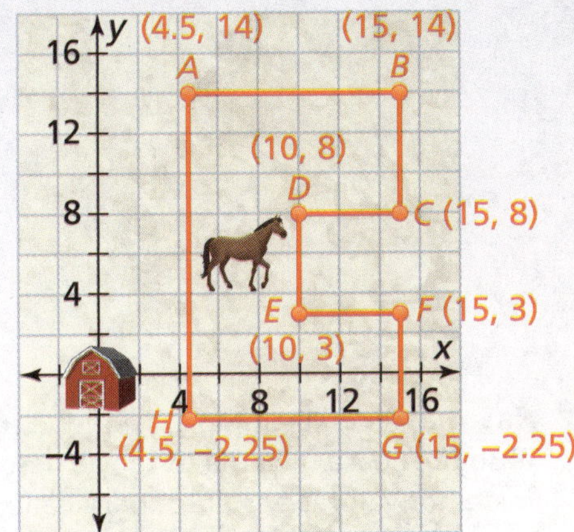

Aplicar la distancia a la geometría

¿Son los triángulos **ABC** y **BCD** isósceles? Explícalo.

Halla la longitud de los lados verdes de cada triángulo.

La longitud del lado $AC = |-5| + |1| = 5 + 1 = 6$ unidades.

La longitud del lado $DC = |7| - |1| = 7 - 1 = 6$ unidades.

La longitud del lado $BC = |8| - |2| = 8 - 2 = 6$ unidades.

Los lados miden lo mismo; por tanto, los triángulos son isósceles.

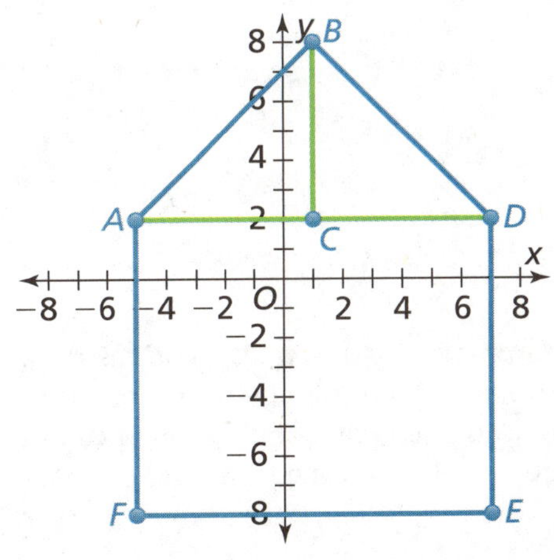

¡Inténtalo!

Joaquín dice que el cuadrilátero *ADEF* es un cuadrado. ¿Tiene razón? Explícalo.

Puedes representar polígonos en un plano de coordenadas y resolver problemas usando valores absolutos para hallar longitudes de lado.

Suma o resta valores absolutos para hallar la longitud de cada lado.

AB: $|-3| + |2| = 3 + 2 = 5$ unidades

BC: $|4| - |2| = 4 - 2 = 2$ unidades

CD: $|-3| + |2| = 3 + 2 = 5$ unidades

DA: $|4| - |2| = 4 - 2 = 2$ unidades

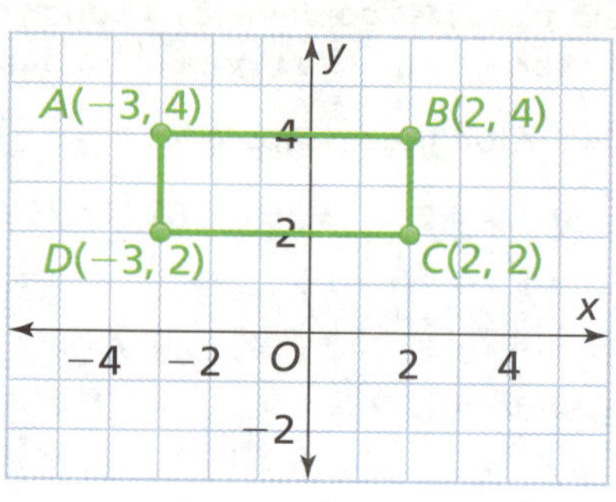

¿Lo entiendes?

1. **? Pregunta esencial** ¿Cómo se usa la distancia para resolver problemas sobre polígonos en un plano de coordenadas?

2. **Razonar** En el Ejemplo 1, ¿por qué sumas los valores absolutos para hallar la distancia desde A hasta B pero restas los valores absolutos para hallar la distancia desde B hasta C?

3. **Construir argumentos** ¿Podrías sumar o restar los valores absolutos de las coordenadas para hallar la longitud de la diagonal AC del rectángulo $ABCD$ del Ejemplo 1? Explícalo.

¿Cómo hacerlo?

4. Halla el perímetro del rectángulo $MNOP$ con vértices $M(-2, 5)$, $N(-2, -4)$, $O(3, -4)$ y $P(3, 5)$.

5. Jen dibuja un polígono con vértices $E(-2, 3.5)$, $F(3, 3.5)$, $G(3, -1.5)$ y $H(-2, -1.5)$. ¿Es $EFGH$ un cuadrado? Justifica tu respuesta.

6. El cuadrado $ABCD$ tiene vértices $A(-4.5, 4)$, $B(3.5, 4)$, $C(3.5, -4)$ y $D(-4.5, -4)$. ¿Cuál es el área del cuadrado $ABCD$?

Práctica y resolución de problemas

Práctica al nivel En **7** y **8**, halla el perímetro de cada rectángulo.

7. Rectángulo *JKLM*: *J*(−3, 8), *K*(−3, −1), *L*(4, −1), *M*(4, 8)

$JK = |8| + |−1| = $ ☐

$KL = |−3| + |4| = $ ☐

Perímetro = ☐ unidades

8. Rectángulo *WXYZ*: *W*(−3, −2), *X*(4, −2), *Y*(4, −5), *Z*(−3, −5)

$WX = |−3| + |4| = $ ☐

$XY = |−5| − |−2| = $ ☐

Perímetro = ☐ unidades

9. El triángulo *JKL* tiene vértices *J*(0, 0), *K*(5, 0) y *L*(0, −3). ¿Es equilátero el triángulo *JKL*? Justifica tu respuesta.

10. El polígono *WXYZ* tiene vértices *W*(−1.5, 1.5), *X*(6, 1.5), *Y*(6, −4.5) y *Z*(−1.5, −4.5). ¿Es *WXYZ* un rectángulo? Justifica tu respuesta.

11. ¿Cuál es el perímetro y el área del rectángulo *ABCD*?

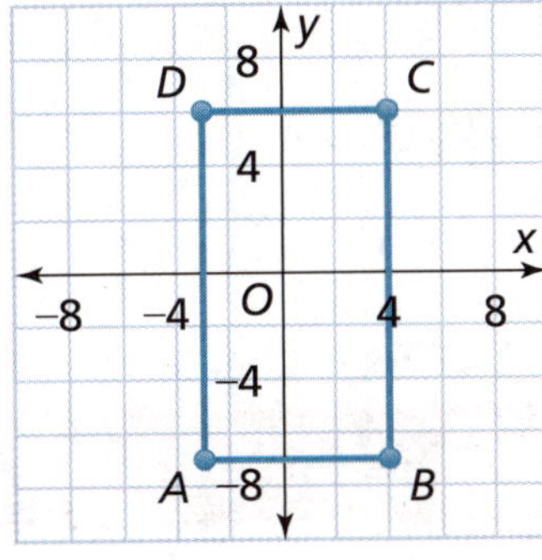

12. Mike usó un plano de coordenadas para diseñar el patio que se muestra a la derecha. Cada unidad de la gráfica representa 1 yarda. Para comprar los materiales para construir el patio, Mike necesita conocer el perímetro. ¿Cuál es el perímetro del patio?

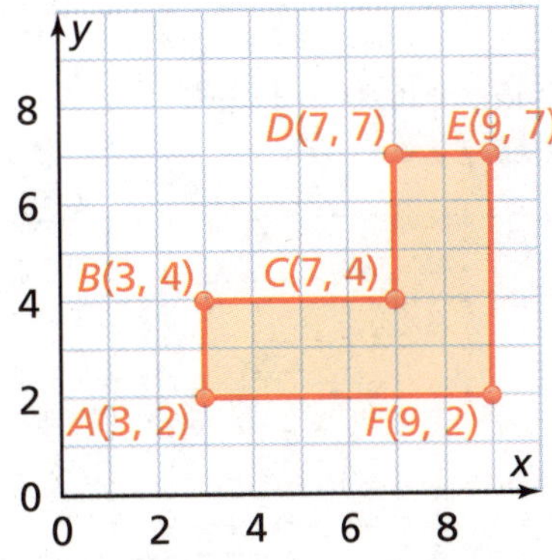

13. Jordan comenzó en su casa en el punto *H*. Corrió hasta el banco (*B*), la biblioteca (*L*), la oficina de correos (*C*), el restaurante (*R*), la escuela (*E*) y de regreso a su casa, como se muestra. Las coordenadas representan la posición, en millas, de cada uno de estos lugares respecto del centro de la ciudad, que está ubicado en el origen. ¿Cuál es la distancia total que corrió Jordan?

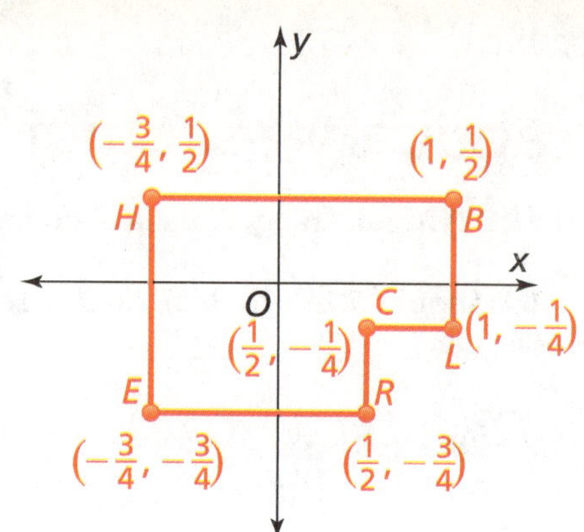

14. Usar la estructura Ana hizo el diagrama de un pedazo rectangular de material que usará para una colcha de retazos. Los vértices son (−1.2, −3.5), (−1.2, 4.4) y (5.5, 4.4). ¿Cuáles son las coordenadas del cuarto vértice?

15. El Sr. Janas construye una piscina en su patio trasero. Hace un bosquejo de la piscina rectangular en un plano de coordenadas. Los vértices de la piscina son *A*(−5, 7), *B*(1, 7), *C*(1, −1) y *D*(−5, −1). Si cada unidad representa 1 yarda, ¿qué área del patio trasero se necesita para la piscina?

16. Vocabulario ¿Por qué se usa el valor absoluto para hallar distancias en un plano de coordenadas?

17. Razonamiento de orden superior Un cuadrado en un plano de coordenadas tiene un vértice en (−0.5, −2) y un perímetro de 10 unidades. Si todos los vértices están ubicados en el cuadrante III, ¿cuáles son las coordenadas de los otros tres vértices?

Práctica para la evaluación

18. Se te dan los siguientes puntos en un plano de coordenadas:

$A\left(-1\frac{1}{2}, -\frac{1}{2}\right)$, $B\left(-1\frac{1}{2}, -3\right)$ y $C\,(4, -3)$.

PARTE A

Usando el valor absoluto, halla la distancia entre los puntos *A* y *B*.

PARTE B

Selecciona todas las coordenadas que estén a 8 unidades del punto *C*.

☐ (12, −3)

☐ (12, −11)

☐ (4, −3)

☐ (−4, −3)

☐ (4, −11)

? Pregunta esencial del tema

¿Qué son los enteros y los números racionales? ¿Cómo se grafican puntos en un plano de coordenadas?

Repaso del vocabulario

Completa cada definición y luego da un ejemplo de cada palabra de vocabulario.

Vocabulario   número racional   opuesto   par ordenado   valor absoluto

Definición	Ejemplo
1. Un punto en un plano de coordenadas se representa con un _____________.	
2. El _____________ de un entero positivo es un entero negativo.	
3. Un _______________ es un número que se puede expresar como el cociente de dos enteros.	

Usar el vocabulario al escribir

Explica cómo se relacionan los puntos $A\left(9, -\frac{2}{5}\right)$ y $B\left(9, \frac{2}{5}\right)$ Usa términos de vocabulario en tu explicación.

Repaso de conceptos y destrezas

   Entender enteros

Repaso rápido

Los **enteros** son los números para contar, sus opuestos y 0. Los **opuestos** son enteros ubicados en lados opuestos del 0 y a la misma distancia del 0 en una recta numérica.

Ejemplo

Para cada punto de la recta numérica, escribe el entero y su opuesto.

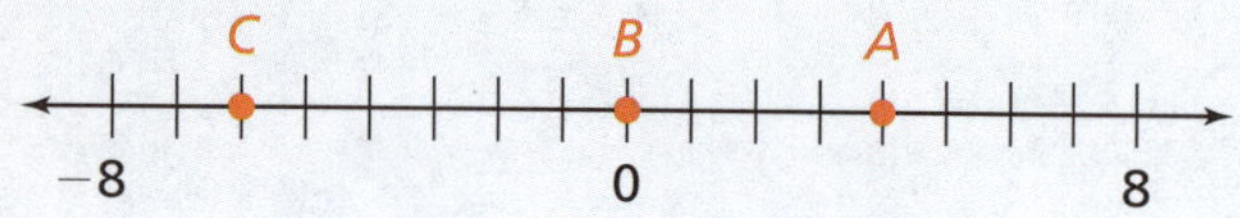

A: 4, −4   *B*: 0, 0   *C*: −6, 6

El opuesto del opuesto de un número es el mismo número.

Práctica

Para cada punto de la recta numérica, escribe el entero y su opuesto.

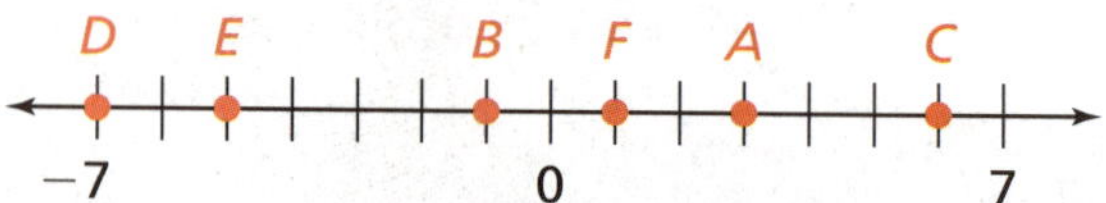

1. *A* **2.** *B*

3. *C* **4.** *D*

5. *E* **6.** *F*

   Representar números racionales en la recta numérica

Repaso rápido

Los **números racionales** son números que se pueden escribir como un cociente $\frac{a}{b}$, donde a y b son enteros y b es distinto de 0. Puedes usar rectas numéricas para representar, comparar y ordenar números racionales.

Ejemplo

Compara y ordena −0.1, 0.75 y $-\frac{1}{4}$ de menor a mayor.

Marca los números en una recta numérica.

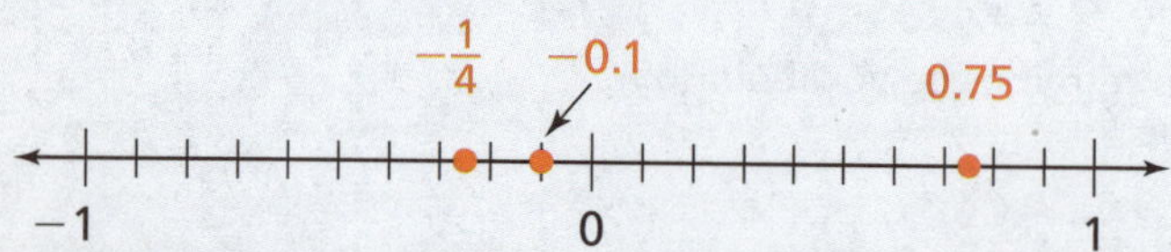

Por tanto, $-\frac{1}{4} < -0.1 < 0.75$ y el orden de menor a mayor es $-\frac{1}{4}$, −0.1, 0.75.

Práctica

En **1** a **3**, marca cada número racional en la recta numérica.

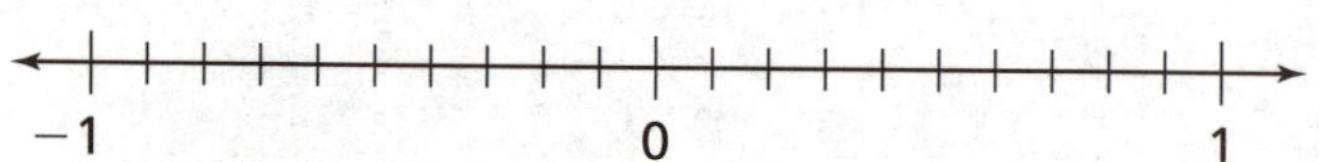

1. $\frac{3}{4}$ **2.** $-\frac{2}{5}$ **3.** 0.5

En **4** a **7**, usa <, > o = para comparar.

4. 0.25 ◯ $\frac{1}{4}$

5. $1\frac{5}{8}$ ◯ 1.6

6. 3.65 ◯ $3\frac{3}{4}$

7. $-\frac{2}{3}$ ◯ $\frac{3}{4}$

Valores absolutos de números racionales

Repaso rápido

El **valor absoluto** de un número es su distancia del 0 en la recta numérica. La distancia siempre es positiva. El valor absoluto nunca es negativo.

Ejemplo

Halla los valores absolutos y ordena |3|, |4|, |−2|, |−5| de *menor* a *mayor*.

$$|3| = 3$$
$$|4| = 4$$
$$|−2| = 2$$
$$|−5| = 5$$

Ordenados de menor a mayor:
|−2|, |3|, |4|, |−5|

Práctica

En 1 a 4, halla cada valor.

1. |−9| **2.** |−2|

3. |4| **4.** −|−10|

En 5 a 8, ordena los valores de menor a mayor.

5. |−3|, |−2|, |10| **6.** |−7|, |0|, |−5|

7. |−18.5|, |18|, |−12.5| **8.** |26|, |−20|, |−24.5|

Representar números racionales en el plano de coordenadas

Repaso rápido

Un **par ordenado** (*x, y*) de números indica las coordenadas que ubican un punto en un **plano de coordenadas**. Las coordenadas pueden ser números enteros no negativos, fracciones, números mixtos o números decimales.

Ejemplo

Explica cómo marcar un punto con coordenadas (*x, y*):

• Comienza en el origen, (0, 0).

• Usa la coordenada *x* para moverte hacia la derecha (si es positivo) o hacia la izquierda (si es negativo) por el eje de las *x*.

• Luego, usa la coordenada *y* del punto para moverte hacia arriba (si es positivo) o hacia abajo (si es negativo) por el eje de las *y*.

• Marca y rotula el punto en el plano de coordenadas.

Explica cómo nombrar la ubicación de un punto en un plano de coordenadas.

Sigue la línea desde el punto hasta el eje de las *x* para nombrar la coordenada *x* y sigue la línea desde el punto hasta el eje de las *y* para nombrar la coordenada *y*.

Práctica

En 1 a 6, indica el par ordenado para cada punto.

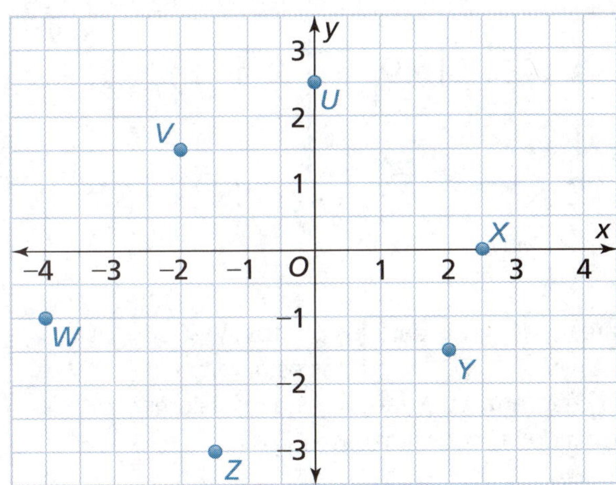

1. U **2.** V

3. W **4.** X

5. Y **6.** Z

Hallar distancias y representar polígonos en el plano de coordenadas

Repaso rápido

Puedes usar el valor absoluto para hallar la distancia entre dos puntos que tienen la misma coordenada *x* o *y*. Cuando las coordenadas *y* son iguales, usa las coordenadas *x* para hallar la distancia. Cuando las coordenadas *x* son iguales, usa las coordenadas *y*. Si los puntos están en cuadrantes diferentes, suma los valores absolutos. Si los puntos están en el mismo cuadrante, resta los valores absolutos.

Puedes usar lo que sabes sobre hallar la distancia entre dos puntos para hallar la longitud de lado de un polígono en un plano de coordenadas.

Ejemplo

Halla la longitud del lado *AB*.

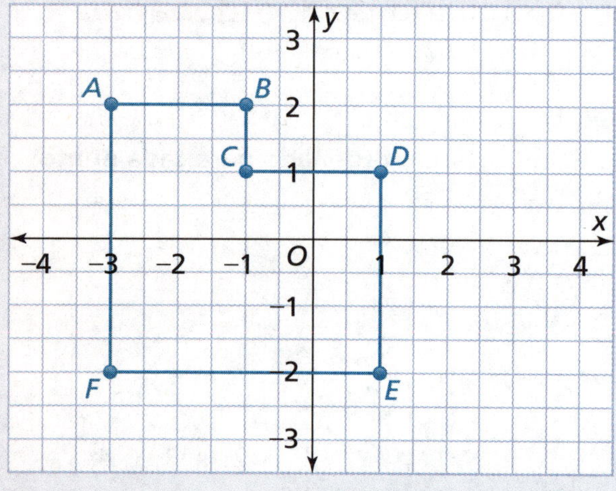

Los pares ordenados para los puntos *A* y *B* son $A(-3, 2)$ y $B(-1, 2)$. Los puntos están en el mismo cuadrante; por tanto, resta los valores absolutos de las coordenadas *x*.

$$|-3| - |-1| = 3 - 1 = 2 \text{ unidades}$$

La longitud del lado *AB* es 2 unidades.

Práctica

En 1 a 6, halla las longitudes de lado que faltan del polígono *ABCDEF*. Luego, halla el perímetro del polígono.

1. Longitud de *BC*

2. Longitud de *DE*

3. Longitud de *FA*

4. Longitud de *CD*

5. Longitud de *EF*

6. Perímetro de *ABCDEF*

En 7 y 8, el polígono *QRST* tiene vértices $Q(-4, -1)$, $R(-4, 5)$, $S(2, 5)$ y $T(2, -1)$.

7. Dibuja y rotula el polígono *QRST* en el plano de coordenadas.

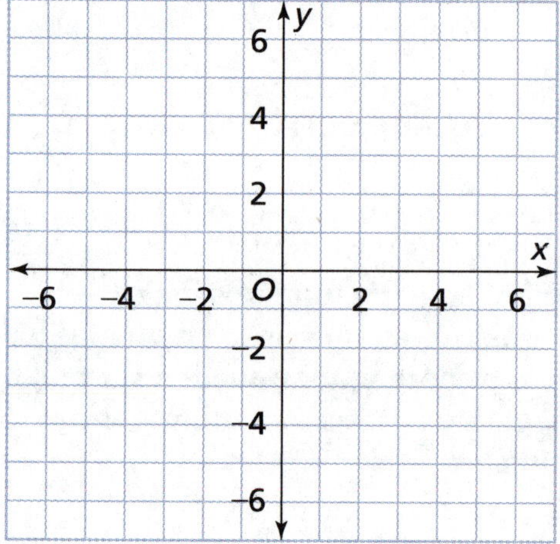

8. Construye un argumento para justificar si el polígono *QRST* es un cuadrado o no.

Pista escondida

Para cada par ordenado, simplifica las dos coordenadas. Luego, ubica y rotula el punto correspondiente en la gráfica. Dibuja segmentos de recta para conectar los puntos en orden alfabético. Usa la ilustración completa como ayuda para responder el siguiente acertijo.

Puedo…
sumar y restar números decimales de varios dígitos.

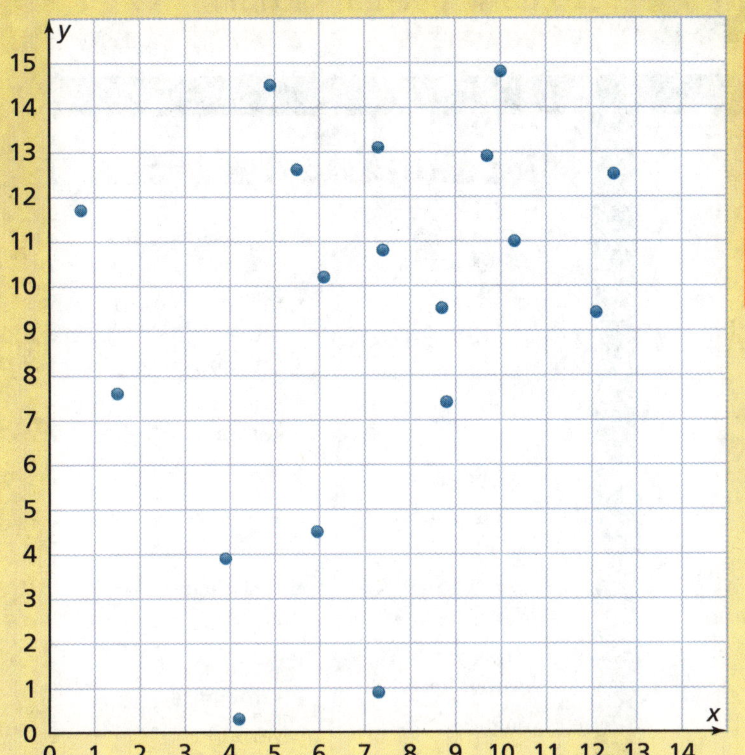

¿Qué árbol puedes llevar en la palma de la mano?

A (6.4 + 0.92, 15.74 − 2.64) ______ , ______

B (9.65 + 0.4, 16.058 − 1.2) ______ , ______

C (13.4 − 0.896, 8.6 + 4.095) ______ , ______

D (22.10 − 9.99, 0.251 + 9.16) ______ , ______

E (15.6 − 5.87, 8 + 4.95) ______ , ______

F (5.16 + 5.16, 15.6 − 4.6) ______ , ______

G (16.9 − 8.04, 5.08 + 2.27) ______ , ______

H (8.64 + 0.1, 19 − 9.45) ______ , ______

I (9.6 − 2.18, 4.8 + 6.024) ______ , ______

J (12.4 − 6.45, 0.808 + 3.61) ______ , ______

K (5.94 + 1.36, 2.76 − 1.87) ______ , ______

L (4.09 + 0.144, 4.012 − 3.7) ______ , ______

M (6.982 − 3.03, 1.5 + 2.4) ______ , ______

N (7.3 − 1.17, 0.54 + 9.63) ______ , ______

P (0.83 + 0.57, 12.65 − 4.95) ______ , ______

Q (9 − 3.6, 5.74 + 7.06) ______ , ______

R (0.18 + 0.67, 20.02 − 8.17) ______ , ______

S (15.6 − 10.7, 5.43 + 9.07) ______ , ______

EXPRESIONES NUMÉRICAS Y ALGEBRAICAS

? Pregunta esencial del tema

¿Qué son las expresiones y cómo se pueden escribir y evaluar?

Vistazo al tema

3-1 Entender y representar exponentes

3-2 Hallar el máximo común divisor y el mínimo común múltiplo

3-3 Escribir y evaluar expresiones numéricas

3-4 Escribir expresiones algebraicas

3-5 Evaluar expresiones algebraicas

Representación matemática en 3 actos: La excursión

3-6 Generar expresiones equivalentes

3-7 Simplificar expresiones algebraicas

Vocabulario del tema

- árbol de factores
- base
- coeficiente
- descomposición en factores primos
- exponente
- expresión algebraica
- expresión numérica
- expresiones equivalentes
- evaluar
- máximo común divisor (M.C.D.)
- mínimo común múltiplo (m.c.m.)
- número compuesto
- número primo
- potencia
- simplificar
- sustitución
- término
- términos semejantes
- variable

Recursos digitales de la lección

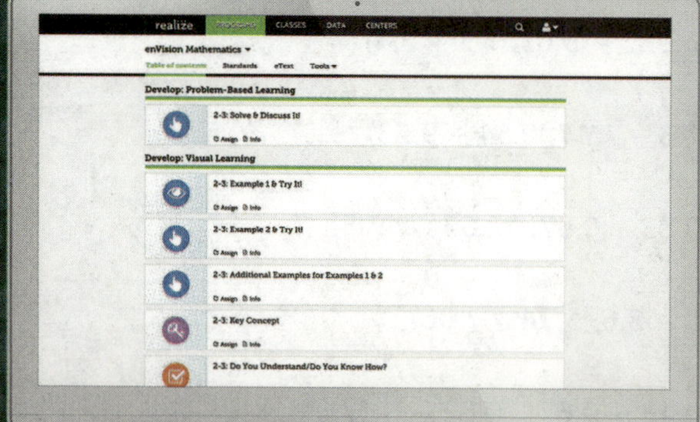

INTERACTIVE STUDENT EDITION
Accede con o sin conexión.

VISUAL LEARNING ANIMATION
Interactúa con el aprendizaje visual animado.

ACTIVITY Úsala con las actividades *¡Resuélvelo y coméntalo!*, *¡Explóralo!* y *¡Explícalo!*, y para explorar los Ejemplos.

VIDEOS Mira videos como apoyo para las lecciones de *Representación matemática en 3 actos* y los *Proyectos* STEM.

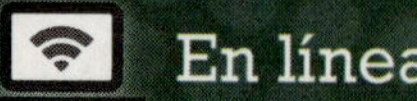 En línea

 La excursión

¿Cuándo fue la última vez que tu clase salió de excursión? Hay algo que todas las excursiones tienen en común: cuestan dinero. Las escuelas necesitan buscar maneras creativas para pagar las excursiones. Una función para recaudar fondos es una excelente manera de generar dinero a la vez que da a los estudiantes la satisfacción de ayudar para que se pueda realizar la excursión.

Independientemente de cómo se recaude el dinero, es importante que la escuela considere todos los costos posibles. Piensa en esto durante la lección de Representación matemática en 3 actos.

 **PRACTICE** Practica lo que has aprendido.

 **TUTORIALS** Usa los videos de *Virtual Nerd* cuando los necesites.

 **MATH TOOLS** Explora las matemáticas con herramientas digitales.

 **GAMES** Usa los Juegos de Matemáticas como apoyo para aprender.

 **KEY CONCEPT** Repasa el contenido importante de la lección.

 **GLOSARIO** Lee y escucha las definiciones en inglés y español.

 **ASSESSMENT** Muestra lo que has aprendido.

¿Sabías que…?

Hay **más de 600,000 puentes** en los Estados Unidos.

Los obreros tardaron **14 años** en construir el puente de Brooklyn.

El puente Golden Gate, terminado en 1937, debió **cerrarse tres veces debido a los fuertes vientos.**

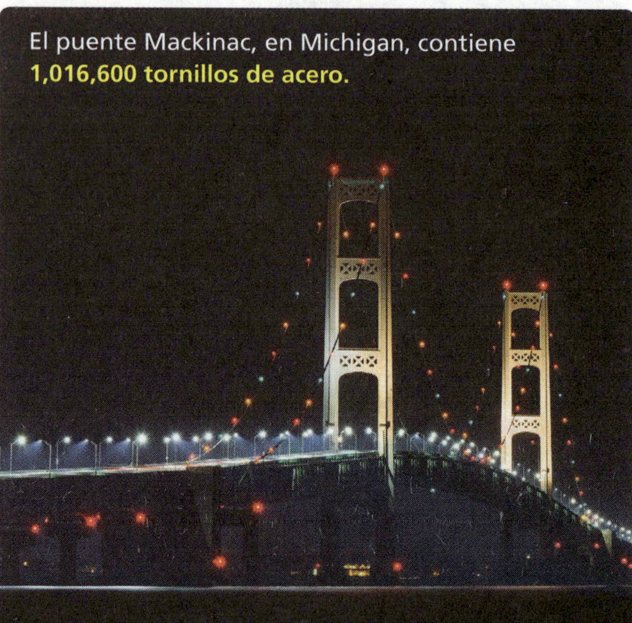

El puente Mackinac, en Michigan, contiene **1,016,600 tornillos de acero.**

El puente Mike O'Callaghan-Pat Tillman Memorial, en la represa Hoover, está hecho con **30,000 yardas cúbicas de hormigón y 16 millones de libras de acero.**

Tu tarea: Diseña un puente 

Supón que el límite de peso máximo propuesto para un puente nuevo de tu comunidad es 100,000 libras. ¿Cuántos vehículos y de qué tipo pueden cruzar el puente? ¿Cómo se puede controlar el peso que soporta el puente? Tus compañeros y tú comenzarán el proceso de diseño de ingeniería para entender el problema, realizar la investigación necesaria y hacer una lluvia de ideas sobre las posibles soluciones.

¡Repasa lo que sabes!

Vocabulario

Escoge el mejor término del recuadro para completar cada definición.

> expresión numérica
>
> fórmula
>
> número compuesto
>
> número primo

1. Un/Una ________________ es una regla que usa símbolos para relacionar dos o más cantidades.

2. El número 12 es un/una ________________ porque tiene más de dos factores.

3. Un/Una ________________ es una frase matemática que incluye números y al menos una operación.

Perímetro y área

Usa las fórmulas $P = 2\ell + 2a$ y $A = \ell a$, donde ℓ es la longitud y a es el ancho, para hallar el perímetro, P, y el área, A, de cada figura.

4.

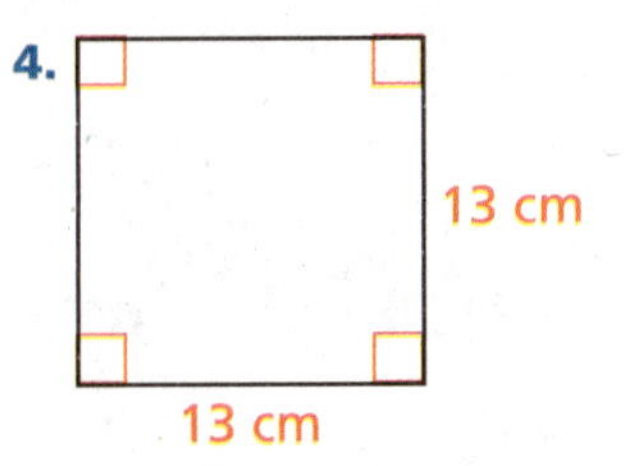

$P =$ ________________

$A =$ ________________

5.

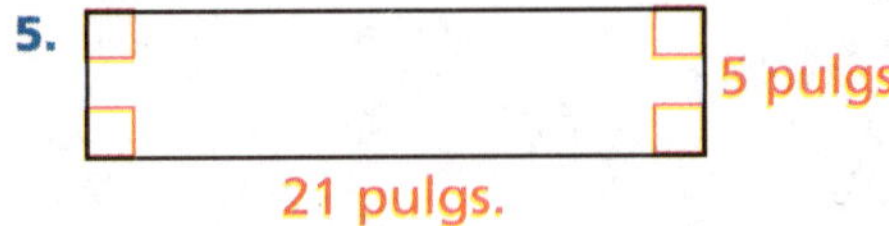

$P =$ ________________

$A =$ ________________

6.

$P =$ ________________

$A =$ ________________

Múltiplos

Escribe los primeros cinco múltiplos de cada número.

7. 8

8. 9

9. 10

10. 6

11. 4

12. 3

Factores

13. ¿Cómo puedes hallar los factores de 12 y 15? Explícalo.

Operaciones

14. ¿En qué se parecen las palabras *diferencia*, *suma*, *cociente* y *producto*?

Desarrollo del lenguaje

Escribe términos y frases relacionados con *Expresiones numéricas*
y *Expresiones algebraicas* en el diagrama de Venn.

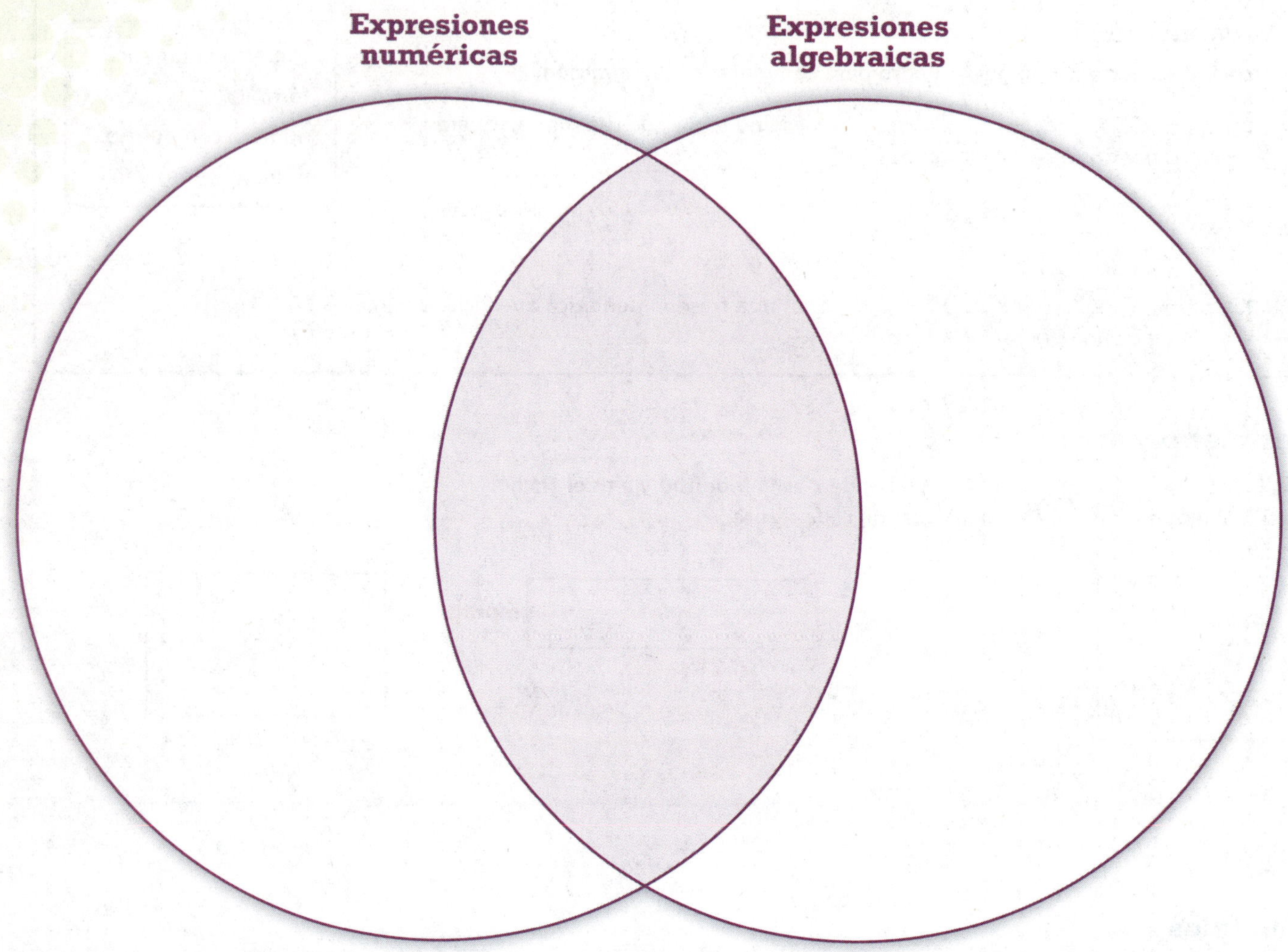

En el siguiente recuadro, haz dibujos para representar los términos y las frases
de la sección del diagrama en donde hay superposición.

PROYECTO 3A

¿Cuál es el poema más inspirador que has leído?

PROYECTO: ESCRIBE UN POEMA ALGEBRAICO

PROYECTO 3B

¿Qué equipo necesitas para jugar a tu deporte favorito?

PROYECTO: PLANIFICA LA COMPRA DE EQUIPO DEPORTIVO

¿Cuál es el lugar más interesante en el que has ido a nadar?

PROYECTO: DISEÑA UN ÁREA DE PISCINA

¿De qué maneras has visto el uso de exponentes en la vida diaria?

PROYECTO: CALCULA CON EXPONENTES

¡Resuélvelo y coméntalo!

ACTIVITY

Dobla una hoja de papel por la mitad. Anota la cantidad de secciones que ves cuando desdoblas la hoja. Sigue doblando la hoja en mitades 4 veces más. Anota la cantidad de secciones que hay en cada caso. Describe los patrones que veas.

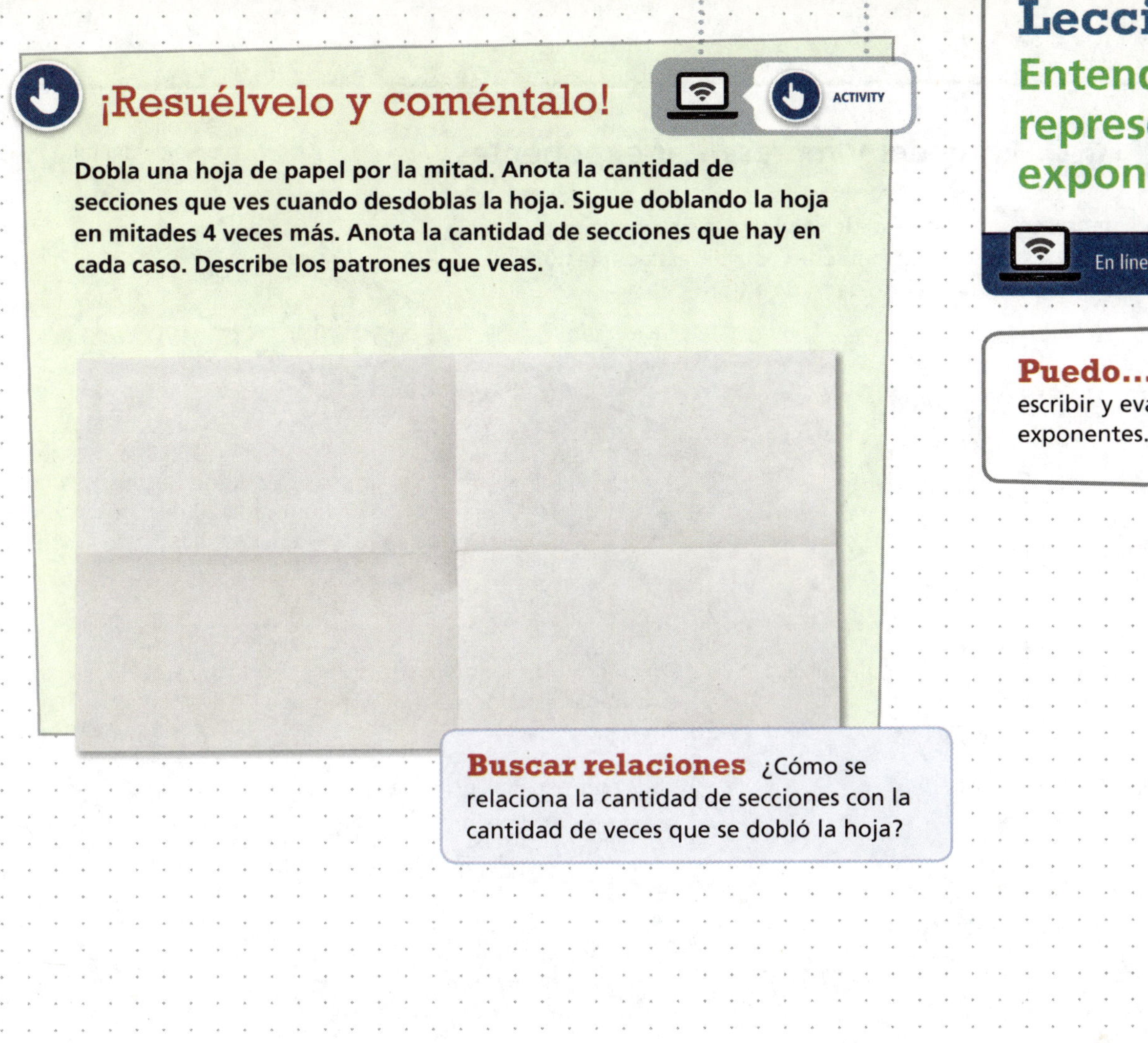

Buscar relaciones ¿Cómo se relaciona la cantidad de secciones con la cantidad de veces que se dobló la hoja?

Puedo...
escribir y evaluar números con exponentes.

Enfoque en las prácticas matemáticas

Usar la estructura ¿Cuántas secciones habrá luego de doblar la hoja 6 veces? ¿Y luego de 7 veces?

EJEMPLO 1 — Entender y representar exponentes

La expresión $2 \times 2 \times 2$ representa la cantidad de células que habrá luego de 1 hora si hay 1 célula al comienzo. ¿Cómo puedes escribir esta expresión usando exponentes? ¿Cuántas células habrá luego de 1 hora?

Razonar La multiplicación repetida se puede representar de más de una manera.

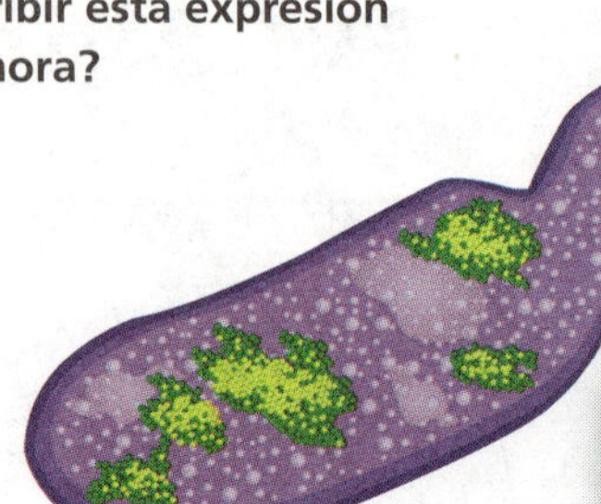

Algunas células de bacterias se dividen cada 20 minutos y producen 2 células.

Puedes usar un exponente para escribir la multiplicación repetida de un número.

El número que aparece varias veces en la multiplicación repetida es la **base**.

El **exponente** indica cuántas veces se usa la base como factor.

$$2 \times 2 \times 2 = 2^3$$

3 factores de 2   **potencia**

Un número que se puede escribir usando exponentes se llama **potencia**.

Puedes usar la multiplicación repetida para **evaluar**, o hallar el valor de, una potencia.

Multiplica los primeros dos factores: $2 \times 2 = 4$.

$$2^3 = \overbrace{2 \times 2} \times 2 = 8$$

Luego, multiplica ese producto por el último factor: $4 \times 2 = 8$.

Potencia	2^3
Valor	8

Habrá 8 células luego de 1 hora.

¡Inténtalo!

Luego de 3 horas, hay $2 \times 2 \times 2 \times 2 \times 2 \times 2 \times 2 \times 2 \times 2$ células de bacterias. Escribe la multiplicación repetida como una potencia y luego evalúa.

¡Convénceme! ¿Por qué se puede representar la cantidad de células que hay luego de 2 horas como la potencia 2^6?

A. ¿Cómo puedes evaluar 2^0?

La base es 2. El exponente es 0.

Haz una tabla y busca un patrón.

Potencia	2^0	2^1	2^2	2^3	2^4
Valor	n	2	4	8	16

Cada valor es igual al valor anterior multiplicado por 2.

$1 \times 2 = 2$; por tanto, el valor de 2^0 es 1.

Generalizar Cualquier número distinto de cero elevado a un exponente cero tiene un valor de 1.

B. ¿Cómo puedes evaluar 1.2^4?

La base es 1.2. El exponente es 4.

Halla $1.2 \times 1.2 \times 1.2 \times 1.2$.

$1.2 \times 1.2 \times 1.2 \times 1.2$ — Multiplica los primeros dos factores.

1.44×1.2 — Multiplica por el tercer factor.

1.728×1.2 — Multiplica por el cuarto factor.

2.0736

Potencia	1.2^1	1.2^2	1.2^3	1.2^4
Valor	1.2	1.44	1.728	2.0736

$1.2^4 = 2.0736$

 **¡Inténtalo!**

Evalúa $\left(\dfrac{1}{3}\right)^3$.

EJEMPLO **3**  **Evaluar expresiones con exponentes**

Julia calculó que el papel de aluminio tiene 1.9×10^5 unidades de grosor. Thom calculó que el papel de aluminio tiene 183,000 unidades de grosor. ¿Cuál de los cálculos representa un mayor grosor del papel de aluminio?

Evalúa la expresión: 1.9×10^5.

Potencia	10^1	10^2	10^3	10^4	10^5
Valor	10	100	1,000	10,000	100,000

$10^5 = 10 \times 10 \times 10 \times 10 \times 10 = 100,000$

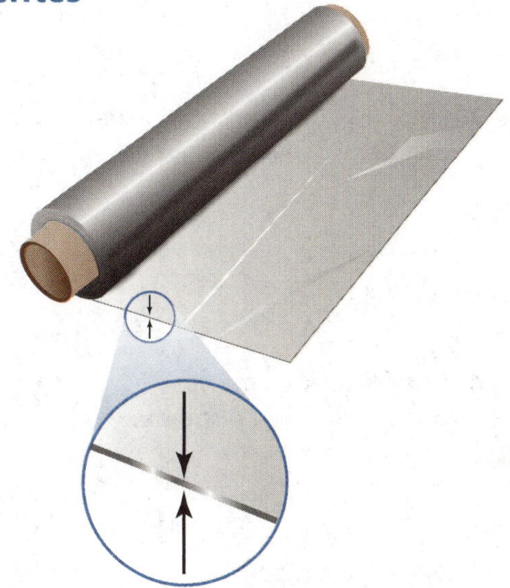

Multiplica por el número decimal: $1.9 \times 100,000 = 190,000$

Compara los números.

$190,000 > 183,000$

El cálculo de Julia representa un mayor grosor del papel de aluminio.

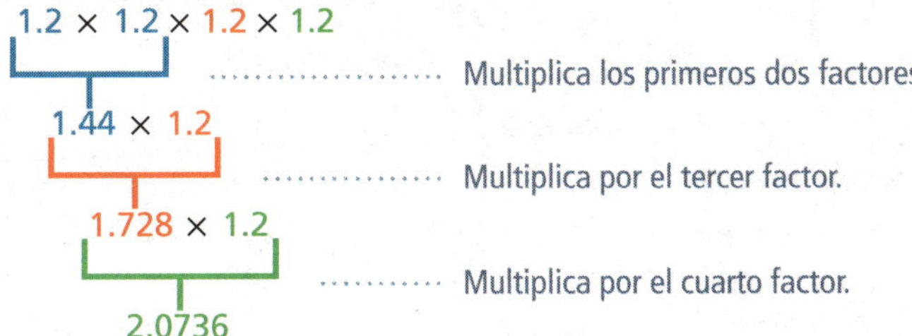

¡Inténtalo!

Rafael calculó que el papel de aluminio tiene 1.8×10^4 unidades de grosor. Evalúa la expresión de Rafael.

Puedes representar la expresión de una multiplicación repetida usando un exponente.

base

$5 \times 5 \times 5 \times 5 = 5^4$ exponente

potencia

Puedes evaluar una potencia usando la multiplicación repetida.

$5^4 = 5 \times 5 \times 5 \times 5 = 625$

¿Lo entiendes?

1. **Pregunta esencial** ¿Cómo se pueden escribir y evaluar los números con exponentes?

2. Buscar relaciones ¿Cuántas veces se usa 4 como factor en la expresión 4^5? Escribe la expresión numérica como una multiplicación repetida.

3. Hacerlo con precisión ¿Cuál es una potencia que tiene el mismo valor que 1^8? Explícalo.

4. Construir argumentos ¿2.5×10^0 es igual a 0, 1, 2.5 o 25? Justifica tu respuesta.

5. Representar con modelos matemáticos ¿Cómo escribirías $\left(\frac{1}{2}\right)^3$ como una multiplicación repetida?

¿Cómo hacerlo?

6. Escribe 81 como una multiplicación repetida del número 3. Luego, escríbelo como una potencia.

7. Escribe 125 como una multiplicación repetida del número 5. Luego, escríbelo como una potencia.

8. ¿Cómo es $0.75 \times 0.75 \times 0.75 \times 0.75 \times 0.75$ escrito como una potencia?

9. ¿Cómo es $\frac{3}{8} \times \frac{3}{8} \times \frac{3}{8}$ escrito como una potencia?

En 10 a 13, evalúa cada potencia.

10. $\left(\frac{1}{6}\right)^2$ **11.** 45^0

12. 0.1^5 **13.** 7^3

En 14 a 16, evalúa cada expresión.

14. 4.5×10^4

15. 0.6×10^6

16. 3.4×10^0

Nombre: _______________________________

Práctica y resolución de problemas 

Escanear para
contenido digital 

En 17 a 20, escribe el exponente de cada expresión.

17. $9 \times 9 \times 9 \times 9$

18. 1.2^9

19. $\frac{1}{6} \times \frac{1}{6} \times \frac{1}{6}$

20. 7

Práctica al nivel En 21 a 26, evalúa cada potencia o expresión.

21. 8^3

☐ × ☐ × ☐

$8^3 = $ ☐

22. $\left(\frac{1}{5}\right)^4$

☐ × ☐ × ☐ × ☐

$\left(\frac{1}{5}\right)^4 = $ ☐

23. 0.6^2

24. $\left(\frac{1}{4}\right)^2$

25. 58^0

26. 6.2×10^3

27. Una compañía alquila dos unidades de almacenamiento. Ambas unidades tienen forma de cubo. ¿Cuál es la diferencia, en volumen, entre las dos unidades de almacenamiento? Observa que el volumen de un cubo es l^3, donde l es la longitud de lado. Explícalo.

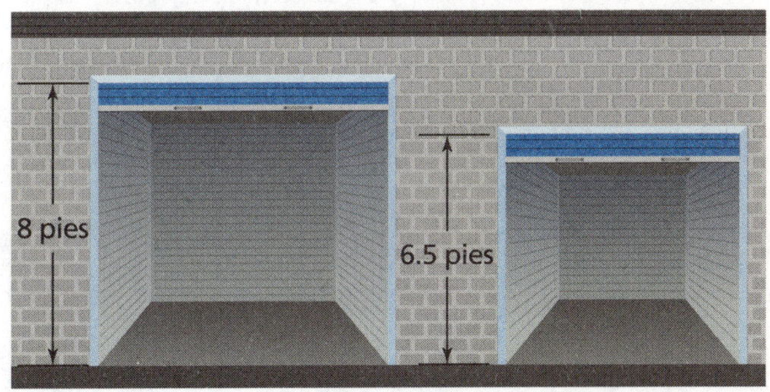

28. Jia quiere colocar baldosas en el piso. El piso es un cuadrado con una longitud de lado de 12 pies. Jia quiere que las baldosas sean cuadradas con una longitud de lado de 2 pies. ¿Cuántas baldosas necesita Jia para cubrir todo el piso? Observa que el área de un cuadrado es l^2, donde l es la longitud de lado. Explícalo.

29. Una bióloga marina estudia la población de focas en una zona de investigación. ¿Cuántas focas hay en la zona de investigación?

Población de focas
3.27×10^2

30. Razonamiento de orden superior Zach invirtió $50 y triplicó su dinero en dos años. Kayla también invirtió $50 y luego de dos años la cantidad era igual a 50 a la tercera potencia. ¿Quién tenía más dinero luego de dos años? Explícalo.

31. Malik leyó que la superficie de Alaska es aproximadamente 5.7×10^5 millas cuadradas. ¿Aproximadamente cuántas millas cuadradas tiene la superficie de Alaska?

32. Explica por qué las expresiones 10^0, 1^4 y 1×1.0^0 tienen el mismo valor.

33. Resuelve la ecuación $0.3^3 = n$.

34. Construir argumentos Se usan los mismos dígitos para las expresiones 2^5 y 5^2. Explica cómo comparar el valor de las expresiones.

35. Evaluar el razonamiento Kristen tiene que escribir cada uno de los números de la expresión $80{,}000 \times 25$ usando exponentes. Su respuesta fue $(8 \times 10^3) \times 5^2$. ¿Era correcta la respuesta de Kristen? Explícalo.

36. Considera la ecuación $1{,}000{,}000 = 10^6$. ¿Por qué se usa 10 como la base para escribir 10^6?

37. Hoy Isabella ahorró 2 monedas de 5 centavos. Si duplica la cantidad de monedas de 5 centavos que ahorra cada día, ¿cuántos días le llevará, incluyendo el día de hoy, ahorrar más de 500 monedas de 5 centavos?

☑ Práctica para la evaluación

38. Selecciona todas las expresiones equivalentes a $5 \times 5 \times 5 \times 5$.

- ☐ $5^1 \times 5^4$
- ☐ 5^4
- ☐ $5^2 \times 5^2$
- ☐ 4^5
- ☐ $4(5^1)$

39. ¿Qué expresión es equivalente a $\frac{1}{36}$?

Ⓐ $\frac{1}{3} \times \frac{1}{6}$

Ⓑ $\frac{1}{4} \times \left(\frac{1}{3}\right)^3$

Ⓒ $\left(\frac{1}{2}\right)^2 \times \left(\frac{1}{3}\right)^2$

Ⓓ $\frac{1}{2} \times \frac{1}{3} \times \frac{1}{3} \times \frac{1}{3}$

¡Resuélvelo y coméntalo!

ACTIVITY

Mark pone la mesa cada 2 días y seca los platos cada 3 días. Si pone la mesa en el día 2 y seca los platos en el día 3, ¿cuál será el primer día en el que Mark haga las dos tareas el mismo día?

Puedo...
escribir la descomposición en factores primos y hallar el máximo común divisor y el mínimo común múltiplo de dos números.

Buscar relaciones ¿Cuál es la relación entre las tareas que hace Mark cada día?

Día	Tarea

Enfoque en las prácticas matemáticas

Generalizar ¿Qué día volverá Mark a hacer las dos tareas el mismo día? ¿Cómo puedes hallar qué días Mark hace las dos tareas sin usar una lista?

EJEMPLO 1  **Descomponer un número en factores primos**

Escanear para contenido digital

Los números enteros mayores que 1 son números primos o números compuestos. Un número compuesto se puede escribir como el producto de sus factores primos. Esto se conoce como **descomposición en factores primos**.

¿Cómo puedes descomponer 48 en sus factores primos?

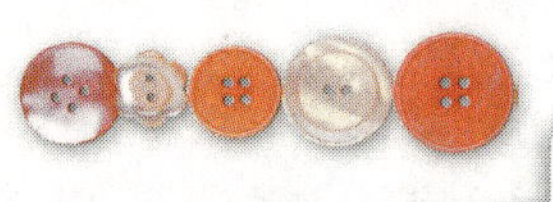

$1 \times 5 = 5$

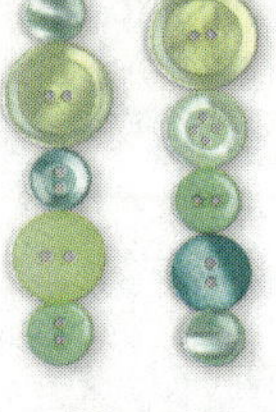

$1 \times 12 = 12$
$2 \times 6 = 12$
$3 \times 4 = 12$

UNA MANERA Para hallar la descomposición en factores primos de 48, escribe sus factores como un producto.

$48 = 2 \times 24$

$= 2 \times 2 \times 12$

$= 2 \times 2 \times 2 \times 6$

$= 2 \times 2 \times 2 \times 2 \times 3$

La descomposición en factores primos de 48 es $2 \times 2 \times 2 \times 2 \times 3$ o $2^4 \times 2$.

OTRA MANERA Un **árbol de factores** muestra la descomposición en factores primos de un número compuesto.

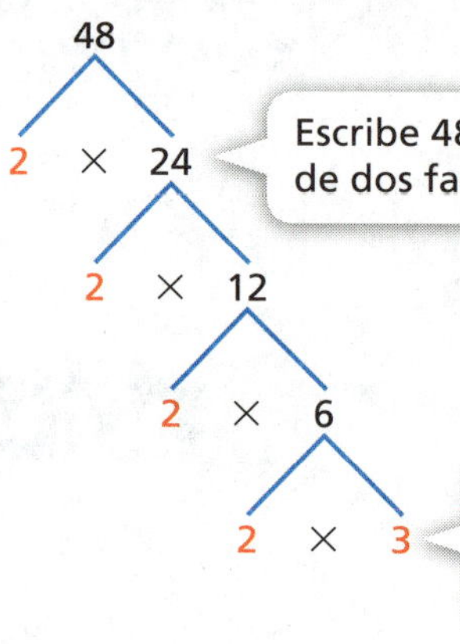

La descomposición en factores primos de 48 es $2 \times 2 \times 2 \times 2 \times 3$ o $2^4 \times 2$.

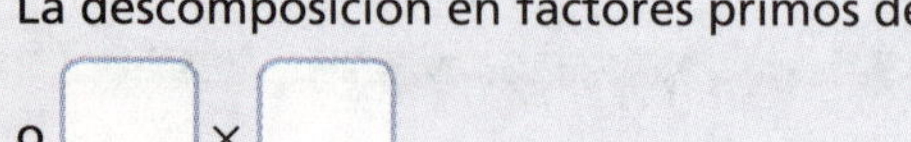 ¡Inténtalo!

Descompón 56 en sus factores primos. Comienza con el factor primo menor.

La descomposición en factores primos de 56 es ⬜ × ⬜ × ⬜ × ⬜ o ⬜ × ⬜ .

$56 = 2 \times$ ⬜

$= 2 \times$ ⬜ × ⬜

$= 2 \times$ ⬜ × ⬜ × ⬜

¡Convénceme! Un número es mayor que 2 y el número 2 es uno de sus factores. ¿El número es primo o compuesto? Explícalo.

ACTIVITY · ASSESS

Keesha está preparando bolsas de artículos para manualidades. Pone la misma cantidad de palillos de manualidades y la misma cantidad de botellas de pegamento en cada bolsa. No sobran artículos. ¿Cuál es la mayor cantidad de bolsas de artículos para manualidades que puede preparar Keesha?

Identifica el **máximo común divisor (M.C.D.)** de 12 y 42. El M.C.D. es el mayor número que es factor, o divisor, de dos o más números.

$12 = 2 \times 2 \times 3$
$42 = 2 \times 3 \times 7$

Escribe la descomposición en factores primos de cada número e identifica los factores comunes.

Multiplica los factores comunes.

$2 \times 3 = 6$

El máximo común divisor (M.C.D.) de 12 y 42 es 6. Keesha puede preparar 6 bolsas de artículos para manualidades.

12 botellas de pegamento
42 palillos de manualidades

 **¡Inténtalo!**

Keesha tiene 24 cuentas para añadir en partes iguales a cada bolsa. ¿Puede aún preparar 6 bolsas sin que sobren artículos? Explícalo.

EJEMPLO **3**  **Usar el máximo común divisor y la propiedad distributiva para hallar la suma de dos números**

Usa el M.C.D. y la propiedad distributiva para hallar la suma de 18 y 24.

PASO 1 Halla el M.C.D. de 18 y 24.

$18 = 2 \times 3 \times 3$
$24 = 2 \times 2 \times 2 \times 3$

El mayor número que es factor de 15 y 24 es 2×3.

El M.C.D. de 18 y 24 es 6.

PASO 2 Escribe cada número como un producto usando el M.C.D. como un factor.

$18 + 24 = 6 \times 3 + 6 \times 4$

$= 6(3 + 4)$

Aplica la propiedad distributiva.

$= 6(7)$

$= 42$

La suma de 18 y 24 es 42.

 **¡Inténtalo!**

Usa el M.C.D. y la propiedad distributiva para hallar la suma de 12 y 36.

Hallar el mínimo común múltiplo de dos números

Grant está preparando los almuerzos para un picnic. Quiere comprar la misma cantidad de botellas de jugo que de purés de manzana, pero solo las necesarias para tener la misma cantidad de ambas.

¿Cuántos paquetes de cada uno debe comprar Grant?

Buscar relaciones ¿Cómo se relacionan los múltiplos de 6 y 8?

El **mínimo común múltiplo (m.c.m.)** es el múltiplo menor, sin incluir el cero, que es común a ambos números.

$6 = 2 \times 3$

$8 = 2 \times 2 \times 2$

Escribe la descomposición en factores primos de cada número.

Escribe la mayor cantidad de veces que cada factor aparece en cualquiera de las descomposiciones en factores primos. Multiplica estos factores para hallar el m.c.m.

$3 \times 2 \times 2 \times 2 = 24$

24 es el m.c.m. de 6 y 8.

$6 \times 4 = 24 \qquad 8 \times 3 = 24$

Grant debe comprar 4 paquetes de jugo y 3 paquetes de puré de manzana.

¡Inténtalo!

Grant también necesita comprar botellas de agua y cartones de jugo para el picnic. Hay 12 botellas de agua en cada paquete y 10 cartones de jugo en cada caja. Grant quiere comprar la menor cantidad pero aun así tener la misma cantidad de botellas de agua y de cartones de jugo. ¿Cuántos debería comprar de cada uno? Explícalo.

CONCEPTO CLAVE

El **máximo común divisor (M.C.D.)** de dos números es el número mayor que es un factor, o divisor, de ambos números.

Factores de 12: 1, 2, 3, 4, 6, 12

Factores de 40: 1, 2, 4, 5, 8, 10, 20, 40

2 y 4 son factores, o divisores, comunes de 12 y 40.

4 es el máximo común divisor.

El M.C.D. de 12 y 40 es 4.

El **mínimo común múltiplo (m.c.m.)** de dos números es el número menor, sin incluir el cero, que es múltiplo de ambos números.

Múltiplos de 6: 0, 6, 12, 18, 24, 30, 36, 42, 48 . . .

Múltiplos de 9: 0, 9, 18, 27, 36, 45, 54 . . .

18 y 36 son múltiplos comunes de 6 y 9.

18 es el mínimo común múltiplo.

El m.c.m. de 6 y 9 es 18.

¿Lo entiendes?

1. **? Pregunta esencial** ¿Cómo se puede escribir la descomposición en factores primos y hallar el máximo común divisor y el mínimo común múltiplo de dos números?

2. ¿Cuáles son dos maneras diferentes de usar la descomposición en factores primos para hallar los factores primos de un número?

3. **Generalizar** ¿Por qué el M.C.D. de dos números primos siempre es 1?

4. **Construir argumentos** En el Ejemplo 4, Grant compra puré de manzana que viene en paquetes de 8, pero ahora encuentra botellas de jugo que vienen en paquetes de 3. ¿Cambiará el m.c.m.? Explícalo.

5. **Evaluar el razonamiento** Sarah dice que se puede hallar el m.c.m. de dos números enteros cualesquiera multiplicándolos entre sí. Da un contraejemplo para mostrar que la afirmación de Sarah es incorrecta.

¿Cómo hacerlo?

En **6 a 8**, escribe la descomposición en factores primos de cada número. Si el número es primo, escribe *primo*.

6. 33

7. 32

8. 19

En **9 a 11**, halla el M.C.D. de cada par de números.

9. 18, 36

10. 22, 55

11. 100, 48

En **12 a 14**, halla el m.c.m. de cada par de números.

12. 2, 5

13. 8, 12

14. 8, 10

Práctica y resolución de problemas

Práctica al nivel En **15** a **18**, halla la descomposición en factores primos de cada número. Si el número es primo, escribe *primo.*

15. 27

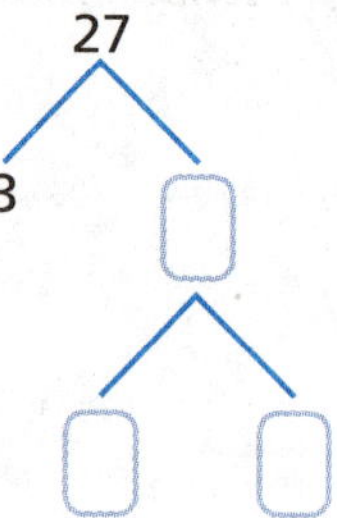

16. 30

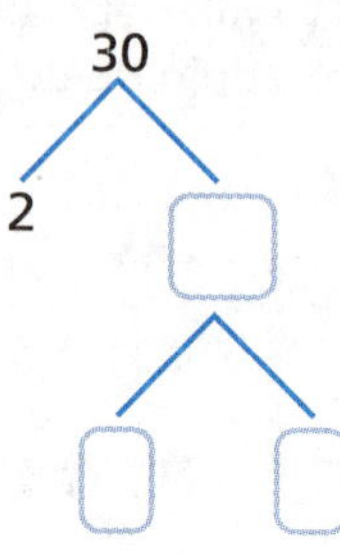

17. 26

18. 47

En **19** a **21**, halla el M.C.D. de cada par de números.

19. 21, 49

20. 8, 52

21. 32, 81

En **22** a **24**, usa el M.C.D. y la propiedad distributiva para hallar la suma.

22. 30 + 66

23. 34 + 51

24. 15 + 36

En **25** a **27**, halla el m.c.m. de cada par de números.

25. 12, 11

26. 4, 12

27. 5, 8

28. **Evaluar el razonamiento** Gabrielle y John escribieron cada uno la descomposición en factores primos de 64. Analiza su trabajo y explica los errores, si los hay.

Trabajo de Gabrielle

$$64 = 2 \times 2 \times 2 \times 2 \times 2 \times 2 = 2^6$$

Trabajo de John

$$64 = 2 \times 32$$
$$= 2 \times 2 \times 16$$
$$= 2 \times 2 \times 2 \times 8$$
$$= 2 \times 2 \times 2 \times 2 \times 4$$
$$= 2 \times 2 \times 2 \times 2 \times 2 \times 2$$

29. Para celebrar su apertura, una tienda entrega a sus clientes certificados de regalo. ¿Qué cliente es el primero en obtener dos certificados de regalo?

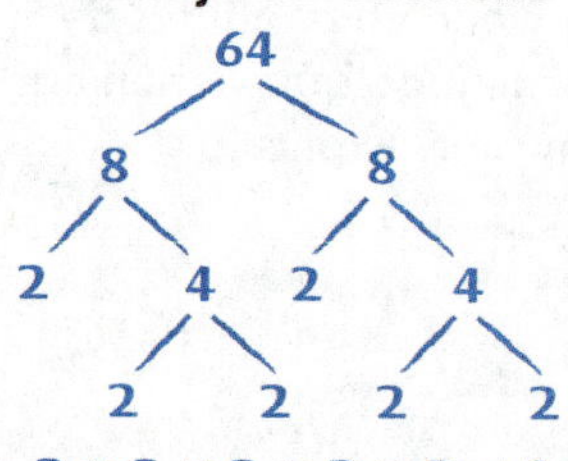

30. Representar con modelos matemáticos El diagrama de Venn de la derecha muestra los factores de 24 y 40.

a. ¿Qué significa cada una de las tres regiones de diferentes colores?

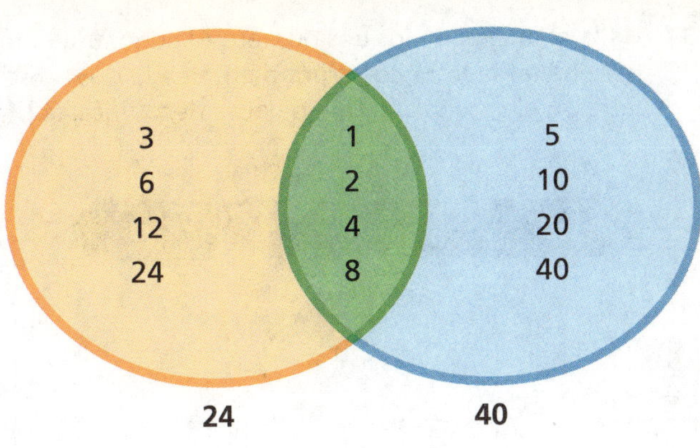

b. Explica cómo puedes usar el diagrama de Venn para hallar el M.C.D. de 24 y 40. ¿Cuál es el M.C.D. de 24 y 40?

31. Razonar Tienes 50 bollos de arándanos azules y 75 bollos de arándanos rojos. Quieres preparar la mayor cantidad posible de bolsas idénticas. Todas las bolsas deben tener la misma cantidad de bollos de arándanos azules y la misma cantidad de bollos de arándanos rojos. ¿Cuál es la mayor cantidad de bolsas que puedes preparar? Explícalo.

32. Entender y perseverar Se muestra la descomposición en factores primos de A y B. Halla el valor de n que se debe incluir como factor de B para que el máximo común divisor (M.C.D.) de A y B sea 9.

Descomposición en factores primos de A: $3 \times 3 \times 3$

Descomposición en factores primos de B: $2 \times 2 \times 3 \times n$

33. Razonamiento de orden superior Gena tiene 28 cromos, Sam tiene 91 cromos y Tiffany tiene 49 cromos. Usa el M.C.D. y la propiedad distributiva para hallar la cantidad total de cromos que tienen Gena, Sam y Tiffany.

34. La cigarra periódica es una especie de cigarra que emerge en grandes cantidades de su fase larvaria en diferentes intervalos de años. ¿Cuál es el M.C.D. de los años?

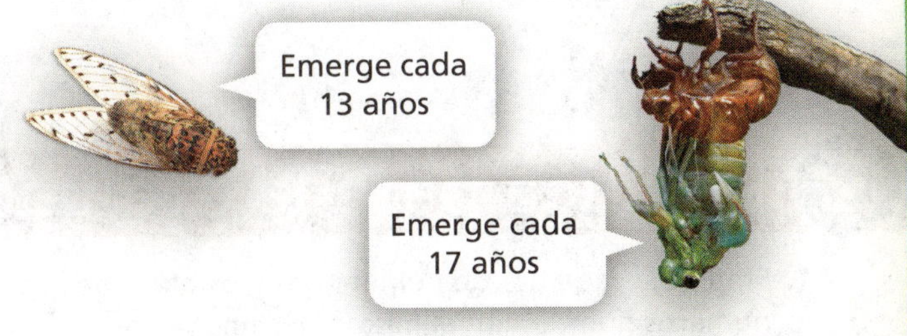

35. El público espera en la fila del cine para ver un estreno. Cada 5.a persona de la fila recibirá un boleto gratis. Cada 6.a persona recibirá una tarjeta de regalo de $40. ¿Qué persona será la primera en recibir ambos premios?

36. Dos equipos voluntarios plantan árboles. El equipo A planta los árboles en grupos de 3. El equipo B planta los árboles en grupos de 10. Ambos equipos plantan la misma cantidad de árboles. ¿Cuál es la menor cantidad de grupos que puede plantar el equipo B?

37. Halla el m.c.m. de los dos números. Luego, usa el m.c.m. para hallar la letra correspondiente en la clave. Escribe la letra en el recuadro. ¿Qué palabra decodificaste?

2 y 3	3 y 5	4 y 5	3 y 5

Clave para decodificar				
A = 1	B = 2	C = 3	D = 4	E = 5
F = 6	G = 7	H = 8	I = 9	J = 10
K = 11	L = 12	M = 13	N = 14	O = 15
P = 16	Q = 17	R = 18	S = 19	T = 20
U = 21	V = 22	W = 23	X = 24	Y = 25
Z = 26				

38. Rami tiene clases de natación cada 3 días y clases de guitarra cada 8 días. Si tiene las dos clases el primer día del mes, ¿en cuántos días tendrá Rami ambas clases nuevamente el mismo día?

39. Un número está entre 58 y 68. Tiene los factores primos 2, 3 y 5. ¿Qué número es?

40. Una universidad ofrece un servicio de enlace desde Dickson Hall o Lote B hasta su campus. En ambos casos, el primer autobús sale a las 9.10 *a. m.* Los autobuses salen de Dickson Hall y de Lote B hacia el campus en los intervalos que se muestran. ¿Cuándo será la próxima vez que ambos servicios de enlace salgan hacia el campus a la misma hora? Explícalo.

✓ Práctica para la evaluación

41. Empareja cada par de números con los pares de números que tengan el mismo m.c.m.

	El mismo m.c.m. que 6, 12	El mismo m.c.m. que 2, 9	El mismo m.c.m. que 3, 9	El mismo m.c.m. que 4, 6	El mismo m.c.m. que 9, 12
6, 9	☐	☐	☐	☐	☐
3, 4	☐	☐	☐	☐	☐

42. ¿Qué expresión es equivalente a 48 + 60?

Ⓐ 12(4 + 5)

Ⓑ 12(8 + 5)

Ⓒ 6(6 + 10)

Ⓓ 6(8 + 12)

   3-2 Hallar el máximo común divisor y el mínimo común múltiplo

¡Resuélvelo y coméntalo!

Una compañía aérea cobra cargos adicionales por las maletas que superan los límites de peso y tamaño. Para un vuelo, la compañía cobró cargos adicionales a un total de 50 maletas que superaban los límites de peso y 6 maletas que superaban el límite de tamaño. Halla la suma total recaudada por cargos adicionales para ese vuelo.

Puedo...
usar el orden de las operaciones para evaluar expresiones numéricas.

Buscar relaciones Puedes usar el orden de las operaciones para evaluar expresiones numéricas.

Enfoque en las prácticas matemáticas

Representar con modelos matemáticos Tamara tuvo que pagar un cargo adicional por dos maletas con exceso de peso y una maleta con exceso de tamaño. Escribe y evalúa una expresión numérica para hallar los cargos adicionales que pagó Tamara por sus maletas.

EJEMPLO 1  Usar el orden de las operaciones para evaluar expresiones numéricas

Escanear para contenido digital 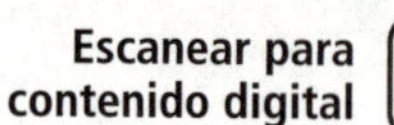

Algunas expresiones parecen difíciles porque incluyen paréntesis y corchetes. Puedes pensar en los corchetes como si fueran paréntesis "externos".

Evalúa la siguiente expresión numérica.

$$\frac{1}{2} \times 4^2 - [2 + (3.6 \div 0.9)]$$

Una **expresión numérica** es una expresión matemática que contiene números y al menos una operación. $3 + 4$, $(5)\left(\frac{3}{4}\right)$ y $8 \div 2 + 0.5$ son expresiones numéricas.

Orden de las operaciones

1 Evalúa dentro de los paréntesis y de los corchetes de adentro hacia afuera.

2 Evalúa las potencias.

3 Multiplica y divide de izquierda a derecha.

4 Suma y resta de izquierda a derecha.

(1) Evalúa dentro de los paréntesis y de los corchetes de adentro hacia afuera.

$\frac{1}{2} \times 4^2 - [2 + (3.6 \div 0.9)]$ ...... Evalúa dentro de los paréntesis.

$= \frac{1}{2} \times 4^2 - [2 + 4]$ .... Evalúa dentro de los corchetes.

$= \frac{1}{2} \times 4^2 - 6$

(2) Evalúa las potencias.

$= \frac{1}{2} \times 4^2 - 6$ .... Evalúa la potencia.

$= \frac{1}{2} \times 16 - 6$

(3) Multiplica y divide de la izquierda a la derecha.

$\frac{1}{2} \times 16 - 6 = \frac{1}{2} \times \frac{16}{1} - 6$ .... Multiplica o divide de izquierda a derecha.

$= 8 - 6$

(4) Suma y resta de izquierda a derecha.

$= 8 - 6$ .... Suma o resta de izquierda a derecha.

$= 2$

✓ ¡Inténtalo!

Evalúa la expresión numérica de la derecha.

¡Convénceme! ¿Por qué es importante seguir el orden de las operaciones?

$\frac{1}{8}[6^3 + (48 \div 6)] - 20$

$= \frac{1}{8}[6^3 + \boxed{}] - 20$

$= \frac{1}{8}[\boxed{} + \boxed{}] - 20$

$= \frac{1}{8}[\boxed{}] - 20$

$= \boxed{} - 20$

$= \boxed{}$

EJEMPLO 2 — Evaluar expresiones numéricas con números decimales y fracciones

Evalúa la expresión numérica $2.5^2 + [(6 - \frac{3}{4}) \div 2] \times 2^5$.

$2.5^2 + [(6 - \frac{3}{4}) \div 2] \times 2^5$ .... Evalúa dentro de los paréntesis.

$= 2.5^2 + [5\frac{1}{4} \div 2] \times 2^5$ .... Evalúa dentro de los corchetes.

$= 2.5^2 + 2\frac{5}{8} \times 2^5$ .... Evalúa las potencias.

$= 6.25 + 2\frac{5}{8} \times 32$ .... Multiplica de izquierda a derecha.

$= 6.25 + 84$ .... Suma de izquierda a derecha.

$= 90.25$

El valor de la expresión numérica es 90.25.

EJEMPLO 3 — Colocar símbolos de agrupación en una expresión numérica

Coloca símbolos de agrupación en la expresión de modo que tenga un valor de 10.

$40 - 7 + 33 \times \frac{3}{4}$

Coloca paréntesis alrededor de $40 - 7$ y evalúa.

$(40 - 7) + 33 \times \frac{3}{4}$ — Evalúa dentro de los paréntesis.

$= 33 + 33 \times \frac{3}{4}$ — Multiplica.

$= 33 + 24\frac{3}{4}$

$= 57\frac{3}{4}$

$57\frac{3}{4} \neq 10$; por tanto, coloca el símbolo de agrupación en otro lugar.

$40 - 7 + 33 \times \frac{3}{4}$

Coloca paréntesis alrededor de $7 + 33$ y evalúa.

$40 - (7 + 33) \times \frac{3}{4}$ — Evalúa dentro de los paréntesis.

$= 40 - 40 \times \frac{3}{4}$ — Multiplica.

$= 40 - 30$

$= 10$

Colocar símbolos de agrupación alrededor de $7 + 33$ da a la expresión numérica un valor de 10.

> **Hacerlo con precisión**
> Cuando usas los símbolos matemáticos correctamente, estás trabajando con precisión.

 ¡Inténtalo!

A. Evalúa la expresión numérica: $3.2^2 - [(9 \times 4) + 9] \times \left(\frac{1}{3}\right)^2$.

B. Coloca símbolos de agrupación de modo que la expresión numérica tenga un valor de 80.

$6 + 12 \times \left(\frac{2}{3}\right)^2 \times 3 + 7$

El orden de las operaciones es un conjunto de reglas que se usa para evaluar expresiones que incluyen más de una operación.

Orden de las operaciones

1 Evalúa dentro de los símbolos de agrupación, como paréntesis y corchetes.

2 Evalúa las potencias.

3 Multiplica o divide de izquierda a derecha.

4 Suma o resta de izquierda a derecha.

¿Lo entiendes?

1. **Pregunta esencial** ¿Cómo se escriben y evalúan las expresiones numéricas?

2. **Entender y perseverar** Explica por qué los símbolos de agrupación pueden cambiar el valor de una expresión numérica. Luego, coloca símbolos de agrupación para mostrar cuatro valores diferentes para la siguiente expresión.
$80 \div 8 \times 5 + 4^2$

3. En la expresión $(21 - 3) \times (7 + 2) \div (12 - 4)$, ¿qué operación debes hacer al final? Explícalo.

4. **Evaluar el razonamiento** Charles dice que $2 \times 3 - 2$ es igual a 4, y Seth dice que $2 \times 3 - 2$ es igual a 2. ¿Quién tiene razón? Explícalo.

¿Cómo hacerlo?

En 5 a 9, evalúa las expresiones.

5. $5^2 + (6.7 - 3.1)$

6. $(8.2 + 5.3) \div 5$

7. $(1.5 - 0.5^2) \div [(3 + 2) \times 2]$

8. $36.8 \div [11.5 - (2.5 \times 3)]^2$

9. $6 + 4 \times 5 \div 2 - 8 \times 1.5$

En 10 a 12, coloca símbolos de agrupación de modo que la expresión tenga el valor esperado.

10. $12 \times 3^2 + 36$ Valor esperado: 540

11. $32 \div 2^3 - 4$ Valor esperado: 8

12. $2.3^2 + 9 \times 4 \div 2$ Valor esperado: 28.58

Práctica y resolución de problemas

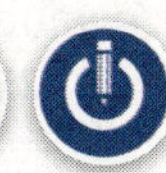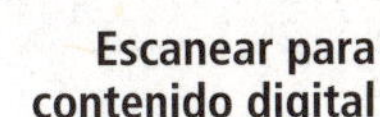

Escanear para contenido digital

Práctica al nivel En **13** a **18**, usa el orden de las operaciones para evaluar.

13. $4^2 - (3.1 + 6.4) + 4.5$

$= 4^2 - \boxed{} + 4.5$

$= \boxed{} - \boxed{} + 4.5$

$= \boxed{} + 4.5$

$= \boxed{}$

14. $(8.7 + 3.3) \times \left(\frac{1}{2}\right)^2$

$= \boxed{} \times \left(\frac{1}{2}\right)^2$

$= \boxed{} \times \boxed{}$

$= \boxed{}$

15. $157.8 - (3^2 + 6) \times 3$

$= 157.8 - (\boxed{} + 6) \times 3$

$= 157.8 - \boxed{} \times 3$

$= 157.8 - \boxed{}$

$= \boxed{}$

16. $4.3 + (8.4 - 5.1)$

17. $1.25 \times 4 + 3 \times 2 \div \left(\frac{1}{2}\right)^3$

18. $[2^3 \times (152 \div 8)] - 52$

En **19** a **21**, coloca símbolos de agrupación de modo que la expresión tenga el valor esperado.

19. Valor esperado: 32

$2 \times 9 + 7$

20. Valor esperado: 6

$\frac{1}{3} \times 21 - 3$

21. Valor esperado: 43

$2.5 + 5 \times 6 - 2$

22. Cory compró algunos artículos de béisbol. Usó un cupón para pagar $\frac{1}{2}$ del precio del bate y del guante. Escribe y evalúa una expresión numérica para hallar el costo total del bate, el guante y 3 pelotas de béisbol.

23. **Entender y perseverar** Escribe una expresión numérica, con al menos tres operaciones, que tenga el mismo valor que la siguiente expresión. Justifica tu respuesta.

$5 + (8 - 4) \div 2 + 3$

24. Usar la estructura ¿Cómo sabes qué parte de la expresión numérica debes evaluar primero? Explícalo.
$(26 + 2.5) - [(8.3 \times 3) + (1^3 - 0.25)]$

25. Construir argumentos Evan dice que el valor de la expresión numérica $0.2^2 + 12 \div (1.5 \times 4)$ es 32.04. ¿Estás de acuerdo? Explícalo.

26. El ancho de una pintura rectangular es igual a un tercio de la longitud más 3 pulgadas. ¿Cuál es el perímetro de la pintura? Escribe y evalúa una expresión para resolver el problema.

12 pulgs.

27. Razonamiento de orden superior Frederick evalúa la expresión numérica $[(53.7 + 37.2) - (3^3 + 3.8)] - 8.6$ y anota que el resultado es 51.5. Lana evalúa la expresión numérica $53.7 + 37.2 - 3^3 + 3.8 - 8.6$ y anota que el resultado es 59.1. Las expresiones tienen los mismos números y operaciones. Explica cómo pueden tener razón tanto Frederick como Lana.

28. Representar con modelos matemáticos Lillian fue a la tienda de regalos de la rambla y compró cuatro bolsas de conchas marinas pintadas por $3.99 cada una. Tenía un cupón por $1 de descuento. Su mamá pagó la mitad del costo restante. Escribe y evalúa una expresión numérica para hallar cuánto pagó Lillian de la compra de conchas marinas

29. En un ecosistema, algunos animales comen plantas para obtener energía. Escribe y evalúa una expresión para hallar cuántas libras de plantas puede comer una manada de 18 alces en una semana.

Un alce puede comer 20 libras de plantas por día.

30. Selecciona todas las expresiones que sean equivalentes a $2^4 \div [(3.2 \times 0.8) + 1.44]$.

☐ $2^4 \div [(4 \times 0.64) + 1.44]$

☐ $16 \div [(2^2 \times 0.64) + (0.72 \times 2)]$

☐ $8 \div [(3.2 \times 0.8) + (0.48 \times 3)]$

☐ $2^4 \div [2.56 + (0.48 \times 4)]$

☐ $4^2 \div [2.56 + (0.48 \times 4)]$

31. ¿Cuál de los valores es equivalente a la expresión $18.9 \times [(2 \times 2.7) - 4.6] - 2^2$?

Ⓐ 1,112

Ⓑ 111.2

Ⓒ 11.12

Ⓓ 1.112

1. Vocabulario Describe la relación entre la base y el exponente en 4^3. *Lección 3-1*

2. ¿Cuál es el M.C.D. de 14 y 42? *Lección 3-2*

3. ¿Qué par de números tienen un M.C.D. de 5? *Lección 3-2*

Ⓐ 15 y 30   Ⓑ 5 y 21

Ⓒ 45 y 9   Ⓓ 20 y 55

4. ¿Cuál es el m.c.m. de 12 y 9? *Lección 3-2*

5. Evalúa la expresión numérica. *Lección 3-3*

$$0.5^2 \times (20 - 2^2 \times 3) \times \left(\frac{2}{5} \times 25\right)$$

6. Selecciona todas las expresiones que sean iguales a $\left(\frac{2}{3}\right)^2$. *Lección 3-1*

☐ $\frac{4}{9}$ ☐ $\frac{4}{3}$ ☐ $\frac{1}{3} \times \frac{1}{3}$ ☐ $\frac{1}{9} \times 4$ ☐ $\frac{2}{3} \times \frac{2}{3}$

7. Liam compró 2 carteles de películas clásicas, 2 carteles de rock y un cartel de rap. Usó una tarjeta de regalo de $35 sobre el total de la compra y un cupón de $\frac{1}{2}$ de descuento para el cartel de rap. Escribe y evalúa una expresión numérica que muestre cuánto pagó Liam por los carteles. *Lección 3-3*

Precios de los carteles	
Película clásica	$28.50
Película clase B	$18.25
Rock	$29.75
Rap	$19.50

8. Eva cuenta de 3 en 3 y Jin cuenta de 5 en 5. ¿Cuál es el menor número que dicen los dos? *Lección 3-2*

**¿Cómo te fue en la prueba de control de mitad del tema?
Rellena las estrellas.**

TAREA DE RENDIMIENTO DE MITAD DEL TEMA

Monique y Raoul ayudan a los maestros a preparar bolsas con regalos y reunir artículos para una celebración estudiantil en la escuela intermedia Pineville.

PARTE A

Raoul tiene 72 pulseras y 96 boletos de cine para poner en sus bolsas de regalo. El máximo común divisor de la cantidad de pulseras y la cantidad de boletos de cine es igual a la cantidad de bolsas de regalo que necesita hacer Raoul. Halla la cantidad de bolsas de regalo que necesita hacer Raoul. Luego, halla cuántas pulseras y cuántos boletos de cine puede poner Raoul en cada bolsa de regalo si distribuye los artículos en cantidades iguales.

PARTE B

Monique quiere tener la misma cantidad de vasos y servilletas. ¿Cuál es la menor cantidad de paquetes de vasos y la menor cantidad de paquetes de servilletas que debe comprar Monique para tener la misma cantidad de vasos y servilletas? Justifica tu respuesta.

¡Gran oferta!

Vasos	$3.50	12 por paquete
Servilletas	$4.25	10 por paquete

PARTE C

¿Cuáles expresiones numéricas muestran la misma cantidad de vasos y la misma cantidad de servilletas que tendrá Monique en la Parte B? Selecciona todas las que apliquen.

- ☐ $2^1 \times 30$
- ☐ $10^2 \times 60$
- ☐ $2^2 \times 15$
- ☐ 460^0
- ☐ $4^0 \times 60$

PARTE D

Los maestros tienen $25 para comprar algunos artículos. Escribe y evalúa una expresión numérica que muestre cuánto dinero más necesitarán para comprar los vasos y las servilletas.

¡Explóralo!

La tabla muestra la cantidad de partidos que ganaron los Hornets y los Lynx.

Puedo...
usar variables para escribir expresiones algebraicas.

A. ¿Qué patrón puedes ver en los datos de la tabla? Explica cómo se relaciona el patrón con la cantidad de partidos ganados.

B. **Buscar relaciones** Escribe expresiones numéricas para relacionar la cantidad de partidos ganados por los Lynx con la cantidad de partidos ganados por los Hornets.

Hornets	Lynx
3	3 + 2
6	
9	

C. Explica cómo completar la tabla de arriba para los Lynx si los Hornets ganaron n partidos.

Enfoque en las prácticas matemáticas

Razonar Supón que los Lynx ganaron p partidos. ¿Qué expresión matemática podrías escribir para mostrar cuántos partidos ganaron los Hornets? ¿Cómo se relaciona esta expresión con la expresión que escribiste para hallar la cantidad de partidos que ganaron los Lynx cuando los Hornets ganaron n partidos? Explícalo.

EJEMPLO 1 — Escribir una expresión algebraica usando un patrón

Escanear para contenido digital

Darius compró unas revistas de historietas. ¿Cómo puedes escribir una expresión algebraica para representar el costo total de las revistas de historietas?

Usa una variable para escribir una expresión algebraica.

Sea n = la cantidad de revistas de historietas. Cada revista cuesta \$4.

Cantidad de revistas de historietas	Costo total ($)
1	4×1
2	4×2
3	4×3
4	4×4
⋮	
n	$4 \times n$

Una **variable** es una letra o símbolo que representa una cantidad desconocida.

El costo total de n revistas de historietas se puede representar con la expresión $4 \times n$.

Una **expresión algebraica** es un tipo de expresión matemática que tiene al menos una variable y al menos una operación.

Se puede usar un punto grande (•) o un paréntesis o no usar símbolo alguno para escribir la expresión $4 \times n$.

$4 \cdot n$ o $4(n)$ o $4n$

Representar con modelos matemáticos $4 \times n$, $4 \cdot n$, $4(n)$ y $4n$ son maneras diferentes de escribir la misma expresión.

✓ ¡Inténtalo!

Rachel, la hermana de Darius, compró m libros de misterio por \$6.50 cada uno. Muestra tres maneras de escribir una expresión algebraica que represente el costo total de los libros de misterio.

¡Convénceme! ¿Cómo sabes que las expresiones que escribiste para el costo de los libros de misterio son expresiones algebraicas?

¿Cómo puede una expresión algebraica representar una situación dada?

Una expresión algebraica puede usar variables y operaciones
para representar situaciones dadas.

A. cinco minutos **más que** el tiempo t

suma

$t + 5$

B. diez borradores **con una disminución de** n

resta

$10 - n$

C. n nectarinas **repartidas en partes iguales** entre tres

división

$n \div 3$ o $\dfrac{n}{3}$

D. 4 **por** la cantidad x **más** 8

multiplicación   suma

$4(x + 8)$

✓ ¡Inténtalo!

Escribe una expresión algebraica que represente "8 menos
la cantidad b dividida por 6".

Cada parte de una expresión que está separada de otra por un signo más o un signo
menos se llama **término**. ¿Cuántos términos tiene la expresión $12r + \dfrac{r}{2} - 19$? Describe
las partes de la expresión.

Recuerda que una barra de
fracciones también indica que
hay que dividir.

$12r + \dfrac{r}{2} - 19$ tiene **tres términos**.

$$12r + \frac{r}{2} - 19$$

términos

Los términos son $12r$, $\dfrac{r}{2}$ y 19.

El primer término, $12r$, es un
producto de dos factores.

Un **coeficiente** es el número que
se multiplica por una variable.

12 es el coeficiente de r.

$$12r$$

coeficiente

El segundo término, $\dfrac{r}{2}$, está escrito
como una fracción y representa el
cociente de r dividido por 2.

cociente — $\dfrac{r}{2}$ — dividendo / divisor

El tercer término, 19, es un valor
numérico constante.

✓ ¡Inténtalo!

¿Cuántos términos tiene la expresión $r \div 9 + 5.5$? Explícalo.

Una variable, escrita como una letra, representa una cantidad que puede cambiar. Se puede usar una variable para escribir una expresión algebraica que tiene al menos una operación.

Frase en palabras	Variable	Operación	Expresión algebraica
la **suma** de 8 y un número a	a	Suma	$8 + a$
cinco **menos que** un número b	b	Resta	$b - 5$
el **producto** de 8 y un número c	c	Multiplicación	$8c$
el cociente de un número d **dividido por** 2	d	División	$\frac{d}{2}$

¿Lo entiendes?

1. **? Pregunta esencial** ¿Cómo se puede escribir una expresión algebraica?

2. **Hacerlo con precisión** Identifica la variable y la operación en la expresión algebraica $\frac{6}{x}$.

3. **Vocabulario** Explica por qué $15 + \frac{1}{2}n$ es una expresión algebraica.

4. **Razonar** ¿Podrías describir la expresión $2(3 + 4)$ como un producto de dos factores? Explícalo.

5. ¿Qué parte de la expresión $2(3 + 4)$ es la suma de dos términos? Explícalo.

¿Cómo hacerlo?

En 6 y 7, escribe una expresión algebraica para cada situación.

6. cinco menos que y

7. seis por la cantidad dos x más tres y

En 8 a 10, usa la expresión $\frac{w}{4} + 12.5 - 7z$.

8. ¿Cuántos términos tiene la expresión? Explícalo.

9. ¿Cuál de los términos tiene un coeficiente? Explícalo.

10. ¿Cuál de los términos es un valor numérico constante?

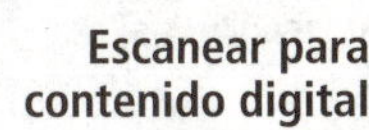

Práctica y resolución de problemas

Escanear para
contenido digital

En 11 a 14, escribe una expresión algebraica para cada situación.

11. 12 por un número g

12. p monedas de 1 centavo sumadas a 22 monedas de 1 centavo

13. 22 dividido por un número s

14. $12\frac{3}{4}$ menos que el producto de 7 y un número x

En 15 a 18, indica cuántos términos tiene cada expresión.

15. $5 - g$

16. $3 + \frac{1}{2}b$

17. $\frac{v}{3} + 2 \cdot 5$

18. $16.2 - (3 \cdot 4) + (14 \div 2)$

En 19 y 20, usa la expresión $5.3t - (20 \div 4) + 11$.

19. ¿Qué parte de la expresión es un cociente? Describe las partes.

20. ¿Qué parte de la expresión es un producto de dos factores? Describe las partes.

En 21 y 22, usa la tabla de la derecha.

21. Representar con modelos matemáticos Escribe una expresión que muestre cuánto más largo es el viaje de ida y vuelta a San Diego que el viaje de ida y vuelta a San José. ¿Cuántos términos tiene la expresión?

22. Entender y perseverar El mes pasado, un camionero hizo 5 viajes de ida y vuelta a Los Ángeles y algunos viajes de ida y vuelta a San Diego. Escribe una expresión que muestre cuántas millas recorrió en total. Identifica y describe la parte de la expresión que muestra cuántas millas recorrió y los viajes que hizo a San Diego.

De Sacramento a ...	Distancia ida y vuelta (millas)
San José	236
Los Ángeles	770
San Diego	1,012

23. Usa la expresión $y \div 3(4 - 2) + 5.5$ para completar la tabla. Identifica las partes de la expresión que corresponden a las descripciones.

Descripción de la parte	Parte
Variable	
Diferencia	
Producto	
Valor numérico constante	

24. Las carrozas del desfile de Cítricos Orlando pueden usar tantas frutas cítricas como las que produce una huerta pequeña en 6 años. Si f es la cantidad de frutas cítricas que produce una huerta pequeña en 1 año, escribe una expresión algebraica que represente la cantidad de frutas cítricas que puede usar una carroza en el desfile.

25. Evaluar el razonamiento Anthony dice que la expresión abc tiene tres términos porque usa tres variables diferentes. Evalúa el razonamiento de Anthony y explica si tiene razón.

26. El lunes, Yuri paseó c caniches y b bulldogs. Cada uno de los días del martes al viernes, Yuri paseó la misma cantidad de caniches y bulldogs que el lunes. Escribe una expresión algebraica que represente cuántos perros en total paseó Yuri en este período de 5 días.

27. Razonamiento de orden superior Unos estudiantes comparten en partes iguales 2 canastas de naranjas. Cada canasta tiene 12 naranjas. Escribe una expresión algebraica que represente la situación. Luego, explica cómo escogiste qué variable y operaciones usar.

28. Representar con modelos matemáticos La figura de la derecha es un octágono regular con una longitud de lado l. Escribe dos expresiones algebraicas que usen operaciones diferentes para representar el perímetro de la figura.

Práctica para la evaluación

29. ¿Cuál de las expresiones algebraicas representa la frase *Cuatro más que el producto 3 por la cantidad de g gatos*?

Ⓐ $4 + 3g$

Ⓑ $(4 + 3)g$

Ⓒ $3 + 4g$

Ⓓ $4 \times 3 \times g$

30. Selecciona todas las frases que se podrían representar con la expresión algebraica $\frac{w}{4} - 4$.

- ☐ Cuatro menos que el cociente de un número w y cuatro
- ☐ La diferencia entre un número w y 4
- ☐ Cuatro menos que w dividido por 4
- ☐ Cuatro menos que un número w
- ☐ El cociente de cuatro y un número w

¡Resuélvelo y coméntalo!

ACTIVITY

Una tienda de bicicletas cobra por hora por el alquiler de bicicletas. Los artículos relacionados se alquilan por tarifas fijas. Escribe una expresión que represente cuánto costará alquilar una bicicleta y un casco por *h* horas. ¿Cuánto costaría alquilar una bicicleta y un casco por 3 horas?

Puedo...
evaluar una expresión algebraica con números enteros, números decimales y fracciones.

Representar con modelos matemáticos Se puede escribir una expresión algebraica con números decimales de la misma manera que con números enteros.

Enfoque en las prácticas matemáticas

Usar la estructura Escribe una expresión que represente alquilar una bicicleta, un candado y una canasta por *h* horas. ¿Cuánto cuesta alquilar este equipo por 4 horas?

? Pregunta esencial ¿Cómo se puede evaluar una expresión algebraica?

 **EJEMPLO 1** 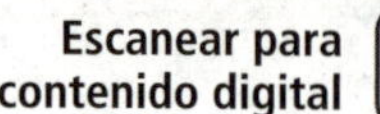 **Evaluar expresiones algebraicas con números enteros**

Escanear para contenido digital 

Erik colecciona carros en miniatura. Tiene una caja grande con 20 carros. También tiene 3 cajas más pequeñas y de igual tamaño llenas de carros.

Sea c = la cantidad de carros en cada caja pequeña.

¿Cuántos carros en miniatura tiene Erik si cada caja pequeña tiene 10 carros? ¿Y si tiene 12 carros? ¿Y si tiene 14 carros?

> **Usar la estructura** Sigue el orden de las operaciones cuando evalúas una expresión.

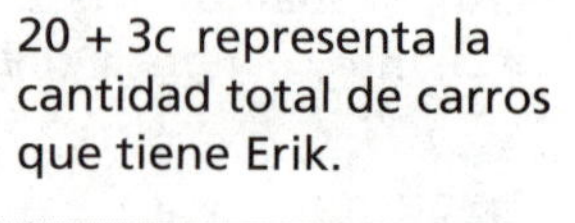

Para evaluar una expresión algebraica, usa la **sustitución** y reemplaza la variable con un número.

Evalúa $20 + 3c$ cuando c es igual a 10, 12 o 14.

$20 + 3c$
$20 + 3(10)$ — Sustituye c por 10.
$= 20 + 30$
$= 50$

Si cada caja pequeña tiene 10 carros, Erik tiene 50 carros.

$20 + 3c$
$20 + 3(12)$ — Sustituye c por 12.
$= 20 + 36$
$= 56$

Si cada caja pequeña tiene 12 carros, Erik tiene 56 carros.

$20 + 3c$
$20 + 3(14)$ — Sustituye c por 14.
$= 20 + 42$
$= 62$

Si cada caja pequeña tiene 14 carros, Erik tiene 62 carros.

La tabla resume los valores de $20 + 3c$ para cada cantidad de carros que podría haber en una caja pequeña.

c	$20 + 3c$
10	50
12	56
14	62

 **¡Inténtalo!**

Evalúa la expresión $50 - t$ cuando t es igual a 10, 20 o 25. Luego, completa la tabla para mostrar los valores.

$50 - t$ $\qquad$ $50 - t$ $\qquad$ $50 - t$

$50 -$ ⬜ $\qquad$ $50 -$ ⬜ $\qquad$ $50 -$ ⬜

$=$ ⬜ $\qquad$ $=$ ⬜ $\qquad$ $=$ ⬜

t	10	20	25
$50 - t$	⬜	⬜	⬜

¡Convénceme! ¿Qué significa usar la sustitución para evaluar una expresión algebraica?

La familia de Julie hizo un viaje de 4 días. La madre de Julie escribió una ecuación para calcular el rendimiento de gasolina, m, en millas por galón. Sea r = la cantidad total de millas recorridas en el viaje. Sea g = la cantidad total de galones de gasolina que se consumen en el viaje.

$$m = \frac{r}{g}$$

¿Cuál fue el rendimiento de gasolina durante el viaje de 4 días?

DÍA DE VIAJE	MILLAS RECORRIDAS POR DÍA	GALONES DE GASOLINA
1	476	15.0
2	439	13.5
3	382	15.4
4	263	16.1

PASO 1 Identifica los valores de las variables r y g.

$r = 476 + 439 + 382 + 263 = 1{,}560$

$g = 15 + 13.5 + 15.4 + 16.1 = 60$

PASO 2 Sustituye los valores de las variables en la ecuación y evalúa.

$$m = \frac{1{,}560}{60} = 26$$

El rendimiento de gasolina fue 26 millas por galón.

 **¡Inténtalo!**

Evalúa la expresión $3.4 + 12a \div 4$ para $a = 10$.

 EJEMPLO **3** **Evaluar expresiones algebraicas con fracciones**

El Sr. Grant quiere colocar baldosas en un área de 27 pies cuadrados. Sea l = la longitud de lado, en pies, de una baldosa cuadrada. Usa la expresión $27 \div l^2$ para hallar la cantidad de baldosas que el Sr. Grant necesita comprar.

Sustituye l por $\frac{1}{3}$.

$27 \div l^2$

$= 27 \div \left(\frac{1}{3} \cdot \frac{1}{3} \right)$

$= 27 \div \frac{1}{9}$

Evalúa la expresión.

$27 \div \frac{1}{9}$

$= 27 \cdot \frac{9}{1}$

Para dividir por $\frac{1}{9}$, multiplica por el recíproco.

$= 243$

El Sr. Grant necesita comprar 243 baldosas.

¡Inténtalo!

Supón que el Sr. Grant decide comprar baldosas cuadradas que tengan $\frac{3}{4}$ de pie de longitud de lado. ¿Cuántas de estas baldosas necesitará comprar?

Para evaluar una expresión, usa la sustitución y reemplaza una variable por su valor numérico. Luego, usa el orden de las operaciones para simplificar.

$a = 9$, $b = 6$, $c = 3$, $d = 5$

$5a + 2b \div c + d^2$

$= 5(9) + 2(6) \div 3 + 5^2$

$= 74$

Reemplaza cada variable por su valor específico.

¿Lo entiendes?

1. **Pregunta esencial** ¿Cómo se puede evaluar una expresión algebraica?

2. **Construir argumentos** ¿Por qué es importante usar el orden de las operaciones para evaluar expresiones algebraicas?

3. ¿En qué se parece evaluar una expresión con fracciones a evaluar una expresión con números enteros? ¿En qué se diferencia?

4. **Razonar** Annalise gana $4 por hora por pasear mascotas por el vecindario. Annalise evalúa la expresión $4h$, donde h representa la cantidad de horas, para hallar la cantidad de dinero que gana. ¿Se puede sustituir h por cualquier número? Explícalo.

¿Cómo hacerlo?

En **5** a **8**, evalúa cada expresión para $t = 8$, $w = \frac{1}{2}$ y $x = 3$.

5. $3t - 8$

6. $6w \div x + 9$

7. $t^2 - 12w \div x$

8. $5x - 2w + t$

En **9** a **14**, evalúa cada expresión para el valor dado.

9. $z \div 4$; $z = 824$

10. $6t \div 9 - 22$; $t = 60$

11. $r \div 2.4$; $r = 16.8$

12. $9.85 \times s$; $s = 4$

13. $x \div 12$; $x = \frac{2}{3}$

14. $\frac{3}{4} + 4y \div 3$; $y = 1\frac{1}{2}$

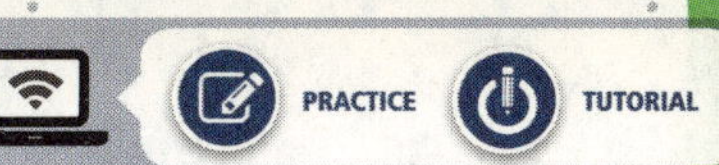

Práctica y resolución de problemas

Escanear para contenido digital 

En 15 a 17, evalúa cada expresión para $w = 5$, $x = 3$, $y = 4$ y $z = 8$.

15. $9x$

16. $3y + 6 \div 2x$

17. $w^2 + 2 + 48 \div 2z$

En 18 a 20, evalúa cada expresión para $x = 1.8$, $x = 5$ y $x = 6.4$.

18. $x \div 4$

19. $x(3.35)$

20. $2x + 3.1$

En 21 a 23, evalúa cada expresión para el valor dado.

21. $j + \frac{3}{8}$; $j = \frac{3}{4}$

22. $8 - g \div \frac{7}{8}$; $g = \frac{5}{6}$

23. $3m \div \frac{2}{5}$; $m = \frac{2}{3}$

24. Evalúa la expresión para los valores de b.

b	8.9	5.1	0.2
$b(3) + 20.4$			

25. Evalúa la expresión para los valores de j.

j	$\frac{1}{2}$	$\frac{4}{5}$	$1\frac{3}{4}$
$2j + \frac{3}{5}$			

En 26 a 28, usa la tabla de la derecha.

26. Representar con modelos matemáticos La señora White quiere alquilar un carro pequeño por una semana. Le costará la tarifa semanal más $0.30 por milla que conduzca.

a. Sea $m =$ la cantidad de millas que conduce la señora White durante la semana. Escribe una expresión que muestre la cantidad que pagará por el carro.

b. Evalúa la expresión que escribiste para averiguar cuánto pagará la señora White si conduce 100 millas.

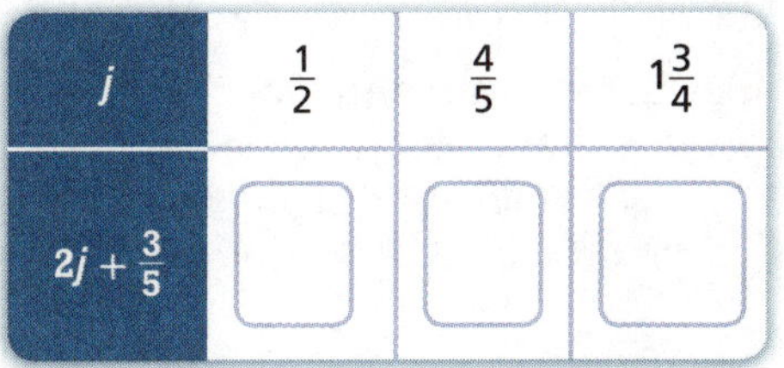

27. El señor Black alquila un carro de lujo por una semana y algunos días, d. No paga una tarifa por millas. Evalúa la expresión $325 + 120d$ para hallar cuánto pagará el señor Black por un alquiler de 11 días.

28. Para cualquiera de los carros que aparecen en la tabla, ¿cuántos días se puede alquilar un vehículo antes de que sea más económico alquilar por la semana?

29. Representar con modelos matemáticos Tamara quiere hacer un collar mediano. Escribe una expresión que muestre cuánto le costará a Tamara la cadena, el colgante y la cantidad de cuentas c que cuestan $0.25 cada una. Luego, halla el costo total del collar si Tamara usa 30 cuentas.

Longitud del collar	Costo de la cadena	Costo del colgante
Largo	$2.25	$4.50
Mediano	$1.80	$3.72
Corto	$1.15	$2.39

30. Razonamiento de orden superior Ronnie quiere hacer collares cortos y largos con solo una cadena y un colgante por collar. Escribe una expresión que muestre cuánto le costará a Ronnie hacer c collares cortos y l collares largos. Luego, halla el costo de 3 collares cortos y 2 collares largos.

31. Evaluar el razonamiento Katrina dice que se puede evaluar la expresión $5{,}432 + 4{,}564 + 13{,}908 \div 61n$ sumando $5{,}432 + 4{,}564 + 13{,}908$ y luego dividiendo por el valor de $61n$. ¿Estás de acuerdo? Explícalo.

32. La densidad, d, de un objeto se puede hallar usando la fórmula $d = \frac{m}{v}$, donde m es la masa del objeto y v es el volumen. ¿Cuál es la densidad de un objeto que tiene una masa de 73,430 kilogramos y un volumen de 7 m³?

33. Se puede usar la fórmula $V = l^3$ para hallar el volumen de un cubo. Usa la fórmula para hallar el volumen, V, de un recipiente con forma de cubo y con una longitud de lado l de $\frac{2}{3}$ de yarda.

34. Katie evalúa la expresión $15.75 \div p + 3p$ cuando $p = 3.15$. Explica cada paso que Katie debe seguir.

☑ Práctica para la evaluación

35. Se muestra una ecuación.

$$5x + (x \div 3) = 38.4$$

¿Qué valor de x hace que la ecuación sea verdadera?

Ⓐ $x = 5.1$

Ⓑ $x = 5.2$

Ⓒ $x = 6.1$

Ⓓ $x = 7.2$

ACTO **1**

1. Después de mirar el video, ¿cuál es la primera pregunta que te viene a la mente?

2. Escribe la Pregunta principal a la que responderás.

3. Construir argumentos Haz una predicción para responder a esa Pregunta principal. Explica tu predicción.

4. En la siguiente recta numérica, escribe un número que sea demasiado pequeño para ser la respuesta. Escribe un número que sea demasiado grande.

Demasiado pequeño   **Demasiado grande**

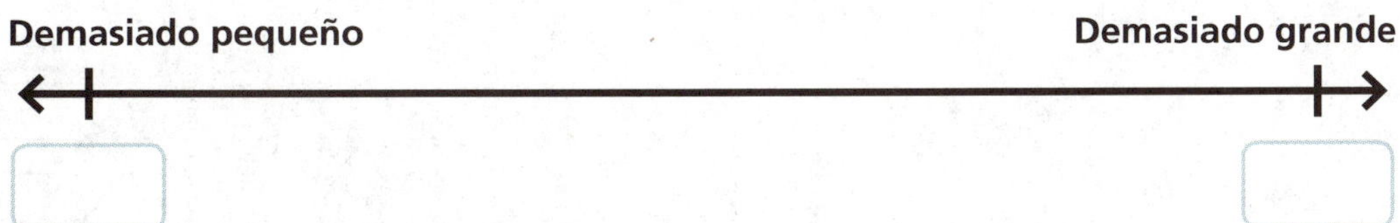

5. Marca tu predicción en la misma recta numérica.

6. ¿Qué información de esta situación sería útil saber? ¿Cómo usarías esa información?

7. Usar herramientas apropiadas ¿Qué herramientas puedes usar para resolver el problema? Explica cómo las usarías de manera estratégica.

8. Representar con modelos matemáticos Representa la situación usando las matemáticas. Usa tu propia representación para responder a la Pregunta principal.

9. ¿Cuál es tu respuesta a la Pregunta principal? ¿Es mayor o menor que tu predicción? Explica por qué.

10. Escribe la respuesta que viste en el video.

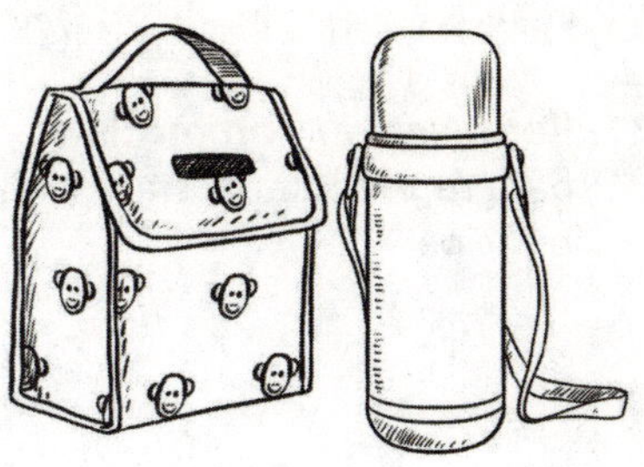

11. Razonar ¿Coincide tu respuesta con la respuesta del video? Si no, ¿qué razones explicarían la diferencia?

12. Entender y perseverar ¿Cambiarías tu modelo ahora que sabes la respuesta? Explícalo.

Reflexionar

13. Representar con modelos matemáticos Explica cómo usaste un modelo matemático para representar la situación. ¿Cómo te ayudó el modelo a responder a la Pregunta principal?

14. Evaluar el razonamiento Un compañero dijo que tu modelo funciona para cualquier cantidad de estudiantes y adultos. ¿Estás de acuerdo? Justifica tu razonamiento o explica el error de tu compañero.

CONTINUACIÓN

15. Generalizar Supón que todo el grado va de excursión: 283 estudiantes y 10 maestros. Cada autobús puede llevar 72 personas y cuesta $610 por transporte. ¿Cuánto dinero se necesita? Explica cómo reutilizaste tu modelo.

¡Explícalo!

Juwon dice que las tres expresiones son equivalentes.

Puedo...
identificar y escribir expresiones algebraicas equivalentes.

A. Halla el valor de cada expresión para $n = 1$.

$8n + 6$	$2(4n + 3)$	$14n$
8( ) + 6	2(4 • + 3)	14( )
= + 6	= 2(+ 3)	=
=	= 2 •	
	=	

B. Halla el valor de cada expresión para $n = 2$.

$8n + 6$	$2(4n + 3)$	$14n$

C. Evaluar el razonamiento ¿Estás de acuerdo con Juwon en que las tres expresiones son equivalentes? Explícalo.

Enfoque en las prácticas matemáticas

Generalizar Cuando se sustituye una misma variable por un número en dos expresiones, ¿cuántas veces esas dos expresiones deben tener diferentes valores antes de que puedas saber que no son equivalentes? Explícalo.

EJEMPLO 1 — Usar propiedades de las operaciones para escribir expresiones equivalentes

Escanear para contenido digital 

Las **expresiones equivalentes** tienen el mismo valor sin importar el valor por el que se sustituye la variable en la expresión.

Usa propiedades de las operaciones para escribir expresiones equivalentes para $3(4x - 1)$ y $2x + 4$.

> **Usar la estructura** Piensa en cómo puedes usar estas propiedades de las operaciones para cualquier número a, b o c.

Propiedades de las operaciones

1 Propiedad conmutativa
de la suma $\qquad a + b = b + a$
de la multiplicación $\qquad a \times b = b \times a$

2 Propiedad asociativa
de la suma $\qquad (a + b) + c = a + (b + c)$
de la multiplicación $\quad (a \times b) \times c = a \times (b \times c)$

3 Propiedad distributiva
respecto de la suma $\quad a(b + c) = a(b) + a(c)$
respecto de la resta $\quad a(b - c) = a(b) - a(c)$

Usa las propiedades distributiva y asociativa para escribir una expresión equivalente a $3(4x - 1)$.

$3(4x - 1) = 3(4x) - 3(1)$ $\quad$ Propiedad distributiva

$\qquad = (3 \cdot 4)x - 3$ $\quad$ Propiedad asociativa de la multiplicación

$\qquad = 12x - 3$

$12x - 3$ y $3(4x - 1)$ son expresiones equivalentes.

> Las expresiones equivalentes se pueden escribir de más de una manera.

Usa la propiedad distributiva en orden inverso para escribir una expresión equivalente a $2x + 4$.

> Busca un factor común de ambos términos que sea mayor que 1.

$2x + 4 = 2(x) + 2(2)$ $\quad$ Propiedad distributiva

$\qquad = 2(x + 2)$ $\quad$ 2 es un factor común.

Por tanto, $2(x + 2)$ es equivalente a $2x + 4$.

☑ ¡Inténtalo!

Escribe una expresión que sea equivalente a $3y - 9$.

Un factor común de 3 y 9 es ⬚ .

$3y - 9 = $ ⬚ $(y) - $ ⬚ $($ ⬚ $)$

$\qquad = $ ⬚ $($ ⬚ $ - $ ⬚ $)$

Por tanto, $3y - 9$ es equivalente a ⬚ .

¡Convénceme! ¿Por qué puedes usar las propiedades de las operaciones para escribir expresiones equivalentes?

EJEMPLO 2 — Usar propiedades para identificar expresiones equivalentes

¿Cuáles de las siguientes expresiones son equivalentes?

$$8x - 4 \qquad 4x \qquad 4(2x - 1)$$

Usar la estructura Puedes usar propiedades de las operaciones para determinar si las expresiones son equivalentes.

Usa la propiedad distributiva para simplificar $4(2x - 1)$.

$$4(2x - 1) = 4(2x) - 4(1)$$
$$= 8x - 4$$

Por tanto, $4(2x - 1)$ y $8x - 4$ son expresiones equivalentes.

No se pueden usar las propiedades de las operaciones para escribir $8x - 4$ o $4(2x - 1)$ como $4x$.

$$8x - 4 \neq 4x$$
$$4(2x - 1) \neq 4x$$

Por tanto, ni $8x - 4$ ni $4(2x - 1)$ son equivalentes a $4x$.

 **¡Inténtalo!**

¿Cuáles de las siguientes expresiones son equivalentes? Explícalo.

$$10y + 5 \qquad 15y \qquad 5(2y + 1)$$

EJEMPLO 3 — Usar la sustitución para justificar las expresiones equivalentes

¿Son $6(n + 3) - 4$ y $6n + 14$ expresiones equivalentes?

Usa propiedades de las operaciones para simplificar $6(n + 3) - 4$.

$$6(n + 3) - 4 = 6(n) + 6(3) - 4$$
$$= 6n + 18 - 4$$
$$= 6n + 14$$

Usa la propiedad distributiva.

Generalizar Cuando dos expresiones nombran el mismo número sin importar el valor de la variable, son equivalentes.

Sustituye n por 3 para justificar que las expresiones son equivalentes.

$$6(n + 3) - 4 = 6(3) + 6(3) - 4 \qquad\qquad 6n + 14 = 6(3) + 14$$
$$= 18 + 18 - 4 \qquad\qquad\qquad\qquad = 18 + 14$$
$$= 32 \qquad\qquad\qquad\qquad\qquad\quad = 32$$

Por tanto, $6(n + 3) - 4$ y $6n + 14$ son expresiones equivalentes.

 **¡Inténtalo!**

¿Son $2(x - 3) + 1$ y $2x + 6$ expresiones equivalentes? Usa la sustitución para justificar tu trabajo.

Dos expresiones algebraicas son equivalentes si tienen el mismo valor cuando la variable se sustituye por cualquier número.

Puedes usar las propiedades de las operaciones para escribir expresiones equivalentes.

Propiedades de las operaciones

1 **Propiedad conmutativa**
de la suma $\quad a + b = b + a$
de la multiplicación $\quad a \times b = b \times a$

2 **Propiedad asociativa**
de la suma $\quad (a + b) + c = a + (b + c)$
de la multiplicación $\quad (a \times b) \times c = a \times (b \times c)$

3 **Propiedad distributiva**
respecto de la suma $\quad a(b + c) = a(b) + a(c)$
respecto de la resta $\quad a(b - c) = a(b) - a(c)$

¿Lo entiendes?

1. **? Pregunta esencial** ¿Cómo se pueden identificar y escribir expresiones equivalentes?

2. **Usar la estructura** ¿Qué propiedad de las operaciones podrías usar para escribir una expresión equivalente para $y + \frac{1}{2}$? Escribe la expresión equivalente.

3. **Generalizar** ¿Son z^3 y $3z$ expresiones equivalentes? Explícalo.

4. ¿Son las expresiones $3(y + 1)$ y $3y + 3$ equivalentes para $y = 1$? ¿Y para $y = 2$? ¿Y para $y = 3$?

5. **Construir argumentos** ¿Son las expresiones $3(y + 1)$ y $3y + 3$ equivalentes para cualquier valor de y? Explícalo.

¿Cómo hacerlo?

En 6 a 8, usa propiedades de las operaciones para completar las expresiones equivalentes.

6. $2(r + 3) = \boxed{}r + \boxed{}$

7. $6(4s - 1) = \boxed{}s - \boxed{}$

8. $8t + 2 = 2(\boxed{}t + \boxed{})$

9. Completa la siguiente tabla.

x	$12x - 6$	$3x + 3$	$6(2x - 1)$
1			
2			
3			

10. En el Ejercicio 9, ¿qué expresiones de la tabla son equivalentes?

Nombre: _______________________

Práctica y resolución de problemas

Práctica al nivel En **11** a **20**, escribe expresiones equivalentes.

11. $3(m + 3) = \boxed{}\, m + \boxed{}$

12. $20n - 4m = 4(\boxed{}\, n - \boxed{}\, m)$

13. $3(x - 6)$

14. $2x + 10$

15. $8\left(2y + \frac{1}{4}\right)$

16. $5.7 + (3z + 0.3)$

17. $5w - 15$

18. $2x + 4y$

19. $10(y^2 + 2.45)$

20. $\frac{3}{4} \cdot (z^3 \cdot 4)$

En **21** a **24**, escribe las letras de las expresiones que son equivalentes a la expresión dada.

21. $5(2x + 3)$

  a. $10x + 15$

  b. $5x + 15 + 5x$

  c. $10x + 8$

22. $4x - 8$

  a. $2(2x - 6)$

  b. $2(2x - 4)$

  c. $x - 8 + 3x$

23. $12x - 16$

  a. $9.6x - 16 + 2.4x$

  b. $3(3x - 5)$

  c. $4(3x - 4)$

24. $2\left(6x + \frac{1}{2}\right)$

  a. $12x + 2$

  b. $12x + 1$

  c. $6x + \frac{1}{2} + 6x + \frac{1}{2}$

En **25** a **27**, usa los letreros de la derecha.

25. Escribe una expresión algebraica que represente cada compra.

  a. El Sr. Tonkery compró x cantidad de pelotas de fútbol y 3 pelotas de béisbol.

  b. Dennis, Eddie y Felix están en un equipo de béisbol. Cada uno compró una pelota de béisbol y x pares de calcetines deportivos.

26. **Entender y perseverar** Supón que x tiene el mismo valor en las dos expresiones que escribiste en el Ejercicio 25. ¿Son equivalentes las dos expresiones que escribiste? Explícalo.

27. **Evaluar el razonamiento** Wendy dice que las pelotas de fútbol cuestan $2\frac{1}{2}$ veces lo que cuesta una pelota de béisbol. ¿Estás de acuerdo? Explícalo.

28. Usar la estructura Escribe una expresión algebraica que represente el área del tapete rectangular. Luego, usa las propiedades de las operaciones para escribir una expresión equivalente.

29. Evaluar el razonamiento Jamie dice que las expresiones $6x - 2x + 4$ y $4(x + 1)$ no son equivalentes, porque una expresión tiene un término que se resta y la otra expresión no. ¿Estás de acuerdo? Explícalo.

30. ¿Son equivalentes las dos expresiones que se muestran? Explícalo.

$$4(n + 3) - (3 + n) \text{ y } 3n + 9$$

31. Evaluar el razonamiento Chris dice que la expresión $4n - 2$ se puede escribir como $2(2n - 1)$. ¿Estás de acuerdo? Explícalo.

32. Razonamiento de orden superior Escribe una expresión que tenga solo un término y sea equivalente a la siguiente expresión.

$$(f \cdot g^2) + 5 - (g^2 \cdot f)$$

33. Construir argumentos Un equipo de golf de la universidad de Florida que tiene 14 miembros quiere preparar un banquete para la entrega de premios. Para hallar el costo total de las comidas, el equipo usa la expresión $5(i + 14)$, donde i es la cantidad de invitados que irán al banquete. Un miembro del equipo dice que una expresión equivalente es $5i + 14$. ¿Estás de acuerdo? Explícalo.

$5 por comida

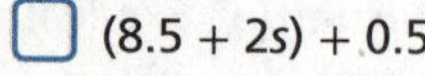
Práctica para la evaluación

34. Selecciona las expresiones que son equivalentes a $8.5 + (2s + 0.5)$.

- [ ] $(8.5 + 2s) + 0.5$
- [ ] $(8.5 + 0.5) + 2s$
- [ ] $9 + 2$
- [ ] $2(4.5 + s)$
- [ ] $8.5(2s + 0.5)$

35. Selecciona las expresiones que son equivalentes a $5(n + 4)$.

- [ ] $5n + 4$
- [ ] $5n + 20$
- [ ] $15 + 5n + 5$
- [ ] $5(n + 3) + 5$
- [ ] $5n + 54$

¡Resuélvelo y coméntalo!

ACTIVITY

Escribe una expresión equivalente a $x + 5 + 2x + 2$.

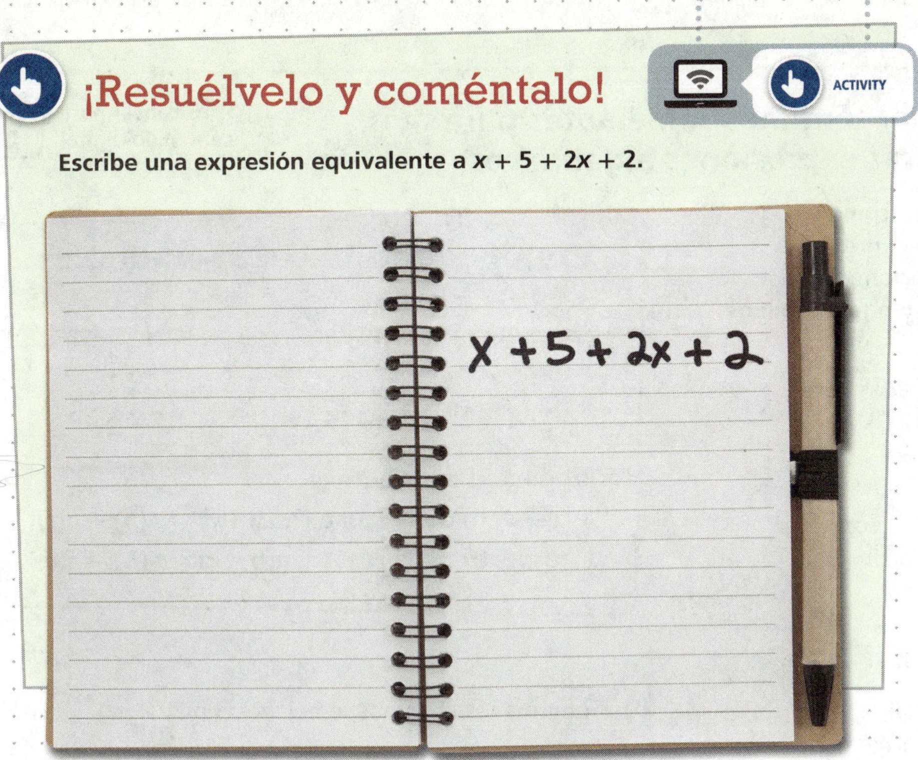

Puedo...
combinar términos semejantes en las expresiones algebraicas.

Entender y perseverar Usa lo que sabes sobre expresiones algebraicas y propiedades de las operaciones para entender el problema.

Enfoque en las prácticas matemáticas

Hacerlo con precisión ¿Cómo sabes que la expresión que escribiste es equivalente a $x + 5 + 2x + 2$?

  VISUAL LEARNING  ASSES

EJEMPLO 1  **Combinar términos semejantes para simplificar expresiones algebraicas**

Escanear para contenido digital

Los términos que tienen la misma variable, como y y $2y$, son **términos semejantes**. Para **simplificar** expresiones algebraicas, usa propiedades de las operaciones para escribir expresiones equivalentes que no tengan términos semejantes ni paréntesis.

Escribe expresiones equivalentes simplificadas para $x + x + x$ y $2y - y$.

> **Usar la estructura** Puedes usar la propiedad de identidad de la multiplicación para escribir x como $1x$.

Propiedades de las operaciones

Propiedad de identidad
de la suma $\qquad a + 0 = a = 0 + a$
de la multiplicación $\qquad a \times 1 = a = 1 \times a$

Propiedad distributiva
respecto de la suma $\quad a(b + c) = a(b) + a(c)$
respecto de la resta $\quad a(b - c) = a(b) - a(c)$

Combina los términos semejantes en $x + x + x$.

$x + x + x$ ·········· Los tres términos son términos semejantes.

$= 1x + 1x + 1x$ ·········· Propiedad de identidad de la multiplicación

$= (1 + 1 + 1)x$ ·········· Propiedad distributiva

$= 3x$

> Suma los coeficientes y escribe la variable común.

Por tanto, $3x$ es equivalente a $x + x + x$.

Combina los términos semejantes en $2y - y$.

$2y - y$ ·········· $2y$ y y son términos semejantes.

$= 2y - 1y$ ·········· Propiedad de identidad de la multiplicación

$= (2 - 1)y$ ·········· Propiedad distributiva

$= 1y$ o y

> Resta los coeficientes y escribe la variable común.

Por tanto, y es equivalente a $2y - y$.

¡Inténtalo!

Simplifica la expresión $4z - z + z - 2z$.

$4z - z + z - 2z$

$= 4z - 1z + \boxed{} - \boxed{}$ ·········· Usa la propiedad de identidad de la multiplicación.

$= (4 - 1 + \boxed{} - \boxed{}) \boxed{}$ ·········· Usa la propiedad distributiva.

$= \boxed{}$

La expresión simplificada es $\boxed{}$.

¡Convénceme! ¿Cómo sabes que la expresión $2x + 4y$ no es equivalente a $6xy$?

EJEMPLO 2  Simplificar expresiones algebraicas con fracciones

Un sendero nuevo para ir de caminata incluye tres secciones de un sendero viejo. Hay una sección plana, una sección sinuosa y una sección con muchas curvas. El guardabosques marcó las secciones del sendero en relación con la longitud de la sección plana, que es n kilómetros. ¿Cuál es la expresión simplificada que describe la longitud del sendero nuevo?

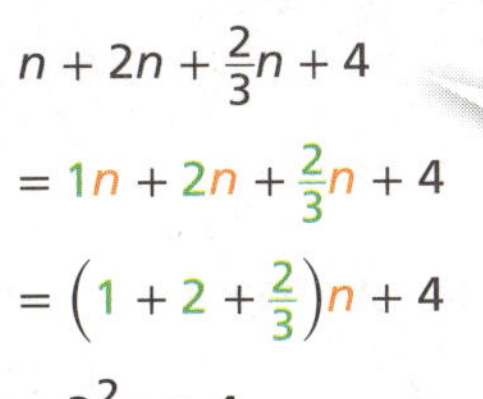

$n + 2n + \frac{2}{3}n + 4$

$= 1n + 2n + \frac{2}{3}n + 4$

$= \left(1 + 2 + \frac{2}{3}\right)n + 4$

$= 3\frac{2}{3}n + 4$

Escribe una expresión que represente la longitud total del sendero y simplifica.

$3\frac{2}{3}n + 4$ es equivalente a $n + 2n + \frac{2}{3}n + 4$.

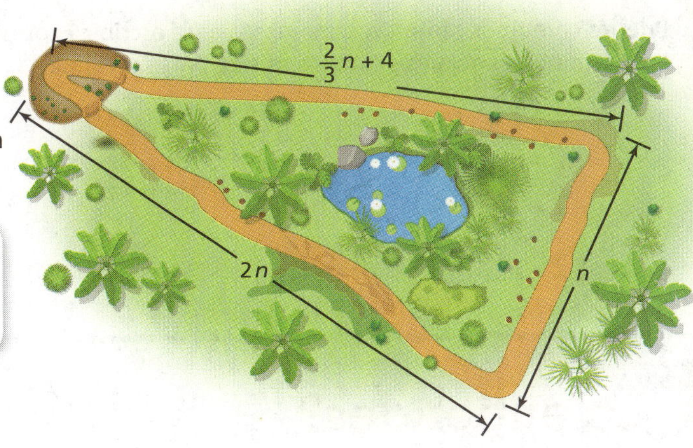

 ¡Inténtalo!

Los guardabosques añadieron otra sección al sendero, que se puede representar con la expresión $\frac{1}{2}n + n + \frac{1}{2}$. Escribe una expresión para la nueva longitud total del sendero. Luego, escribe una expresión equivalente simplificada.

EJEMPLO 3 Simplificar expresiones algebraicas con paréntesis y números decimales

Este verano, Vanna quiere cobrar 2.5 veces lo que cobraba antes por cortar el césped y rastrillar, pero sus gastos ($10 por fin de semana) también serán 2.5 veces los que tenía antes. La siguiente expresión se puede usar para hallar cuánto recaudará Vanna este verano cortando el césped y rastrillando x jardines en un fin de semana.

$2.5(20.50x + 5.50x - 10)$

¿Cómo puedes usar propiedades de las operaciones para escribir una expresión equivalente simplificada sin paréntesis?

Usa la propiedad distributiva.

$2.5(20.50x + 5.50x - 10) = 2.5(26x - 10)$

$= 2.5(26x) - 2.5(10)$

$= 65x - 25$

$65x - 25$ es equivalente a $2.5(20.50x + 5.50x - 10)$.

Simplificar expresiones puede hacer que resulte más fácil evaluar la expresión.

 ¡Inténtalo!

Supón que este verano la tarifa de Vanna será 3.5 veces la de antes y sus gastos también serán 3.5 veces los de antes. Escribe una expresión equivalente que represente cuánto puede ganar cortando el césped y rastrillando.

Puedes combinar términos semejantes para escribir expresiones equivalentes.
Los términos semejantes tiene la misma parte variable.

$2x + 6 + 5x + 4$ · Identifica los términos semejantes.

$= 2x + 5x + 6 + 4$ · · · · · · · · · · · · · · · Propiedad conmutativa de la suma

$= 7x + 10$

$2x + 6 + 5x + 4 = 7x + 10$

¿Lo entiendes?

1. **Pregunta esencial** ¿Cómo puedes simplificar expresiones algebraicas?

2. Explica cómo sabes qué términos debes combinar cuando combinas términos semejantes.

3. **Construir argumentos** Explica por qué la expresión $2y - y$ se puede escribir como y.

4. Explica por qué las expresiones $\frac{1}{2}x + \frac{1}{2}x$ y x son equivalentes.

5. **Evaluar el razonamiento.** Henry escribió $4z^2 - z^2$ como 4. ¿Son $4z^2 - z^2$ y 4 expresiones equivalentes? Explícalo.

¿Cómo hacerlo?

En 6 a 15, simplifica las expresiones.

6. $x + x + x + x$

7. $4y - y$

8. $7y - 4.5 - 6y$

9. $4x + 2 - \frac{1}{2}x$

10. $3 + 3y - 1 + y$

11. $x + 6x$

12. $0.5w + 1.7w - 0.5$

13. $12\frac{1}{3}b + 6\frac{2}{3} - 10\frac{2}{3}b$

14. $\frac{3}{4}x + 2 + 3x - \frac{1}{2}$

15. $3.2x + 6.5 - 2.4x - 4.4$

Práctica y resolución de problemas

Escanear para contenido digital

Práctica al nivel En **16** a **26**, combina los términos semejantes para simplificar las expresiones.

16. $2.1x^2 + 3 - 0.5x^2 - 1$

$= (\boxed{}x^2 - \boxed{}x^2) + (3 - 1)$

$= \boxed{}x^2 + \boxed{}$

17. $\frac{2}{3}n + 6 + 3n - \frac{2}{3}$

$= (\boxed{}n + \boxed{}n) + (\boxed{} - \boxed{})$

$= \boxed{}n + \boxed{}$

18. $5 + 3w + 3 - w$

19. $5w - 5w$

20. $2x + 5 + 3x + 6$

21. $\frac{3}{4}z^3 + 4 - \frac{1}{4}z^3$

22. $3.4m + 2.4m$

23. $4.2n + 5 - 3.2n$

24. $q^5 + q^5 + q^5$

25. $3x + \frac{1}{4} + 2y + \frac{1}{4} + 7x - y$

26. $1.5z^2 + 4.5 + 6z - 0.3 - 3z + z^2$

---

27. Usar la estructura Usa la tabla de la derecha. Yolanda está preparando una fiesta que se llevará a cabo en tres salas.

a. Escribe una expresión que se pueda usar para representar la cantidad total que Yolanda necesitará para alquilar las tres salas y el sistema de sonido por t horas.

Sala	Tarifa de alquiler (por hora)	Tarifa del sistema de sonido
1	$25	$15
2	$20	$10
3	$50	sin cargo

b. ¿Cómo puedes usar una propiedad para escribir una expresión equivalente simplificada?

28. Escribe una expresión algebraica para el perímetro de la piscina.

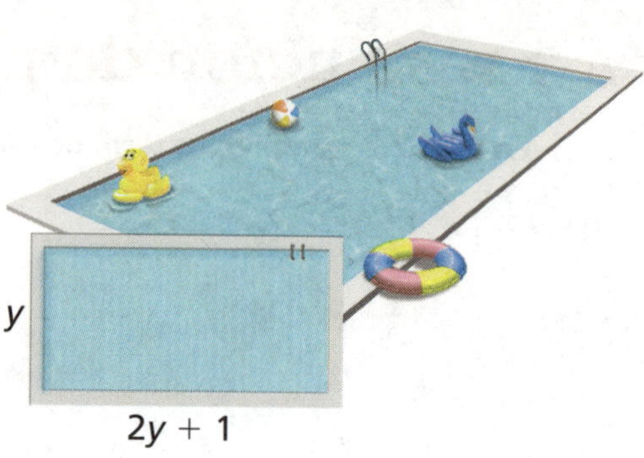

29. **Usar la estructura** Escribe una nueva expresión equivalente a la expresión que escribiste en el Ejercicio 28.

30. Justifica que las dos expresiones son equivalentes.

31. Rodney reescribió la expresión $\frac{1}{2}(2x + 7)$ como $x + 3\frac{1}{2}$. ¿Qué propiedad de las operaciones usó Rodney?

32. **Construir argumentos** Annie dijo que simplificó la expresión $6.5(x + 0.5x + 1)$ al escribir la expresión equivalente $6.5x + 3.25x + 6.5$. ¿Estás de acuerdo? Explícalo.

33. **Evaluar el razonamiento** Thea dijo que las expresiones $4x - 3x + 2$ y $x + 2$ son equivalentes. ¿Tiene razón? Explícalo.

34. **Razonamiento de orden superior** Escribe una expresión equivalente a la siguiente expresión.

$$\frac{a}{3} + \frac{a}{3} + \frac{a}{3}$$

Práctica para la evaluación

35. Selecciona todas las expresiones que son equivalentes a $8x + 3 + 5x - 2x$.

☐ $13x + 3 - 2x$

☐ $11x + 3x$

☐ $11 + 3x$

☐ $14x$

☐ $11x + 3$

36. Selecciona cuáles de las expresiones son equivalentes o NO son equivalentes a la expresión dada.

	Equivalente a $2x + 7 + 6x - x$	NO es equivalente a $2x + 7 + 6x - x$
$2x + 13$	☐	☐
$7 + 7x$	☐	☐
$14x$	☐	☐
$7x + 7$	☐	☐

? Pregunta esencial del tema

¿Qué son las expresiones y cómo se pueden escribir y evaluar?

Repaso del vocabulario

Completa cada definición con una palabra de vocabulario.

> **Vocabulario** árbol de factores coeficiente exponente
> expresión algebraica términos semejantes variable

1. Un/Una _____________ indica la cantidad de veces que se usa la base como factor.

2. Una letra o símbolo que representa una cantidad desconocida es un/una _____________.

3. Un diagrama que muestra los factores primos de un número compuesto

es un/una _____________.

Traza una línea desde cada par de números de la columna A hasta el *mínimo común múltiplo (m.c.m.)* de los números en la columna B.

Columna A	Columna B
4. 9, 6	36
5. 9, 12	56
6. 8, 7	18

7. Observa las variables de las siguientes expresiones. Escribe **S** si los términos de cada expresión son *términos semejantes*. Escribe **N** si NO son *términos semejantes*.

a. $3a + 3z$ **b.** $\frac{x}{3} + \frac{x}{4}$ **c.** $4j - j + 3.8j$

Usar el vocabulario al escribir

Explica una manera de simplificar la expresión $4(3q - q)$. Usa palabras de vocabulario en tus explicaciones.

Repaso de conceptos y destrezas

 Entender y representar los exponentes

Repaso rápido

Un exponente es una manera de mostrar una multiplicación repetida.

Ejemplo

Usa un exponente para escribir la expresión $6 \times 6 \times 6$. Luego, evalúa la expresión.

6 se usa como factor 3 veces.

6 es la base y 3 es el exponente.

$6 \times 6 \times 6 = 6^3 = 216$

Halla 6^0.

Un número con 0 como exponente siempre es igual a 1.

$6^0 = 1$

Práctica

Escribe cada expresión usando un exponente.

1. $8 \times 8 \times 8 \times 8 \times 8 \times 8 \times 8$

2. 4

3. $10 \times 10 \times 10 \times 10$

Evalúa cada expresión.

4. 9^2　　　　**5.** 99^1

6. $3,105^0$　　　　**7.** 22^2

8. 2^7　　　　**9.** 3^4

 Hallar el máximo común divisor y el mínimo común múltiplo

Repaso rápido

Puedes usar la descomposición en factores primos para hallar el máximo común divisor y el mínimo común múltiplo de dos números.

Ejemplo

Halla el máximo común divisor (M.C.D.) y el mínimo común múltiplo (m.c.m.) de 12 y 6.

Haz una lista de los factores primos de ambos números.

12: $2 \times 2 \times 3$

6: 2×3

Identifica los factores comunes; luego, multiplica.

M.C.D.: $2 \times 3 = 6$

12: $2 \times 2 \times 3$

6: 2×3

Identifica la mayor cantidad de veces que aparece cada factor; luego, multiplica.

m.c.m.: $2 \times 2 \times 3 = 12$

Práctica

Halla el M.C.D. de cada par de números. Usa el M.C.D. y la propiedad distributiva para hallar la suma de cada par de números.

1. 30, 100　　　　**2.** 8, 52

3. 28, 42　　　　**4.** 37, 67

5. 12, 24　　　　**6.** 8; 12

Halla el m.c.m. de cada par de números.

7. 4, 9　　　　**8.** 3, 6

9. 8, 10　　　　**10.** 3, 5

11. 12, 5　　　　**12.** 4, 11

Repaso rápido

Usa el orden de las operaciones para evaluar expresiones numéricas.

Ejemplo

Evalúa la expresión $3^2 + 2[(21 - 9) \div 4]$.

$3^2 + 2[(21 - 9) \div 4]$ .... Evalúa dentro de los paréntesis.

$= 3^2 + 2[12 \div 4]$ .... Evalúa dentro de los corchetes.

$= 3^2 + 2 \times 3$ .... Evalúa la potencia.

$= 9 + 2 \times 3$ .... Multiplica.

$= 9 + 6$ .... Suma.

$= 15$

El valor de $3^2 + 2[(21 - 9) \div 4]$ es 15.

Práctica

Evalúa cada expresión.

1. $80 - 4^2 \div 8$

2. $92.3 - (3.2 \div 0.4) \times 2^3$

3. $\left[(2^3 \times 2.5) \div \frac{1}{2}\right] + 120$

4. $[20 + (2.5 \times 3)] - 3^3$

5. $\left[(2 \times 10^0) \div \frac{1}{3}\right] + 8$

Repaso rápido

Se puede escribir una expresión algebraica para representar una situación con una cantidad desconocida. Usa una variable para representar la cantidad desconocida. Se puede evaluar una expresión algebraica sustituyendo la variable por un valor y realizando las operaciones.

Ejemplo

Escribe una expresión algebraica para 9 por la diferencia de 12 y a dividido por 2. Luego, evalúa la expresión para $a = 4$.

"9 por la diferencia de 12 y a dividido por 2" se representa con $9 \times (12 - a) \div 2$.

Evalúa $9 \times (12 - a) \div 2$ cuando $a = 4$.

$9 \times (12 - a) \div 2$

$9 \times (12 - 4) \div 2$

$= 9 \times 8 \div 2$

$= 72 \div 2$

$= 36$

Práctica

Escribe una expresión algebraica para representar cada situación.

1. 22 menos que 5 por un número f

2. 48 por una cantidad de piezas de juego, j

3. Una cantidad de huevos, h, dividida por 12

4. 3 por la suma de m y 7

Evalúa cada expresión para $n = 7$, $x = 4$, $y = 8$ y $z = 1$.

5. $12x - 7$

6. $x^2 \div y$

7. $5z + 3n - z^3$

8. $y^2 \div 2x + 3n - z$

Generar expresiones equivalentes

Repaso rápido

Las expresiones equivalentes son expresiones que tienen el mismo valor. Se pueden usar las propiedades de las operaciones y la sustitución para escribir e identificar expresiones equivalentes.

Ejemplo

¿Son equivalentes las expresiones $5x + 20$, $5(x + 4)$ y $x + 4$?

Para que las expresiones algebraicas sean equivalentes, cada expresión debe nombrar el mismo valor sin importar con qué valor se sustituye la variable.

x	$5x + 20$	$5(x + 4)$	$x + 4$
1	25	25	5
2	30	30	6
3	35	35	7

Usa la propiedad distributiva para escribir $5x + 20$ como $5(x + 4)$.

$$5x + 20 = 5 \cdot x + 5 \cdot 4$$
$$= 5(x + 4)$$

Las propiedades de las operaciones no se pueden usar para escribir $5x + 20$ o $5(x + 4)$ como $x + 4$.

$5x + 20$ y $5(x + 4)$ son expresiones equivalentes.

Práctica

Completa la tabla. Luego, encierra en un círculo las expresiones que son equivalentes.

1.

y	$5(2.2y + 1) - 3$	$11y + 5 - y$	$11y + 2$
1			
2			
3			

En 2 a 4, escribe Sí o No para indicar si las expresiones son equivalentes.

2. $10x - 3 + 2x - 5$ y $4(3x - 2)$

3. $3y + 3$ y $9\left(y + \frac{1}{3}\right)$

4. $6(3x + 1)$ y $9x + 6 + 9x$

En 5 a 7, usa las propiedades de las operaciones para completar las expresiones equivalentes.

5. $2(x + 4)$ y ______ $x +$ ______

6. $5x - 45$ y $5($ ______ $-$ ______ $)$

7. $3(x + 7)$ y ______ $x +$ ______

Simplificar expresiones equivalentes

Repaso rápido

Combina términos semejantes para simplificar expresiones algebraicas.

Ejemplo

Simplifica la expresión $3x + 7 + 6x$.

$3x + 7 + 6x$ .... Identifica los términos semejantes, $3x$ y $6x$.

$= 3x + 6x + 7$ .... Usa la propiedad conmutativa de la suma.

$= 9x + 7$ .... Simplifica.

La expresión $9x + 7$ es equivalente a $3x + 7 + 6x$.

Práctica

Simplifica cada expresión.

1. $9y + 4 - 6y$

2. $3x + 5 + 7x$

3. $8x + 13 - 3x + 9$

4. $y^2 + 3y^2$

5. $4x + 15 - 3x + 10$

6. $10x + 2x - 12x$

Entrecruzados

Halla los productos o los cocientes. Escribe tus respuestas en el siguiente crucigrama de números. Cada dígito y punto decimal de tu respuesta debe ocupar una casilla.

Puedo...
multiplicar y dividir números decimales de varios dígitos.

HORIZONTALES

B 18.25 × 20.2

F 945.12 ÷ 6.6

H 7.11 ÷ 0.1

J 2.2 × 1.2

K 9.75 ÷ 1.2

L 64.2 ÷ 3

M 27.1 × 0.2

P 28.713 ÷ 0.3

S 95.3 × 0.02

U 0.009 ÷ 0.9

V 3.3456 ÷ 0.4

X 50.048 ÷ 0.08

Y 8.284 × 5.5

Z 19.698 ÷ 0.06

VERTICALES

A 240.5 ÷ 5

B 10.1 × 0.31

C 2.15 × 2.9

D 18.45 × 4

E 2.58 × 1.3

F 5.735 ÷ 0.5

G 5.45 × 0.4

N 62.54 ÷ 0.025

Q 0.742 ÷ 0.4

R 12.3 × 0.04

S 16.1 × 6.7

T 2.04 ÷ 3.4

U 3.3 × 0.07

W 8.85 ÷ 2.5

TEMA 4

REPRESENTAR Y RESOLVER ECUACIONES Y DESIGUALDADES

? Pregunta esencial del tema

¿Qué procedimientos se pueden usar para escribir y resolver ecuaciones y desigualdades?

Vistazo al tema

4-1 Entender ecuaciones y soluciones

4-2 Aplicar propiedades de la igualdad

4-3 Escribir y resolver ecuaciones de suma y de resta

4-4 Escribir y resolver ecuaciones de multiplicación y de división

4-5 Escribir y resolver ecuaciones con números racionales

4-6 Entender y escribir desigualdades

4-7 Resolver desigualdades

Representación matemática en 3 actos: Revisar el equipaje

4-8 Entender variables dependientes e independientes

4-9 Usar patrones para escribir y resolver ecuaciones

4-10 Relacionar tablas, gráficas y ecuaciones

Vocabulario del tema

- desigualdad
- ecuación
- propiedad de división de la igualdad
- propiedad de resta de la igualdad
- propiedad de suma de la igualdad
- propiedad multiplicativa de la igualdad
- relación inversa
- solución de una ecuación
- variable dependiente
- variable independiente

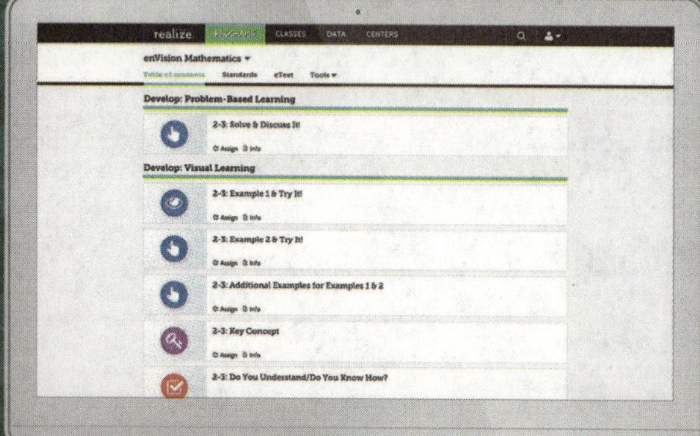

En línea

Recursos digitales de la lección

INTERACTIVE STUDENT EDITION
Accede con o sin conexión.

VISUAL LEARNING ANIMATION
Interactúa con el aprendizaje visual animado.

ACTIVITY Úsala con las actividades *¡Resuélvelo y coméntalo!*, *¡Explóralo!* y *¡Explícalo!*, y para explorar los Ejemplos.

VIDEOS Mira videos como apoyo para las lecciones de *Representación matemática en 3 actos* y los *Proyectos* STEM.

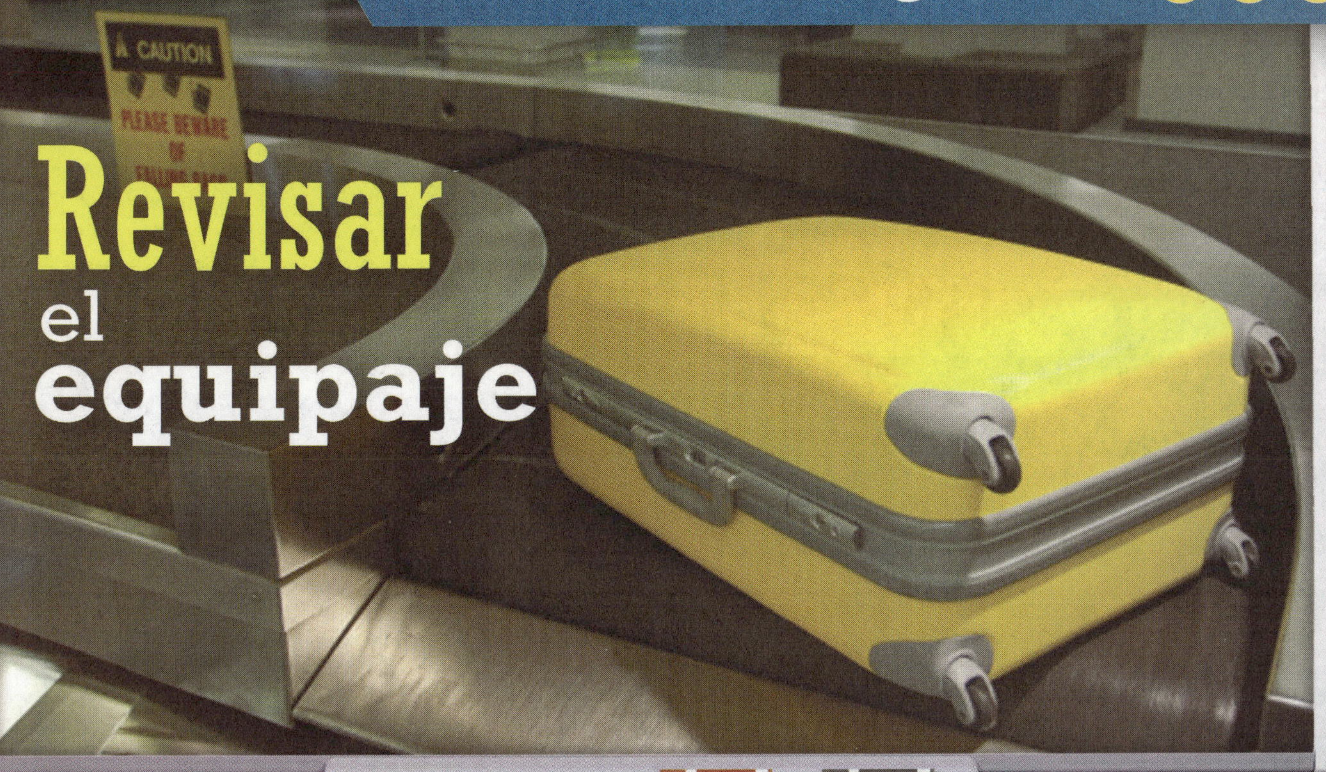

Revisar el equipaje

Revisar el equipaje

¡Un avión grande que atraviesa el océano puede llegar a pesar casi un millón de libras! Cuanto más pesado es un avión, más combustible necesita para el vuelo. El costo del combustible ha hecho que muchas aerolíneas restrinjan el peso del equipaje.

Si tuvieras que volar a algún lugar, ¿qué llevarías? ¿Qué dejarías en casa para reducir el peso de tu equipaje? Es importante no llevar mucho equipaje, no solo para evitar pagar una tarifa sino también para colaborar en la conservación de combustible. Piensa en esto durante la lección de Representación matemática en 3 actos.

 **PRACTICE** Practica lo que has aprendido.

 **TUTORIALS** Usa los videos de *Virtual Nerd* cuando los necesites.

 **MATH TOOLS** Explora las matemáticas con herramientas digitales.

 **GAMES** Usa los Juegos de Matemáticas como apoyo para aprender.

 **KEY CONCEPT** Repasa el contenido importante de la lección.

 **GLOSARIO** Lee y escucha las definiciones en inglés y español.

 **ASSESSMENT** Muestra lo que has aprendido.

¿Sabías que…?

El diseño de un puente depende de factores como la distancia que cubrirá, la cantidad esperada de vehículos que lo cruzará todos los días y las condiciones geográficas.

Puente de viga

Los puentes de viga contienen una viga horizontal sostenida en cada extremo por pilares.

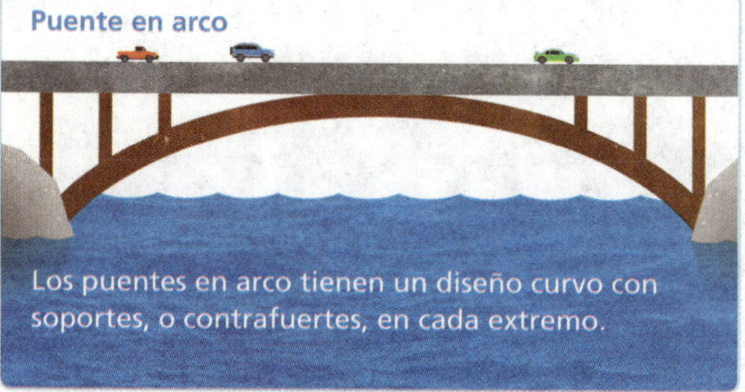

Puente en arco

Los puentes en arco tienen un diseño curvo con soportes, o contrafuertes, en cada extremo.

Puente en ménsula

Los puentes en ménsula contienen ménsulas, vigas horizontales que están fijas a un solo extremo.

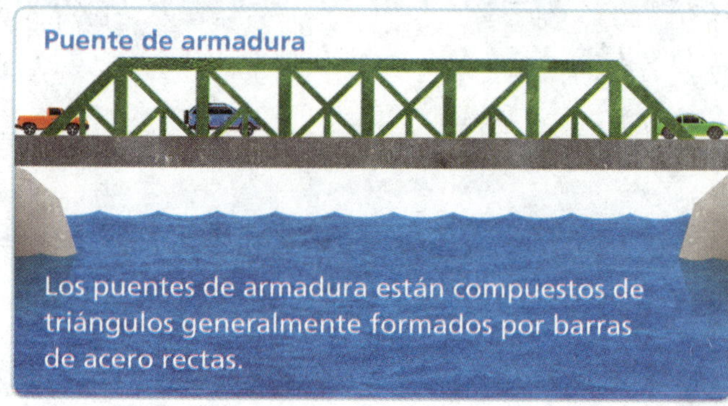

Puente de armadura

Los puentes de armadura están compuestos de triángulos generalmente formados por barras de acero rectas.

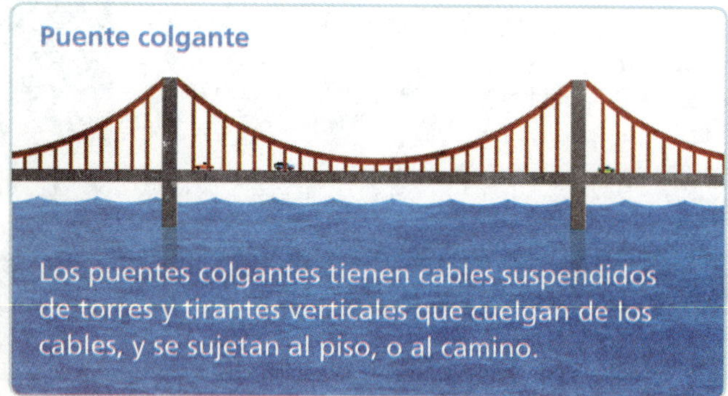

Puente colgante

Los puentes colgantes tienen cables suspendidos de torres y tirantes verticales que cuelgan de los cables, y se sujetan al piso, o al camino.

Puente atirantado

Los puentes atirantados también tienen cables conectados a torres. Todos los cables se conectan desde las torres hasta el piso con un diseño de ventilador o arpa.

Tu tarea:
Diseña un puente

Ahora que ya has definido el problema, identificado los criterios y las limitaciones y recopilado un poco de información, es momento de concentrarse en la solución. Tú y tus compañeros seguirán siendo ingenieros mientras hacen una lluvia de ideas de soluciones y desarrollan prototipos para su puente.

¡Repasa lo que sabes!

Vocabulario

Escoge el mejor término del recuadro para completar cada definición.

coeficiente

ecuación

evaluar

expresión algebraica

variable

1. En $6x$, x es un/una ________________.

2. $x + 5$ es un ejemplo de ________________.

3. ________________ una expresión es hallar su valor.

4. Las expresiones a cada lado del signo igual de un/una ________________ son iguales.

Igualdad

Indica si la ecuación es verdadera o falsa.

5. $6 + 2 = 2 + 6$

6. $2.5 - 1 = 1 - 2.5$

7. $\frac{1}{2} \times 3 = 3 \times \frac{1}{2}$

8. $\frac{3}{4} \div 5 = \frac{3}{4} \times \frac{1}{5}$

9. $5 \div \frac{1}{3} = \frac{5}{3}$

10. $\frac{2}{3} \times 5 = \frac{10}{15}$

Expresiones

Evalúa cada expresión.

11. $x - 2$ para $x = 8$

12. $2b$ para $b = 9$

13. $3\frac{3}{4} + y$ para $y = \frac{5}{6}$

14. $\frac{15}{x}$ para $x = 3$

15. $5.6t$ para $t = 0.7$

16. $4x$ para $x = \frac{1}{2}$

Orden de las operaciones

17. Explica el orden en que deberías calcular las operaciones en la siguiente expresión. Luego, evalúa la expresión.

$$[(33 \div 3) + 1] - 2^2$$

Graficar en el plano de coordenadas

18. Describe cómo marcar el punto $A(-6, 2)$ en un plano de coordenadas.

Desarrollo del lenguaje

Usa el organizador gráfico como ayuda para entender nuevas palabras de vocabulario.

Propiedad de suma de la igualdad

Definición

Ejemplo

Propiedad de resta de la igualdad

Definición

Ejemplo

Propiedades de la igualdad

Propiedad multiplicativa de la igualdad

Definición

Ejemplo

Propiedad de división de la igualdad

Definición

Ejemplo

PROYECTO
4A

Si tuvieras que probar un nuevo ejercicio, ¿cuál sería? ¿Por qué?

PROYECTO: ANALIZA UNA RUTINA DE EJERCICIOS

PROYECTO
4B

¿Cuál es el libro más interesante que has leído?

PROYECTO: ESCRIBE E ILUSTRA UN LIBRO INFANTIL

Si fueras un carpintero, ¿qué cosas construirías?

PROYECTO: HAZ UN MODELO DE UNA ESCALERA

¿Qué destrezas necesitarías para moverte tan lento como un caracol?

PROYECTO: PLANIFICA UNA CARRERA

Puedo...
determinar si el valor de una variable hace que la ecuación sea verdadera.

¡Resuélvelo y coméntalo!

ACTIVITY

Se colocan bloques de unidades en una balanza de platillos. Hay 3 bloques en un platillo y 9 bloques en el otro platillo. ¿Qué puedes hacer para equilibrar los platillos?

Representar con modelos matemáticos Se puede usar una balanza de platillos para representar la relación entre dos cantidades. Puedes escribir una ecuación con una variable para mostrar esta relación.

Enfoque en las prácticas matemáticas

Usar la estructura Supón que agregaras 10 bloques al platillo que tiene 3 bloques y luego agregaras 4 bloques al platillo con 9 bloques. ¿Se equilibrarían los platillos? Escribe una ecuación para mostrar esta relación.

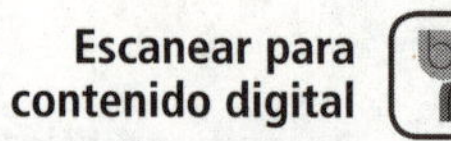

EJEMPLO 1  **Determinar si un valor es una solución de una ecuación**

Escanear para contenido digital

Jordan recibió una tarjeta de regalo de $15.00 para comprar aplicaciones para el teléfono. Usó $4.50 del valor y quiere comprar una aplicación más para consumir todo el saldo. ¿Qué aplicación debería comprar Jordan?

Representar con modelos matemáticos ¿Cómo puedes usar un diagrama de barras como ayuda para escribir una ecuación?

Dibuja un diagrama de barras y escribe una ecuación para mostrar cómo se relacionan las cantidades.

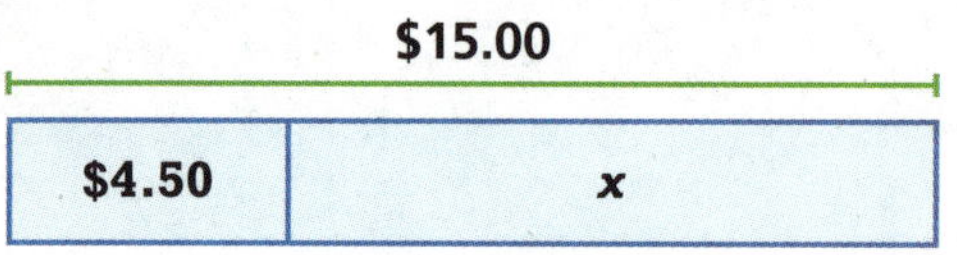

$15.00

| $4.50 | x |

$4.50 + x = $15.00

Una **ecuación** es un enunciado matemático que usa el signo igual para mostrar que dos expresiones son iguales.

La **solución de una ecuación** es el valor de la variable que hace que la ecuación sea verdadera.

Halla la solución de $4.50 + x = $15.00.

Sustituye x por el costo de cada aplicación y evalúa.

Intenta con x = $9.50

$4.50 + $9.50 = $14.00   No es una solución.

Intenta con x = $10.50

$4.50 + $10.50 = $15.00   Es una solución.

Intenta con x = $12.00

$4.50 + $12.00 = $16.50   No es una solución.

La solución es $10.50; por tanto, Jordan debería comprar la aplicación de Deportes W02.

✓ **¡Inténtalo!**

Tracy recibió una tarjeta de regalo de $21.00 para comprar aplicaciones para el teléfono. Usó $9.00 del valor y quiere comprar una aplicación más de la lista de arriba para consumir todo el saldo. Completa el diagrama de barras y usa la ecuación $21.00 = x + $9.00 para determinar qué aplicación debería comprar.

| x | |

La solución es [   ] ; por tanto, Tracy debería comprar la aplicación

de [   ] .

¡Convénceme! ¿Qué notas en la expresión del lado izquierdo de una ecuación comparada con la expresión del lado derecho cuando se sustituye la variable por un valor? ¿Cómo sabes qué valor es la solución?

Usar la sustitución para mostrar que ningún valor es una solución

Maya tiene un total de 1,190 canicas y 5 cajas. Coloca la misma cantidad de canicas en cada caja.

A. ¿Cuál de los tres amigos de Maya, si alguno lo hizo, adivinó correctamente la cantidad de canicas, *x*, que tiene Maya en cada caja?

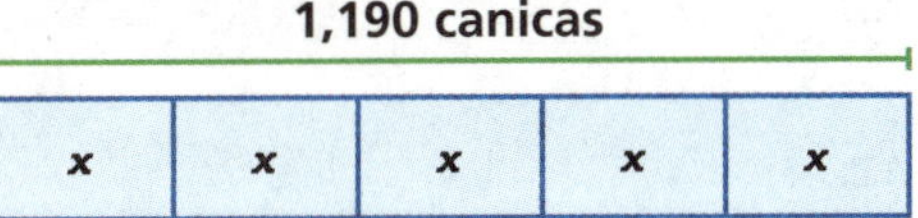

1,190 canicas

x	*x*	*x*	*x*	*x*

$$5x = 1{,}190$$

Sustituye *x* por cada suposición y evalúa.

Intenta con $x = 234$: $5 \times 234 \neq 1{,}190$ No es una solución.

Intenta con $x = 242$: $5 \times 242 \neq 1{,}190$ No es una solución.

Intenta con $x = 240$: $5 \times 240 \neq 1{,}190$ No es una solución.

De los tres amigos de Maya, ninguno adivinó correctamente la cantidad de canicas que hay en cada caja. No se da ninguna solución en el conjunto de valores.

B. ¿Cuántas canicas colocó Maya en cada caja?

Se reparten 1,190 canicas por igual en 5 cajas.
$1{,}190 \div 5 = 238$; por tanto, $5 \times 238 = 1{,}190$.

Maya colocó 238 canicas en cada caja.

> Una ecuación puede tener una solución que no esté dada en el conjunto de valores posibles.

✓ ¡Inténtalo!

Anthony tiene un total de *y* canicas y 4 cajas. Coloca 13 canicas en cada caja y no sobra ninguna. ¿Cuál de sus amigos, si alguno lo hizo, adivinó correctamente cuántas canicas tiene Anthony en total? Usa la ecuación $y \div 4 = 13$.

y canicas

13	13	13	13

Sustituye *y* por cada suposición y evalúa.

Intenta con $y = 48$: ☐ $\div 4 =$ ☐

Intenta con $y = 60$: ☐ $\div 4 =$ ☐

Intenta con $y = 120$: ☐ $\div 4 =$ ☐

Amigo	Suposición
Julianne	48 canicas
Nikos	60 canicas
Quincy	120 canicas

De los tres amigos de Anthony, ☐ adivinó correctamente la cantidad de canicas que tiene en total.

No se da ninguna solución en el conjunto de valores.

Anthony tiene ☐ canicas en total.

La **solución de una ecuación** es un valor de la variable que hace que la ecuación sea verdadera. Sustituye la variable por los valores de un conjunto dado y evalúa.

$x - 4 = 12$ $x = 9, 16$

$x - 4 = 12$

9 no es una solución de esta ecuación, porque $9 - 4 \neq 12$.

16 es una solución de esta ecuación, porque $16 - 4 = 12$.

¿Lo entiendes?

1. **? Pregunta esencial** ¿Cómo puedes determinar si un número dado hace que una ecuación sea verdadera?

2. ¿Cuándo es verdadera una ecuación?

3. **Razonar** Ben dice que $n = 5$ es la solución de la ecuación $7n = 45$. ¿Cómo puedes comprobar si Ben tiene razón?

4. En una balanza de platillos hay 3 bloques en un platillo y 11 bloques en el otro platillo. Lucy cree que debe agregar 7, 8, 9 o 10 bloques para equilibrar los platillos. ¿Cómo puedes usar la ecuación $3 + b = 11$ para hallar la cantidad de bloques que debería agregar Lucy?

¿Cómo hacerlo?

En 5 a 8, usa cada valor dado de la variable para sustituir y hallar cuál es una solución de la ecuación, si algún valor lo es.

5. $d + 9 = 35$ $d = 16, 22, 26, 36$

6. $14n = 35$ $n = 2, 3, 3.5, 4$

7. $13.4 - g = 8.1$ $g = 4.3, 5.3, 5.5, 6.5$

8. $4 = 36 \div m$ $m = 4, 6, 8, 9$

En 9 a 12, indica si cada ecuación es verdadera o falsa para $n = 8$.

9. $n = 54 - 36$

10. $5n = 40$

11. $152 \div n = 21$

12. $n + 46 = 54$

Práctica y resolución de problemas

En 13 a 16, indica cuál de los valores dados es la solución de la ecuación, si algún valor lo es.

13. $t - 2.1 = 0$ $t = 2.1, 2.4, 2.6, 2.8$

14. $49 = 7r$ $r = 3, 6, 7, 9$

15. $\$4.10 = \$6.25 - y$ $y = \$2.15, \$2.95, \$3.05, \$3.15$

16. $24 \div h = 6$ $h = 1, 3, 6, 8$

17. En el pasado, el papá de Marcie recorría en bicicleta 108 millas en 7.5 horas. Su mamá recorría la misma distancia en 8 horas. Marcie planea recorrer en bicicleta 108 millas a un ritmo continuo de 18 mi/h durante y horas. ¿Igualará el tiempo de su papá o de su mamá? Usa la ecuación $108 \div y = 18$ para justificar tu respuesta.

18. Escribe si $b = 6$ *es una solución* o *no es una solución* de cada ecuación.

a. $8b = 48$

b. $11 - b = 6$

c. $b + 3 = 9$

d. $54 \div b = 9$

19. Un grupo de 4 amigos planea una excursión. Las ecuaciones de la tabla representan la cantidad de personas c que pueden participar en cada actividad por $29.

Actividad	Costo ($)
Viaje en balsa	$6c + 5 = 29$
Parque de diversiones	$14c = 29$
Vuelta en globo	$30c - 40 = 29$

¿Qué actividad deberían escoger los amigos si quieren gastar exactamente $29?

20. Hay 27 monedas de 1¢ en un platillo de una balanza de platillos y 18 monedas de 1¢ en el otro. Para equilibrar los platillos, Hillary cree que se deben agregar 5 monedas de 1¢ al platillo más alto. Sean piensa que se deben agregar 8 monedas de 1¢ y Rachel cree que se deben agregar 9 monedas de 1¢. Usa la ecuación $27 = 18 + p$ para determinar quién tiene razón.

21. Construir argumentos Gerard gastó $5.12 en una bebida y un sándwich. La bebida costó $1.30. ¿Pidió un sándwich de jamón por $3.54, un sándwich de atún por $3.82 o un sándwich de pavo por $3.92? Usa la ecuación $s + 1.30 = 5.12$ para justificar tu respuesta.

22. Razonamiento de orden superior Escribe una ecuación que tenga una solución de 12. Muestra cómo sabes que 12 es la solución.

23. La familia de Gina viaja 255 millas en carro para visitar Tallahassee. Después de un rato, pasan una señal que dice: "Tallahassee: 124 millas". Usa los valores $m = 111$, 121, 131 y 141 para sustituir en la ecuación $255 - m = 124$ y halla la cantidad de millas que ya recorrió la familia.

24. Lisa está haciendo una colcha de retazos con un patrón de triángulos como el que muestra la imagen. Escribe una ecuación que represente la longitud de lado que falta si el perímetro es 19 centímetros.

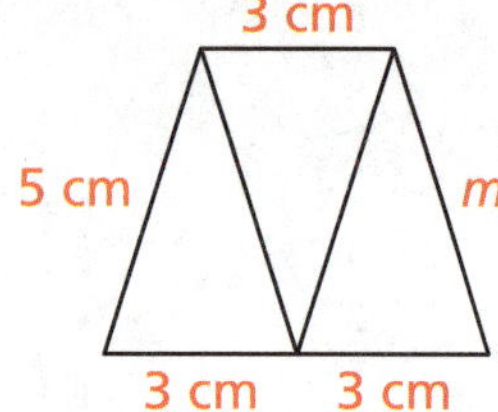

25. La familia de Alisa plantó 7 palmeras en el patio. El parque de la cuadra tiene 147 palmeras. Alisa supuso que el parque tiene 11 o 31 veces la cantidad de palmeras de su patio. ¿Es correcta alguna de las suposiciones de Alisa? Usa la ecuación $7n = 147$ para justificar tu respuesta.

☑ Práctica para la evaluación

26. Trish tiene $26.00 para gastar en una tienda de artesanías. Compra una tela que cuesta $18.62. También quiere comprar agujas para tejer por $7.32, flores de seda por $7.38 u óleos para pintar por $8.48.

Usa la ecuación $18.62 + c = 26.00$, donde c es el costo del producto, para hallar el producto más caro que puede comprar Trish. Explica cómo hallaste la respuesta.

¡Resuélvelo y coméntalo!

Comienza con la ecuación 4 + 8 = 12 y completa cada uno de los siguientes cálculos. Haz cada cálculo individualmente. ¿Qué cálculo mantiene verdadera la ecuación? Explícalo.

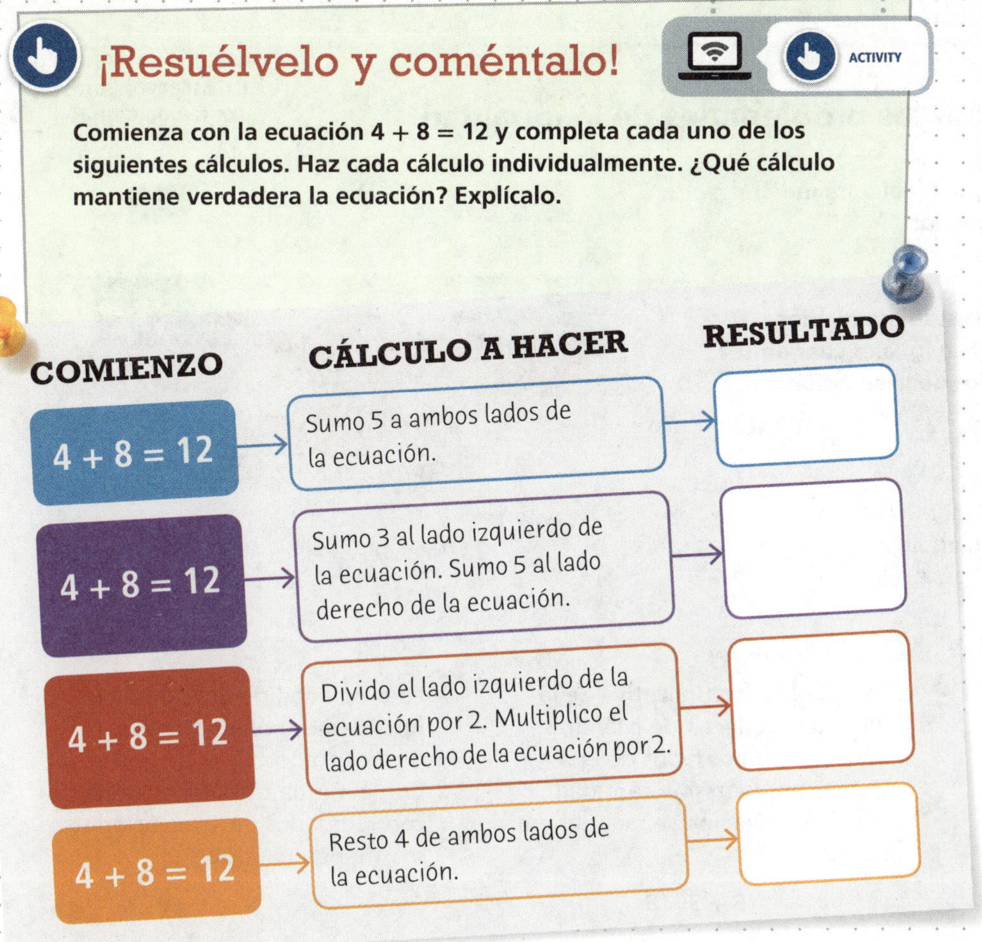

Razonar ¿Cómo puedes determinar si una ecuación es verdadera?

Puedo...
usar las propiedades de la igualdad para escribir ecuaciones equivalentes.

Enfoque en las prácticas matemáticas

Usar la estructura Escribe los números que faltan para completar la ecuación

7 + ⬜ = 10 − ⬜. Describe al menos otras dos operaciones con números que puedas poner en cada lado de la ecuación completa para que siga siendo verdadera.

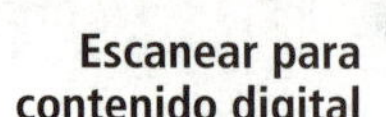

EJEMPLO 1  Definir las propiedades de la igualdad

Escanear para contenido digital

Recuerda que una ecuación usa el signo igual para mostrar que dos expresiones tienen el mismo valor.

$$5 + 3 = 8$$

La **propiedad de suma de la igualdad** establece que los dos lados de una ecuación se mantienen iguales cuando se suma la misma cantidad a ambos lados de la ecuación.

> **Representar con modelos matemáticos** Una ecuación es como una balanza. Para mantener la ecuación equilibrada, debes hacer lo mismo en ambos lados.

$$(5 + 3) + 2 = 8 + 2$$

La **propiedad de resta de la igualdad** establece que cuando restas la misma cantidad de ambos lados de una ecuación, los lados de la ecuación se mantienen iguales.

$$5 + 3 = 8$$

$$(5 + 3) - 2 = 8 - 2$$

La **propiedad multiplicativa de la igualdad** establece que cuando multiplicas ambos lados de una ecuación por la misma cantidad, los lados de la ecuación se mantienen iguales.

$$5 + 3 = 8$$

$$(5 + 3) \times 2 = 8 \times 2$$

La **propiedad de división de la igualdad** establece que cuando divides ambos lados de una ecuación por la misma cantidad distinta de cero, los lados de la ecuación se mantienen iguales.

$$5 + 3 = 8$$

$$(5 + 3) \div 2 = 8 \div 2$$

 ¡Inténtalo!

Si $5y = 25$, ¿qué propiedad de la igualdad se usó para mantener igual la ecuación $5y - 7 = 25 - 7$?

¡Convénceme! ¿Qué otras propiedades de la igualdad podrías aplicar para mantener igual la ecuación $5y = 25$? Da un ejemplo de cada una.

EJEMPLO 2 — Aplicar las propiedades multiplicativa y de división de la igualdad

La balanza se equilibra con 1 bloque x azul de un lado y 4 bloques verdes del otro lado. Franklin colocó algunos bloques verdes más del lado derecho y ahora la balanza no está equilibrada. ¿Qué puedes hacer para equilibrar la balanza? ¿Qué propiedad de la igualdad justifica esto?

Multiplica el lado izquierdo de la balanza por 3 para equilibrar la balanza.

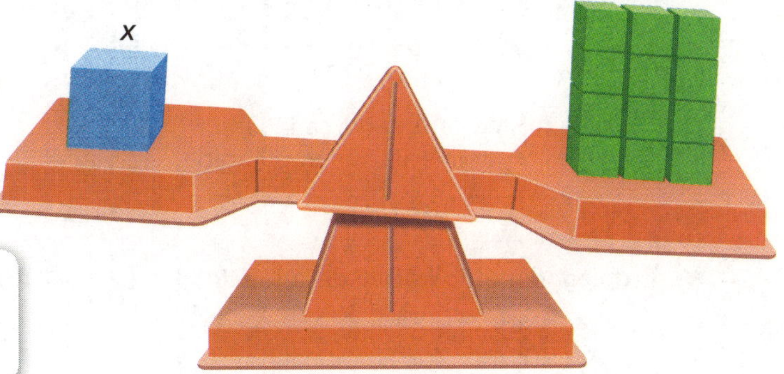

$$x = 4$$
$$3 \cdot x = 4 \cdot 3$$

La cantidad 4 se multiplica por 3 en el lado derecho de la balanza.

La propiedad multiplicativa de la igualdad dice que puedes multiplicar cada lado de una ecuación por la misma cantidad y los dos lados se mantendrán iguales.

EJEMPLO 3 — Aplicar las propiedades de suma y de resta de la igualdad

Merijoy dice: "Puedes sumar 12 a cada lado de la ecuación $y - 12 = 30$ y la ecuación seguirá siendo verdadera".

George dice: "Puedes restar 5 de cada lado de la ecuación $y - 12 = 30$ y la ecuación seguirá siendo verdadera".

¿Quién tiene razón? Explícalo.

$$y - 12 + 12 = 30 + 12 \qquad\qquad y - 12 - 5 = 30 - 5$$

La propiedad de suma de la igualdad dice que puedes sumar la misma cantidad a cada lado de una ecuación y los dos lados se mantendrán iguales.

La propiedad de resta de la igualdad dice que puedes restar la misma cantidad de cada lado de una ecuación y los dos lados se mantendrán iguales.

Tanto Merijoy como George tienen razón.

 ¡Inténtalo!

A. Una balanza se equilibra con cuatro bloques x azules de un lado y 36 bloques verdes del otro lado. Completa la ecuación para equilibrar la balanza con solo un bloque x azul.

$$4 \cdot x = 36$$
$$(4 \cdot x) \div \boxed{} = 36 \div \boxed{}$$
$$x = 9$$

B. Si $25 + d = 36$, ¿es $25 + d - 25 = 36 - 20$? Explícalo.

Puedes usar las propiedades de la igualdad para escribir ecuaciones equivalentes.

Propiedad de suma de la igualdad

$$7 + 3 = 10$$

$$(7 + 3) + a = 10 + a$$

Suma la misma cantidad a cada lado para mantener la ecuación equilibrada.

Propiedad de resta de la igualdad

$$7 + 3 = 10$$

$$(7 + 3) - a = 10 - a$$

Resta la misma cantidad de cada lado para mantener la ecuación equilibrada.

Propiedad multiplicativa de la igualdad

$$7 + 3 = 10$$

$$(7 + 3) \times a = 10 \times a$$

Multiplica cada lado de la ecuación por la misma cantidad para mantener la ecuación equilibrada.

Propiedad de división de la igualdad

$$7 + 3 = 10$$

$$(7 + 3) \div a = 10 \div a$$

Divide cada lado de la ecuación por la misma cantidad distinta de cero para mantener la ecuación equilibrada.

¿Lo entiendes?

1. **? Pregunta esencial** ¿Cómo puedes usar las propiedades de la igualdad para escribir ecuaciones equivalentes?

2. Una balanza de platillos muestra $7 + 5 = 12$. Si se quitan 4 unidades de un lado, ¿qué debe hacerse del otro lado para que los platillos sigan equilibrados?

3. Si un lado de la ecuación $23 + 43 = 66$ se multiplica por 3, ¿qué debe hacerse del otro lado de la ecuación para que los lados queden iguales?

4. **Razonar** Si a un lado de la ecuación $x + 5 = 8$ se le suma 9 y al otro lado se le suma $(4 + 5)$, ¿quedará igual la ecuación?

¿Cómo hacerlo?

En 5 y 6, responde sí o no y explica por qué.

5. Si $23 + 37 = 60$, ¿es $23 + 37 + 9 = 60 + 9$?

6. Si $16 + 1 = 17$, ¿es $(16 + 1) - 1 = 17 - 2$?

7. Aplica la propiedad multiplicativa de la igualdad y escribe una ecuación equivalente a $7n = 28$.

8. **Evaluar el razonamiento** Tomás dice que si un lado de la ecuación $6m = 9$ se divide por 2 y el otro lado se divide por 3, la ecuación quedará igual, porque el resultado será $3m = 3$. ¿Tiene razón Tomás? Explícalo.

Práctica y resolución de problemas

En 9 a 12, indica qué propiedad de la igualdad se usó.

9. $5m + 4 = 19$

$5m + 4 - 3 = 19 - 3$

10. $3t = 20$

$3t \div 2 = 20 \div 2$

11. $\dfrac{n}{6} = 9$

$\left(\dfrac{n}{6}\right) \times 5 = 9 \times 5$

12. $5b - 6 = 14$

$(5b - 6) + 2 = 14 + 2$

13. Si $r + 9 = 42$, ¿es $r + 9 - 9 = 42 + 9$? ¿Por qué?

14. Si $6s = 24$, ¿es $6s \div 6 = 24 \div 6$? ¿Por qué?

15. Esta balanza estaba equilibrada. Halla el número que hay que sumar para que la balanza vuelva a estar equilibrada. Luego, completa la ecuación para que sea verdadera.

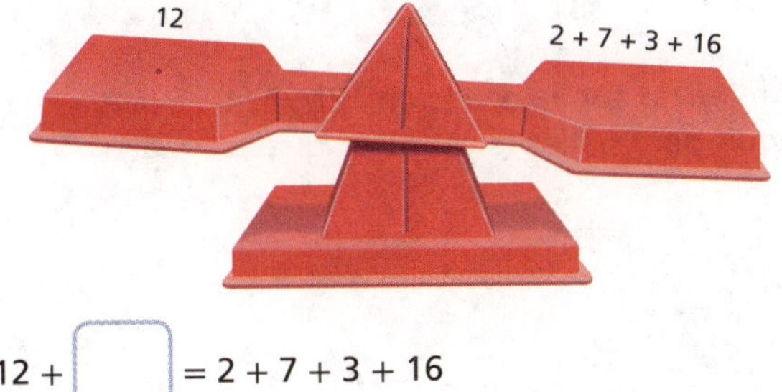

$12 + \boxed{} = 2 + 7 + 3 + 16$

16. Esta balanza estaba equilibrada con 3 bloques verdes de un lado y 1 bloque x azul del otro lado. Halla el número por el que hay que multiplicar para que la balanza esté equilibrada. Luego, completa la ecuación para que sea verdadera.

$15 = \boxed{} \cdot x$

17. Comienzas con la ecuación $8x = 24$. Tu amigo cambia la ecuación así.

$$8x = 24 \div 4$$

¿Cómo puedes hacer que la ecuación de tu amigo sea equivalente a la ecuación original?

18. Una balanza estaba equilibrada con 1 bloque x azul y 20 bloques verdes del lado izquierdo y 40 bloques verdes del lado derecho. Un estudiante chocó contra la balanza y tiró algunos bloques de modo tal que solo quedaron 1 bloque x azul y 3 bloques verdes del lado izquierdo. ¿Cuántos bloques debes quitar del lado derecho para que la balanza quede equilibrada?

19. Bobbie escribió $y + 6 = 15$. Luego, escribió $(y + 6) \div 3 = 15$. Explica por qué la segunda ecuación no es equivalente a la primera. ¿Qué puede hacer Bobbie para que las dos ecuaciones sean equivalentes?

20. Construir argumentos John escribió $5 + 5 = 10$. Luego, escribió $5 + 5 + n = 10 + n$. ¿Son equivalentes las ecuaciones que escribió John? Explícalo.

21. Razonar Los científicos a menudo usan una balanza de platillos para medir la masa cuando hacen experimentos. La ecuación $4 + 3 - 1 = 7 - 1$ representa un científico que quita una unidad de masa de cada lado de una balanza de platillos. Construye un argumento para explicar cómo sabe el científico que los platillos siguen en equilibrio.

22. Bryce escribió la ecuación $n - 3 = 4$. Lexi usó una propiedad de la igualdad para escribir una ecuación equivalente. Escribe una ecuación que puede haber escrito Lexi. Explica cómo sabes que las ecuaciones son equivalentes.

23. Razonamiento de orden superior Emil tiene \$1 y una moneda de 25¢. Jade tiene 5 monedas de 25¢. Si Emil le da \$1 a Jade y Jade le da 4 monedas de 25¢ a Emil, ¿seguirán teniendo cada una la misma cantidad de dinero? Explícalo.

Dinero de Emil

Dinero de Jade

24. Vocabulario Si $7w = 49$, ¿qué propiedad de la igualdad se usó para hallar la ecuación equivalente $7w \div 7 = 49 \div 7$?

25. Comienzas con la ecuación $12b = 24$. ¿Qué paso debes seguir para hallar la cantidad que es igual a $4b$?

Práctica para la evaluación

26. ¿Qué ecuación es equivalente a $n + 4 = 11$?

Ⓐ $(n + 4) \times 2 = 11$

Ⓑ $(n + 4) \times 2 = 11 \div 2$

Ⓒ $(n + 4) \times 2 = 11 \times 4$

Ⓓ $(n + 4) \times 2 = 11 \times 2$

27. ¿Cuál de las ecuaciones NO es equivalente a $8p = 12$? Selecciona todas las que apliquen.

☐ $8p \div 8 = 12 \div 8$

☐ $8p \div 8 = 12 \div 12$

☐ $8p + 4 = 12 + 4$

☐ $8p - 2 = 12 - 2$

☐ $8p \times 8 = 12 \times 12$

¡Resuélvelo y coméntalo!

ACTIVITY

Un grupo de estudiantes viajaba en un autobús escolar. ¿Cuántos estudiantes había en el autobús antes de la última parada?

Puedo...
escribir y resolver una ecuación de suma o de resta.

Usar herramientas apropiadas Puedes usar una balanza de platillos como ayuda para hallar el valor de la incógnita.

Enfoque en las prácticas matemáticas

Razonar ¿De qué manera el uso de cubos en una balanza de platillos ilustra las propiedades de suma y de resta de la igualdad?

EJEMPLO 1 — Escribir y resolver una ecuación de suma

Escanear para
contenido digital 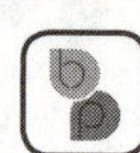

George tenía algunos muñecos de plástico. Después compró 7 muñecos más y ahora tiene 25. ¿Cuántos muñecos de plástico tenía George antes de comprar más?

Representar con modelos matemáticos Puedes usar un diagrama de barras, una balanza o una ecuación para representar esta situación.

UNA MANERA Para hallar el valor de c, puedes aislarla a un lado de la ecuación.

Quita 7 de cada lado. Así c quedará sola.

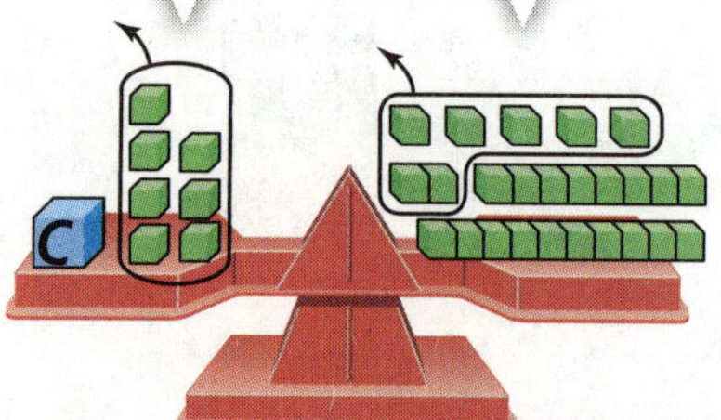

c es 18.

OTRA MANERA Dibuja un diagrama de barras para representar la situación.

Cantidad total de muñecos
25

c	7

Sea c la cantidad de muñecos de plástico que tenía George antes de comprar más.

Compró 7 muñecos más.

$$c + 7 = 25$$

Para resolver la ecuación, hallas el valor de c que hace que la ecuación sea verdadera.

Resuelve la ecuación de suma.

$$c + 7 = 25$$
$$c + 7 - 7 = 25 - 7$$
$$c = 18$$

Las operaciones que se cancelan una a la otra tienen una **relación inversa**. Restar 7 es lo inverso de sumar 7.

Para comprobar, sustituye c por 18.

$$c + 7 = 25$$
$$18 + 7 = 25$$
$$25 = 25$$

Se comprueba.

George comenzó con 18 muñecos.

✔ ¡Inténtalo!

Cabrini tenía algunos marcadores. Después compró 12 marcadores más y ahora tiene 16. ¿Cuántos marcadores tenía Cabrini al comienzo?

Sea c la cantidad de marcadores que tenía Cabrini al comienzo.

¡Convénceme! ¿Qué propiedad de la igualdad se usa para resolver la ecuación $c + 12 = 16$? ¿Se podría usar también otra de las propiedades de la igualdad? Explícalo.

Resuelve la ecuación de suma.

$$c + 12 = 16$$

$$c + 12 \;\boxed{}\; = 16 \;\boxed{}$$

$$c = \boxed{}$$

Cabrini tenía $\boxed{}$ marcadores al comienzo.

EJEMPLO 2 · Escribir y resolver una ecuación de resta

Clive tiene 19 años menos que Josh. Clive tiene 34 años. Escribe y resuelve una ecuación de resta para hallar la edad de Josh, *a*.

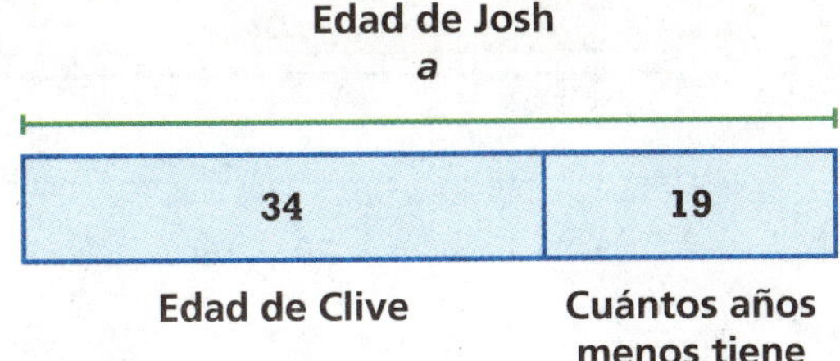

$$a - 19 = 34$$
$$a - 19 + 19 = 34 + 19$$
$$a = 53$$

Josh tiene 53 años.

Sustituye *a* por 53 para comprobar tu trabajo.

$$a - 19 = 34$$
$$53 - 19 = 34$$
$$34 = 34$$

EJEMPLO 3 · Resolver problemas usando ecuaciones

Andy tenía algunas tarjetas de básquetbol. Después compró 12 más y ahora tiene 48 tarjetas. ¿Cuántas tarjetas tenía Andy al comienzo?

Dibuja un diagrama de barras para representar la situación.

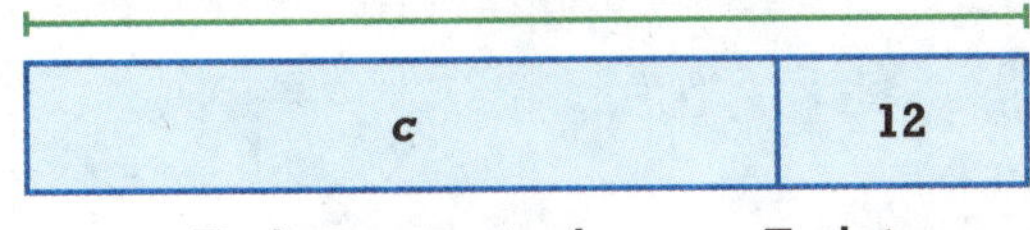

UNA MANERA Escribe y resuelve una ecuación de suma.

$$c + 12 = 48$$
$$c + 12 - 12 = 48 - 12$$
$$c = 36$$

cantidad original + tarjetas compradas = tarjetas en total

Andy tenía 36 tarjetas al comienzo.

OTRA MANERA Escribe y resuelve una ecuación de resta.

$$c = 48 - 12$$
$$c = 36$$

cantidad original = tarjetas en total − tarjetas compradas

Andy tenía 36 tarjetas al comienzo.

 ¡Inténtalo!

Vivian leyó 14 páginas menos de las que tenía asignadas para leer. Leyó 60 páginas. Escribe y resuelve una ecuación para hallar cuántas páginas, *p*, tenía asignadas Vivian para leer.

Puedes usar relaciones inversas y las propiedades de la igualdad para resolver ecuaciones.

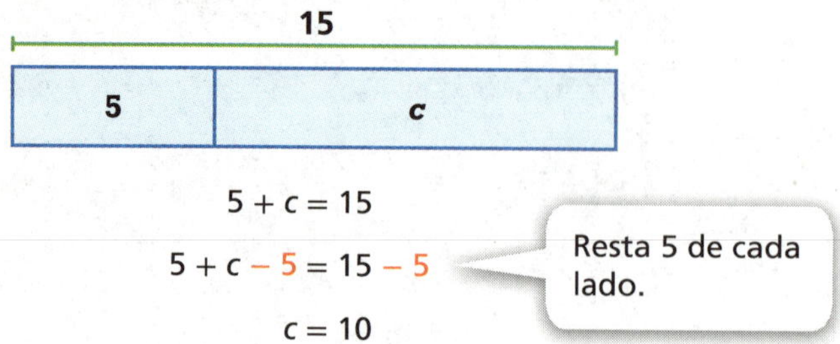

$5 + c = 15$

$5 + c - 5 = 15 - 5$ — Resta 5 de cada lado.

$c = 10$

$m - 20 = 16$

$m - 20 + 20 = 16 + 20$ — Suma 20 a cada lado.

$m = 36$

¿Lo entiendes?

1. **? Pregunta esencial** ¿Cómo puedes escribir y resolver una ecuación de suma o de resta?

2. Explica cómo puedes usar la relación inversa de la suma y la resta para resolver la ecuación $n + 7 = 25$.

3. **Representar con modelos matemáticos** Clare tenía t conchas marinas. Después compró 8 conchas marinas más y ahora tiene 24 conchas marinas. Escribe y resuelve una ecuación para hallar la cantidad de conchas marinas con las que comenzó Clare.

4. **Representar con modelos matemáticos** La temperatura exterior descendió 20 °F desde que Arianna desayunó hasta que cenó. Cuando cenó, la temperatura era 35 °F Escribe y resuelve una ecuación para hallar la temperatura exterior t cuando Arianna desayunó.

¿Cómo hacerlo?

En 5 a 10, resuelve cada ecuación.

5. $24 + m = 49$

6. $12 = y - 11$

7. $22 = 13 + a$

8. $t - 40 = 3$

9. $d + 11 = 15$

10. $32 = s - 19$

Práctica y resolución de problemas

Escanear para
contenido digital

Práctica al nivel En **11** a **16**, resuelve cada ecuación.

11.
$$y - 12 = 89$$
$$y - 12 + \boxed{} = 89 + 12$$
$$y = \boxed{}$$

12.
$$80 + r = 160$$
$$80 + r - \boxed{} = 160 - \boxed{}$$
$$r = \boxed{}$$

13.
$$60 = x - 16$$
$$60 + \boxed{} = x - 16 + \boxed{}$$
$$\boxed{} = x$$

14. $20 = y + 12$

15. $x + 2 = 19$

16. $z - 313 = 176$

17. Tienes algunos cromos de béisbol. Le das 21 cromos de béisbol a un amigo y te quedan 9. ¿Cuántos cromos de béisbol había en tu baraja original? Escribe y resuelve una ecuación para hallar *c*, la cantidad de cromos de béisbol que había en tu baraja original.

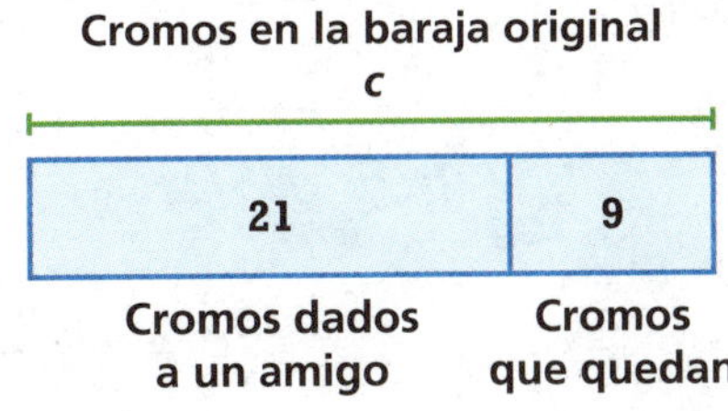

18. Representar con modelos matemáticos
Joy agregó 26 contactos nuevos a su lista telefónica. Ahora tiene 100 contactos en total. Sea *c* la cantidad de contactos que tenía en su lista telefónica antes de actualizarla. Escribe una ecuación y halla el valor de *c*.

19. Razonar Jeremy compró un sándwich y una bebida por $7. La bebida costaba $1.75. Resuelve la ecuación $7 = s + 1.75$ para hallar *s*, el costo del sándwich de Jeremy.

20. Un triatlón tiene aproximadamente 51 kilómetros. Un participante completó dos de las tres etapas de la carrera y recorrió 42 kilómetros. Resuelve la ecuación $42 + d = 51$ para hallar la distancia, d, de la tercera etapa de la carrera.

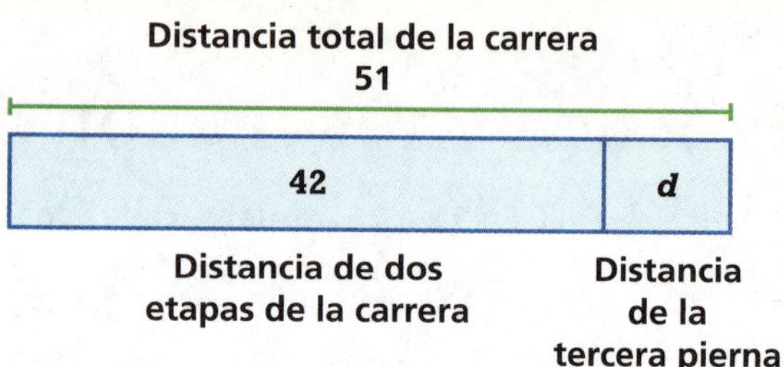

21. ¿Qué operación se debe usar para resolver la ecuación $153 = g + 45$? Resuelve la ecuación.

22. Razonamiento de orden superior En la ecuación $6 + 3y = 4y + 2$, la variable y representa el mismo valor. ¿Es $y = 2$, 3, 4 o 5 la solución de esta ecuación? Explícalo.

23. Un helicóptero desciende para volar a 477 metros sobre el suelo. Sea h la altura original del helicóptero. ¿Qué ecuación de resta representa el problema? ¿Cuál era la altitud original del helicóptero?

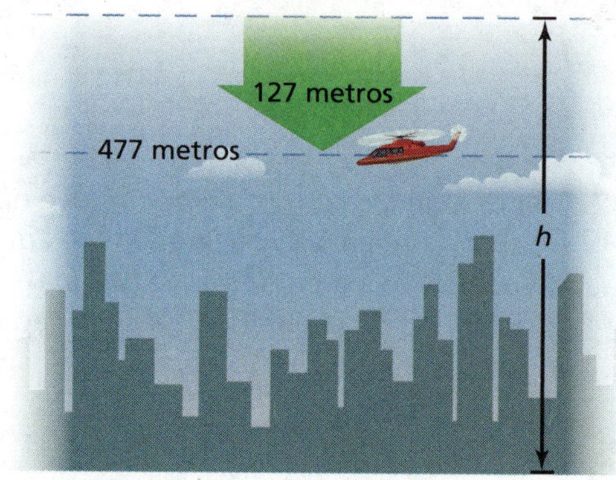

24. El club de arte dramático vendió todos los boletos para la producción anual en tres días. El club vendió 143 boletos el primer día y 295 boletos el segundo día. Si el club de arte dramático vendió 826 boletos, ¿cuántos boletos vendió el tercer día de ventas? Resuelve la ecuación $438 + b = 826$ para hallar la cantidad de boletos, b, que se vendieron el tercer día de ventas de boletos.

25. En una bolsa de frutos secos surtidos, hay 35 almendras, 34 pecanas, 32 nueces y p pistachos. Hay 134 frutos secos en total en la bolsa. Halla la cantidad total de almendras, pecanas y nueces. Luego, escribe y resuelve una ecuación para hallar la cantidad de pistachos que hay en la bolsa.

Práctica para la evaluación

26. ¿En cuál de las siguientes ecuaciones el resultado es $g = 6$?

Ⓐ $g + 2 = 10$

Ⓑ $g - 1 = 10$

Ⓒ $58 + g = 60$

Ⓓ $44 - g = 38$

27. Selecciona todas las ecuaciones que tienen la misma solución que $36 = x + 32$.

☐ $42 = 38 + x$

☐ $x + 15 = 19$

☐ $18 = x - 2$

☐ $36 = x - 32$

☐ $52 - x = 46$

¡Resuélvelo y coméntalo!

ACTIVITY

Un grupo de estudiantes planea un viaje a la Ciudad de Nueva York. Van 29 personas al viaje. Acordaron repartir el costo total del viaje en partes iguales. Sea p la parte que paga cada persona. ¿Cuánto paga cada persona?

Generalizar ¿Cómo puedes usar lo que sabes sobre dividir números más pequeños para escribir ecuaciones y resolver problemas con números más grandes?

Enfoque en las prácticas matemáticas

Construir argumentos ¿Puedes usar la misma estrategia que usaste arriba para hallar cuánto paga cada persona por el hotel? Explícalo.

EJEMPLO 1 — Escribir y resolver una ecuación de multiplicación

Escanear para contenido digital

Juan cobró la misma cantidad por cada pintura. ¿Cuánto cobró por cada pintura?

Entender y perseverar ¿De qué manera las cantidades representadas en el diagrama de barras y en la balanza se corresponden con la ecuación?

UNA MANERA Puedes usar una balanza para representar la ecuación.

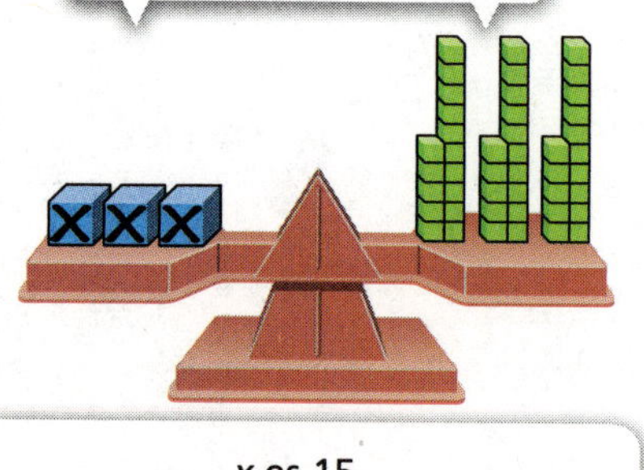

OTRA MANERA Dibuja un diagrama de barras para representar la situación.

Sea **x** = la cantidad que se pagó por cada pintura.

$$3x = 45$$

Para resolver la ecuación, halla el valor de x que hace que la ecuación sea verdadera.

Halla el valor de x.

$$3x = 45$$

$$3x \div 3 = 45 \div 3$$

$$x = 15$$

Usa las operaciones inversas para resolver.

Para comprobar, sustituye x por 15.

$$3x = 45$$

$$3(15) = 45$$

$$45 = 45$$

Juan cobró $15 por cada pintura.

✓ ¡Inténtalo!

Theresia recogió la misma cantidad de tomates por día. En 4 días recogió 52 tomates. ¿Cuántos tomates recogió Theresia por día?

Sea c la cantidad de tomates que recogió Theresia por día.

$$4c = 52$$

$$4c \div 4 = 52 \ \boxed{}$$

$$c = \boxed{}$$

Theresia recogió $\boxed{}$ tomates por día.

¡Convénceme! ¿Qué propiedad de la igualdad puedes usar para resolver la ecuación de Theresia? Explícalo.

EJEMPLO 2 — Escribir una ecuación de división y hallar el valor del dividendo en ella

Los 15 miembros del Club de aventura van a un viaje grupal de buceo subacuático. Los grupos de estudiantes reciben una tarifa especial en boletos para buceo que tiene un descuento de la mitad de la tarifa diaria. Escribe y resuelve una ecuación para hallar, b, el costo total de los boletos.

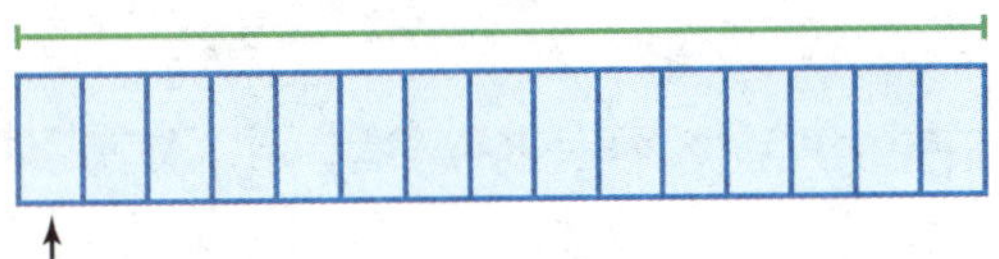

$39.50 por estudiante

$$b \div 15 = 39.50$$

$$b \div 15 \times 15 = 39.50 \times 15$$

$$b = 592.50$$

Multiplicar por 15 en ambos lados es lo inverso de dividir por 15.

El costo total de los boletos para buceo es $592.50.

EJEMPLO 3 — Escribir una ecuación de división y hallar el valor del divisor en ella

Helen pega 2,292 calcomanías en un álbum. En cada página del álbum caben 24 calcomanías. ¿Cuántas páginas, p, completó Helen?

Dibuja un diagrama de barras para representar la situación.

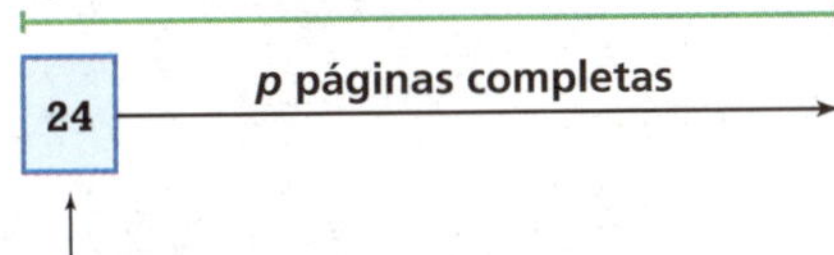

$$\frac{2{,}292}{24} = p \quad \text{o} \quad 24p = 2{,}292$$

Puedes usar una ecuación de multiplicación o de división para representar esta situación.

UNA MANERA Resuelve la ecuación de división $\frac{2{,}292}{24} = p$.

Divide para hallar el valor de p.

```
        95R12
   24)2292
      -216
       132
      -120
        12
```

Helen completó 95 páginas del álbum.

OTRA MANERA Resuelve la ecuación de multiplicación $24p = 2{,}292$.

$$\frac{24p}{24} = \frac{2{,}292}{24}$$

$$p = 95.5$$

Comprueba.

$$24p = 2{,}292$$

$$24(95.5) = 2{,}292$$

Evalúa la ecuación para $p = 95.5$.

Helen completó 95 páginas del álbum.

 ¡Inténtalo!

Meghann está leyendo un libro de 630 páginas. Lee 18 páginas por día. Escribe y resuelve una ecuación de división para hallar la cantidad de días, d, que le llevará a Meghann terminar el libro.

Puedes multiplicar o dividir ambos lados de una ecuación por el mismo número y quedará equilibrada.

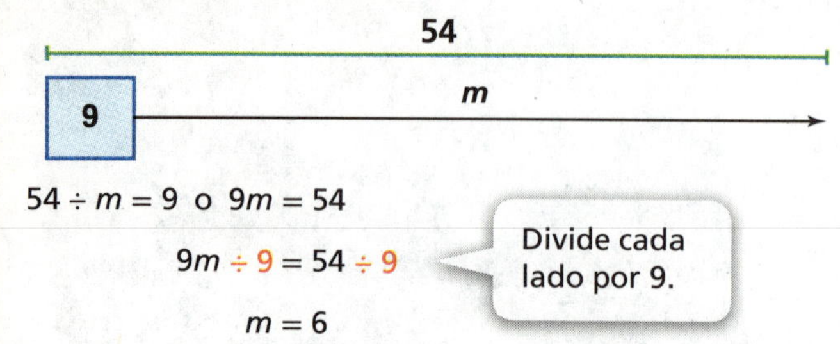

$54 \div m = 9$ o $9m = 54$

$9m \div 9 = 54 \div 9$ — Divide cada lado por 9.

$m = 6$

$p \div 8 = 7$

$p \div 8 \times 8 = 7 \times 8$ — Multiplica cada lado por 8.

$p = 56$

¿Lo entiendes?

1. **? Pregunta esencial** ¿Cómo puedes escribir y resolver una ecuación de multiplicación o de división?

2. ¿Qué propiedad de la igualdad usarías para resolver la ecuación $8n = 16$?

3. ¿Qué propiedad de la igualdad usarías para resolver la ecuación $a \div 9 = 2$?

4. Hay 30 alumnos en el club de arte dramático. Comparten 5 microbuses para ir a hacer una obra. Quieren que cada microbús lleve la misma cantidad de estudiantes. Sea e la cantidad de estudiantes en cada microbús. Escribe y resuelve una ecuación de multiplicación para hallar la cantidad de estudiantes que viaja en cada microbús.

¿Cómo hacerlo?

En 5 a 8, explica cómo resolver cada ecuación.

5. $18m = 36$

6. $t \div 3 = 10$

7. $12 = 2y$

8. $22 = a \div 5$

En 9 a 12, resuelve cada ecuación.

9. $23d = 2{,}392$

10. $74f = 6{,}179$

11. $y \div 11 = 987$

12. $r \div 187 = 9$

Práctica y resolución de problemas

Escanear para
contenido digital 

En 13 a 16, explica cómo aislar la variable en cada ecuación.

13. $8y = 56$

14. $t \div 15 = 3$

15. $u \div 8 = 12$

16. $31y = 310$

En 17 a 20, resuelve cada ecuación.

17. $d \div 2 = 108$

18. $7{,}200 = 800s$

19. $x \div 3 = 294$

20. $99 = 3x$

En 21 y 22, escribe una ecuación de división y una ecuación de multiplicación para representar cada problema.

21. Lolo escribió 1,125 palabras en 15 minutos. Sea p la cantidad de palabras que escribió por minuto. Si Lolo escribió la misma cantidad de palabras por minuto, ¿cuántas palabras escribió en 1 minuto?

22. En 12 semanas, Felipe gana $4,500 por trabajar en el patio. Gana la misma cantidad de dinero por semana. Sea d la cantidad de dinero que gana por semana. ¿Cuánto dinero gana Felipe en 1 semana?

23. Representar con modelos matemáticos Abel tiene 3,300 palillos. Quiere usarlos todos para hacer una alfombra con 18 filas iguales. Usa el diagrama de barras para escribir una ecuación de división. Luego, resuelve la ecuación para hallar cuántos palillos debe usar Abel en cada fila.

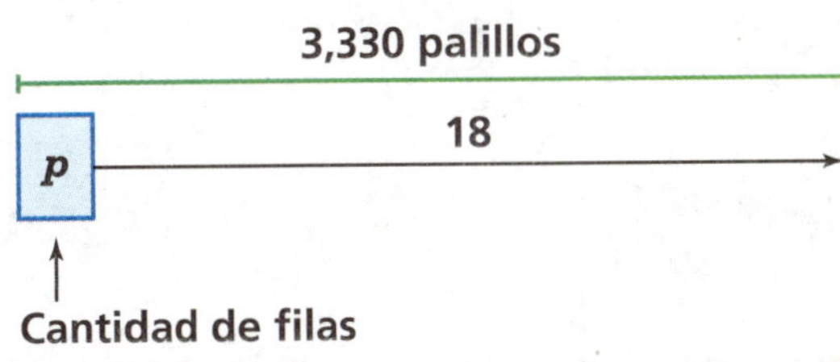

24. Representar con modelos matemáticos Emily viajó en avión. El avión recorrió la misma cantidad de millas por hora. Sea m la cantidad de millas que recorrió el avión por hora. Escribe una ecuación para representar una manera de hallar cuántas millas recorrió por hora el avión de Emily.

25. El área de un triángulo isósceles es 44 centímetros cuadrados. Usa la ecuación $\frac{1}{2}(8h) = 44$ para hallar la altura del triángulo.

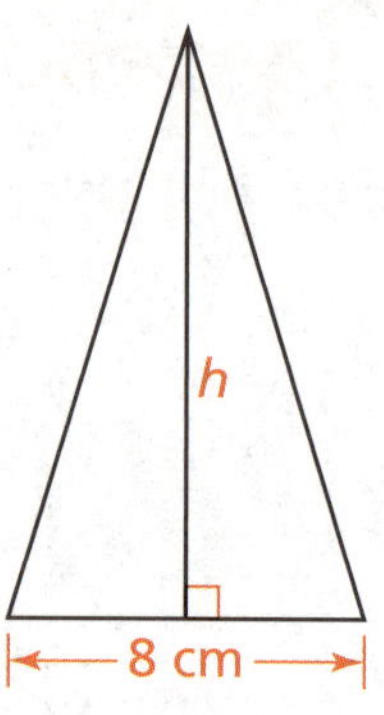

26. Si el perímetro del triángulo es 32 centímetros, ¿cuál es la longitud de cada uno de los dos lados? Escribe y resuelve una ecuación.

27. Kelsey y sus 4 hermanas dedicaron la misma cantidad de tiempo a limpiar la casa. Sus padres sumaron los tiempos. Hallaron que cada una de las 5 niñas estuvo 3 horas limpiando. Sea *t* la cantidad total de horas que las niñas dedicaron a la limpieza. Escribe y resuelve una ecuación para hallar la cantidad total de horas que las niñas dedicaron a la limpieza.

28. Razonamiento de orden superior Verónica recorrió 562 millas hasta Venice, la Florida. Manejó 85 millas por día. El último día de su viaje solo manejó 52 millas. Escribe y resuelve una ecuación para hallar la cantidad de días que manejó Verónica. Explica cada paso de tu estrategia de resolución de problemas.

29. Generalizar Un cine vende 11,550 boletos para 50 funciones agotadas de la misma película. Escribe una ecuación de división que puedas usar para hallar la cantidad de personas que compraron boletos para cada función. Usa lo que ya sabes sobre dividir con números más grandes para resolver la ecuación.

✓ Práctica para la evaluación

30. En octubre, la escuela de Calvin usó 4,920 libras de arena para proteger al edificio de las inundaciones durante las tormentas tropicales. Una bolsa contiene 40 libras de arena.

¿Cuál de las siguientes ecuaciones se puede usar para hallar cuántas bolsas de arena, *b*, usó la escuela de Calvin en octubre?

Ⓐ $4,920b = 40$

Ⓑ $b \div 40 = 4,920$

Ⓒ $40b = 4,920$

Ⓓ $b \div 4,920 = 40$

A continuación se muestra el costo de las camisetas de cuatro equipos de fútbol diferentes.

A. Lorna está en el equipo A. Ben está en otro equipo. Pagaron en total $21.25 por ambas camisetas. Escribe una ecuación para representar el costo de la camiseta de Ben.

B. Darío también juega al fútbol y dice que, de acuerdo con el precio de la camiseta de Ben, Ben está en el equipo B. ¿Tiene razón Darío? Explícalo.

Enfoque en las prácticas matemáticas

Generalizar ¿En qué se parece hallar el valor de incógnitas relacionadas con dinero a hallar el valor de incógnitas relacionadas con números enteros?

EJEMPLO 1  **Resolver ecuaciones de suma con fracciones**

Escanear para contenido digital

Un bocadito de fruta se corta en dos pedazos de 6 pies. ¿Cuál es la longitud del pedazo más corto de bocadito de fruta?

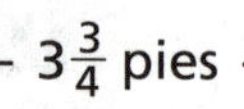

$3\frac{3}{4}$ pies

Usa un diagrama de barras para mostrar cómo se relacionan las cantidades y para escribir una ecuación.

Longitud del bocadito de fruta

6

$3\frac{3}{4}$ | x

Longitud del pedazo más largo | Longitud del pedazo más corto

$$3\frac{3}{4} + x = 6$$

Halla el valor de x.

$$3\frac{3}{4} + x = 6$$

$$3\frac{3}{4} + x - 3\frac{3}{4} = 6 - 3\frac{3}{4}$$

Usa relaciones inversas y las propiedades de la igualdad.

$$x = 5\frac{4}{4} - 3\frac{3}{4}$$

$$x = 2\frac{1}{4}$$

El pedazo más corto mide $2\frac{1}{4}$ pies de longitud.

✓ ¡Inténtalo!

Supón que cortas el pedazo más corto de bocadito de fruta del ejemplo de arriba en dos pedazos. El más largo de los dos pedazos mide $1\frac{3}{8}$ pies de longitud. Completa el diagrama de barras para representar la ecuación. Luego, halla la longitud del pedazo más corto.

$$1\frac{3}{8} + x = 2\frac{1}{4}$$

$$1\frac{3}{8} + x - \boxed{} = 2\frac{1}{4} - \boxed{}$$

$$x = 1\frac{10}{8} - \boxed{}$$

$$x = \boxed{}$$

Longitud del bocadito de fruta

$\boxed{}$ | x

Longitud del pedazo más largo | Longitud del pedazo más corto

El pedazo más corto mide $\boxed{}$ de pie de longitud.

¡Convénceme! ¿Cómo cambia la ecuación si sabes que la longitud del pedazo más corto es $\frac{7}{8}$ de pie y quieres saber la longitud del pedazo más largo?

EJEMPLO 2  Resolver ecuaciones de resta, de multiplicación y de división con fracciones

Usa relaciones inversas para resolver cada ecuación.

A.
$$y - \frac{4}{9} = 5\frac{1}{3}$$
$$y - \frac{4}{9} + \frac{4}{9} = 5\frac{1}{3} + \frac{4}{9}$$
$$y = 5\frac{7}{9}$$

B.
$$\frac{3}{8}n = \frac{3}{4}$$
$$\left(\frac{8}{3}\right)\frac{3}{8}n = \left(\frac{8}{3}\right)\frac{3}{4}$$
$$n = \frac{8}{3} \times \frac{3}{4}$$
$$n = \frac{24}{12} \text{ o } 2$$

> Multiplicar por $\frac{8}{3}$ es lo mismo que dividir por $\frac{3}{8}$.

C.
$$\frac{p}{5} = 8$$
$$\frac{5}{1} \cdot \frac{1}{5}p = \frac{5}{1} \cdot 8$$
$$p = 5 \cdot 8$$
$$p = 40$$

> Multiplica por el recíproco de $\frac{1}{5}$, o $\frac{5}{1}$.

 ¡Inténtalo!

Halla el valor de y para $\frac{5}{9}y = 25$.

EJEMPLO 3  Resolver ecuaciones de multiplicación con números decimales

Molly compró estas naranjas por $7.15. Pagó la misma cantidad por cada naranja. Escribe y resuelve una ecuación para hallar m, el costo de cada naranja.

Dibuja un diagrama de barras para representar la situación.

$$13m = 7.15$$
$$13m \div 13 = 7.15 \div 13$$
$$m = 0.55$$

Molly pagó $0.55 por cada naranja.

> **Usar la estructura** ¿Cómo puedes usar las operaciones de una ecuación para determinar cómo resolver la ecuación?

 ¡Inténtalo!

Molly también compra una bolsa de 8 manzanas por $3.60. Escribe y resuelve una ecuación para hallar cuánto pagó Molly por cada manzana.

EJEMPLO 4 — Resolver ecuaciones de suma, de resta y de división con números decimales

Usa relaciones inversas para resolver cada ecuación.

A.
$$m + 5.43 = 9.28$$
$$m + 5.43 - 5.43 = 9.28 - 5.43$$
$$m = 3.85$$

B.
$$y - 6.2 = 2.9$$
$$y - 6.2 + 6.2 = 2.9 + 6.2$$
$$y = 9.1$$

C.
$$x \div 2.5 = 40$$
$$x \div 2.5 \times 2.5 = 40 \times 2.5$$
$$x = 100$$

 **¡Inténtalo!**

Carmen gastó \$12.50 en un cuaderno nuevo y un compás. El cuaderno costó \$6.35. Escribe y resuelve una ecuación para hallar c, el costo del compás.

CONCEPTO CLAVE 

Puedes usar propiedades de la igualdad y relaciones inversas para resolver ecuaciones.

Ecuación de suma

13.6 = 5.2 + c

$$5.2 + c = 13.6$$
$$5.2 + c - 5.2 = 13.6 - 5.2$$
$$c = 8.4$$

Resta 5.2 de cada lado.

Ecuación de resta

y = $\frac{2}{3}$ + $\frac{4}{9}$

$$y - \frac{2}{3} = \frac{4}{9}$$
$$y - \frac{2}{3} + \frac{2}{3} = \frac{4}{9} + \frac{2}{3}$$
$$y = 1\frac{1}{9}$$

Suma $\frac{2}{3}$ a cada lado.

Ecuación de multiplicación

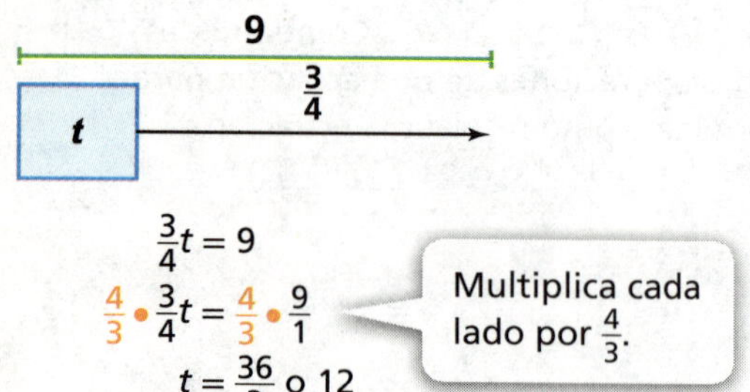

$$\frac{3}{4}t = 9$$
$$\frac{4}{3} \cdot \frac{3}{4}t = \frac{4}{3} \cdot \frac{9}{1}$$
$$t = \frac{36}{3} \text{ o } 12$$

Multiplica cada lado por $\frac{4}{3}$.

Ecuación de división

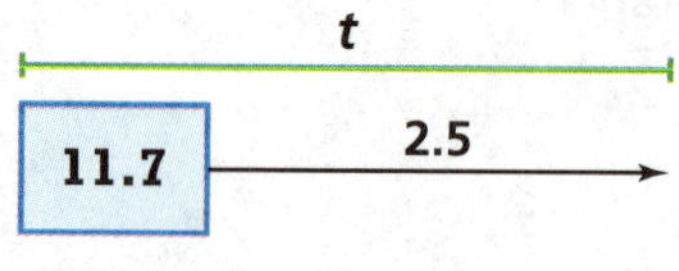

$$t \div 2.5 = 11.7$$
$$t \div 2.5 \times 2.5 = 11.7 \times 2.5$$
$$t = 29.25$$

Multiplica cada lado por 2.5.

¿Lo entiendes?

1. **Pregunta esencial** ¿Cómo puedes escribir y resolver ecuaciones con números racionales?

2. Construir argumentos ¿Por qué las relaciones inversas son importantes para resolver ecuaciones?

3. Evaluar el razonamiento Johnny dice que resolvió la ecuación $x - 3.5 = 7.2$ sumando 3.5 en el lado izquierdo de la ecuación. Explica si Johnny tiene razón.

4. Generalizar Cuando resuelves una ecuación con un número mixto, como $y + \frac{3}{4} = 4\frac{1}{2}$, ¿qué debes hacer con el número mixto?

5. Construir argumentos ¿En qué se parece resolver una ecuación con fracciones a resolver una ecuación con números enteros? ¿En qué se diferencia?

¿Cómo hacerlo?

En 6 a 14, resuelve cada ecuación.

6. $t - \frac{2}{3} = 25\frac{3}{4}$

7. $\frac{f}{2} = \frac{5}{8}$

8. $13.27 = t - 24.45$

9. $r \div 5.5 = 18.2$

10. $\frac{7}{10} = x - \frac{3}{5}$

11. $1.8x = 40.14$

12. $17.3 + v = 22.32$

13. $9 = \frac{3}{8}y$

14. $1\frac{3}{4} + z = 2\frac{2}{3}$

Nombre: _______________

Práctica y resolución de problemas

Práctica al nivel En **15** a **22**, resuelve cada ecuación.

15. $w - 3.2 = 5.6$

$w - 3.2 + \boxed{} = 5.6 + \boxed{}$

$w = \boxed{}$

16. $9.6 = 1.6y$

$9.6 \div \boxed{} = 1.6y \div \boxed{}$

$\boxed{} = y$

17. $48.55 + k = 61.77$

$48.55 + k - \boxed{} = 61.77 - \boxed{}$

$k = \boxed{}$

18. $m \div 3.54 = 1.5$

$m \div 3.54 \times \boxed{} = 1.5 \times \boxed{}$

$m = \boxed{}$

19. $7\frac{1}{9} = 2\frac{4}{5} + m$

20. $a + 3\frac{1}{4} = 5\frac{2}{9}$

21. $\frac{1}{8} \cdot y = 4$

22. $k - 6\frac{3}{8} = 4\frac{6}{7}$

23. El Sr. Marlon compra estos boletos para ir al parque acuático con su familia. El costo total es $210. Escribe y resuelve una ecuación para hallar el costo de cada boleto.

24. Razonamiento de orden superior Sin resolver, indica qué ecuación tiene una solución mayor. Explícalo.

$$\frac{5}{8}m = 2\frac{3}{4} \qquad \frac{5}{9}m = 2\frac{3}{4}$$

25. Entender y perseverar El récord de salto largo de un equipo de una escuela secundaria es 21 pies y $2\frac{1}{4}$ pulgadas. Este año, el mejor salto largo de Tim es 20 pies y $9\frac{1}{2}$ pulgadas. Si los saltos largos se miden al cuarto de pulgada más cercano, ¿cuánto más lejos debe saltar Tim para romper el récord?

26. **Entender y perseverar** ¿Aproximadamente cuántos galones de combustible se necesitan para desplazar 3 millas el transbordador espacial, desde el hangar hasta el Edificio de Ensamble de Vehículos?

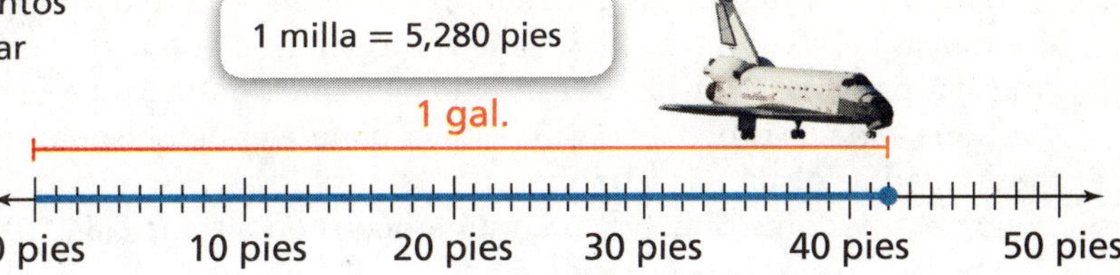

27. ¿Es la solución de $b \times \frac{5}{6} = 25$ mayor o menor que 25? ¿Cómo lo sabes antes de calcular?

28. ¿Cuál es el ancho de un rectángulo que tiene una longitud de $\frac{3}{7}$ de pie y un área de 2 pies²? Escribe una ecuación para mostrar tu trabajo.

29. **Representar con modelos matemáticos** Helen está llenando la piscina que muestra la imagen para su hermanito. Puede llevar $1\frac{7}{8}$ galones de agua en cada viaje. Escribe y resuelve una ecuación para hallar cuántos viajes debe hacer Helen.

30. Cuando la piscina está llena, el hermanito de Helen y sus amigos salpican g galones de agua fuera de la piscina. Quedan $7\frac{7}{8}$ galones en la piscina. Escribe y resuelve una ecuación para hallar cuánta agua salpicaron fuera de la piscina.

31. Grace resolvió la ecuación $2\frac{1}{2}y = \frac{5}{8}$. En la tabla se muestran sus pasos para llegar a la solución, pero están todos desordenados. Ordena los pasos correctamente en la columna de la derecha de la tabla.

Pasos desordenados	Pasos de la solución en orden
$2\frac{1}{2}y = \frac{5}{8}$	
$y = \frac{10}{40}$ o $\frac{1}{4}$	
$\frac{5}{2}y = \frac{5}{8}$	
$y = \frac{5}{8} \cdot \frac{2}{5}$	

32. El nombre científico de las pequeñas protuberancias que tienes en la lengua es *papilas fungiformes*. Cada protuberancia puede contener muchas papilas gustativas. La cantidad de papilas gustativas que tiene una persona varía. Existen tres clasificaciones generales de personas según su capacidad de distinguir sabores: superdegustadores, degustadores medios y no degustadores. Supón que un superdegustador tiene 8,640 papilas gustativas. Resuelve la ecuación $4.5n = 8,640$ para hallar la cantidad de papilas gustativas, n, que puede tener un no degustador.

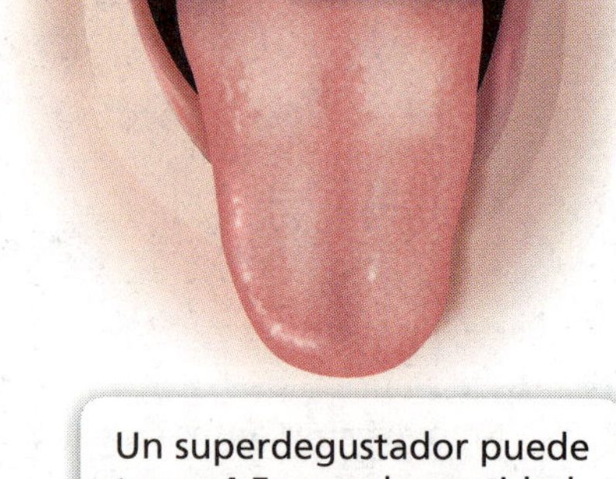

33. **Representar con modelos matemáticos** En un estudio, la cantidad de mujeres clasificadas como superdegustadoras era 2.25 veces la cantidad de hombres clasificados como superdegustadores. Supón que 72 mujeres fueron clasificadas como superdegustadoras. Escribe una ecuación para representar la cantidad de hombres, h, que fueron clasificados como superdegustadores. Luego, resuelve la ecuación. ¿Cuántos hombres fueron clasificados como superdegustadores?

Un superdegustador puede tener 4.5 veces la cantidad de papilas gustativas que tiene un no degustador.

34. **Usar la estructura** Una fracción, f, multiplicada por 5 es igual a $\frac{1}{8}$. Escribe una expresión algebraica para mostrar la ecuación. Luego, resuelve la ecuación y explica cómo la resolviste.

35. Yelena debe nadar 8 millas en total esta semana. Hasta ahora, nadó $5\frac{3}{8}$ millas. Usa la ecuación $5\frac{3}{8} + m = 8$ para hallar cuántas millas más debe nadar Yelena.

36. ¿Puede cualquier ecuación que se expresa con una suma expresarse como una ecuación equivalente usando la resta? Explica tu razonamiento y da un ejemplo con números decimales que muestre tu razonamiento.

37. **Evaluar el razonamiento** Óscar tiene 12 años y su hermanita tiene 6. Óscar usa e para representar su edad. Dice que puede usar la expresión $a \div 2$ para saber siempre la edad de su hermana. ¿Estás de acuerdo? Explícalo.

Práctica para la evaluación

38. ¿Qué valor para y hace que la ecuación $0.26y = 0.676$ sea verdadera?

   Ⓐ $y = 0.17576$

   Ⓑ $y = 0.26$

   Ⓒ $y = 2.6$

   Ⓓ $y = 26$

39. ¿Qué valor para x hace que la ecuación $0.435 + x = 0.92$ sea verdadera?

   Ⓐ $x = 1.355$

   Ⓑ $x = 0.595$

   Ⓒ $x = 0.495$

   Ⓓ $x = 0.485$

Nombre: ___________________________________

1. **Vocabulario** Describe la relación entre las ecuaciones y las propiedades de la igualdad. *Lecciones 4-1 y 4-2*

En 2 a 4, escribe una ecuación para la situación. Luego, resuelvela ecuación.

2. Una fracción f multiplicada por 4 es igual a $\frac{1}{2}$. *Lección 4-5*

3. Cuando se divide 832 por n, el resultado es 16. *Lección 4-4*

4. Cuando se resta 10 de x, el resultado es 6. *Lección 4-3*

5. Seleccciona todas las ecuaciones que sean equivalentes a $n - 9 = 12$. *Lección 4-2*

☐ $n - n - 9 = 12 - n$ ☐ $n - 9 + 12 = 12 - 9$ ☐ $n - 9 + 9 = 12 + 9$

☐ $n - 9 - n = 12 - n$ ☐ $n - 9 + 9 = 12 - 12$

6. Selecciona todos los valores para d que hagan que la ecuación $9 = 18 \div d$ sea verdadera. *Lección 4-1*

☐ 2 ☐ 0.5 ☐ $\frac{10}{5}$ ☐ 162 ☐ $\frac{1}{4}$

7. El área, A, de un triángulo es 15.3 centímetros cuadrados. La base, b, mide 4.5 centímetros. La fórmula para hallar el área de un triángulo es $A = \frac{1}{2}bh$. Escribe y resuelve una ecuación para hallar la altura, h, del triángulo. *Lecciones 4-4 y 4-5*

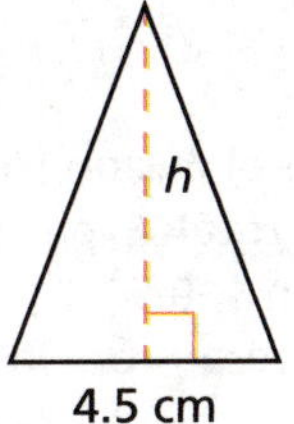

**¿Cómo te fue en la prueba de control de mitad del tema?
Rellena las estrellas.**

TAREA DE RENDIMIENTO DE MITAD DEL TEMA

Ronald talló $3\frac{3}{8}$ pies de un tótem. Dice que el tótem está $\frac{3}{4}$ completo.

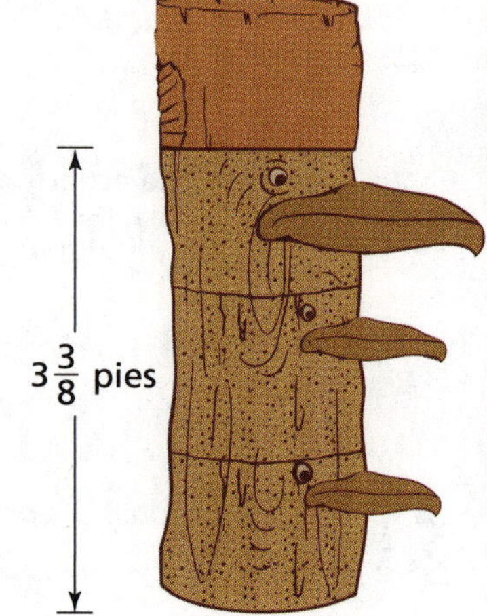

PARTE A

Si h representa la altura en pies del tótem terminado, entonces $\frac{3}{4}h = 3\frac{3}{8}$ representa esta situación. ¿Qué ecuaciones muestran el uso de un recíproco para escribir una ecuación equivalente que se pueda usar para hallar el valor de h? Selecciona todas las que aplican.

☐ $\frac{3}{4}h + \frac{3}{4} = 3\frac{3}{8} + \frac{3}{4}$ ☐ $\frac{3}{4}h \times \frac{4}{3} = 3\frac{3}{8} \times \frac{4}{3}$

☐ $\frac{3}{4}h \times \frac{3}{4} = 3\frac{3}{8} \times \frac{3}{4}$ ☐ $\frac{3}{4}h - \frac{3}{4} = 3\frac{3}{8} - \frac{3}{4}$

☐ $\frac{3}{4}h \times \frac{4}{3} = 3\frac{3}{8} \times \frac{3}{4}$

PARTE B

Usa la ecuación de la Parte A para determinar la altura del tótem terminado. Luego, escribe y resuelve una ecuación para hallar la altura, s, de la sección que no se talló.

PARTE C

Ronald gastó \$10.50 en herramientas y x dólares en la madera para tallar el tótem. El costo total del tótem es \$19.35. La ecuación \$10.50 + x = \$19.35 representa esta situación. ¿Cuál es el costo de la madera que usó Ronald?

PARTE D

Para hacer el mismo tótem con una madera que cuesta y dólares, Ronald debería gastar \$35.19 en total. Explica qué propiedad de la igualdad podría usar Ronald para resolver la ecuación \$10.50 + y = \$35.19 y por qué se puede usar esa propiedad. Luego, muestra cómo usar esa propiedad para hallar el valor de y.

¡Resuélvelo y coméntalo!

El tiempo récord de las niñas en los 50 metros de estilo libre en la competencia de natación es 24.49 segundos. Camilla estuvo entrenando y quiere romper ese récord. ¿Qué tiempos posibles debe hacer Camilla para romper el récord actual?

Puedo...
entender y escribir una desigualdad que describe una situación de la vida diaria.

Razonar ¿Cómo se relacionan los tiempos posibles de Camilla con 24.49 segundos?

Enfoque en las prácticas matemáticas

Hacerlo con precisión Fran ganó una cinta azul por cultivar la calabaza más pesada. Pesaba 217 libras. ¿Cuánto podrían pesar otras calabazas del concurso? ¿Cómo podrías mostrar el peso de las otras calabazas con un enunciado matemático? Explícalo.

EJEMPLO 1 — Entender desigualdades

Escanear para
contenido digital
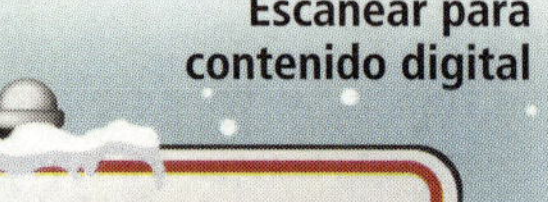

Una **desigualdad** es un enunciado matemático que contiene < (menor que), > (mayor que), ≤ (menor que o igual a), ≥ (mayor que o igual a) o ≠ (no es igual a).

¿Cómo puedes escribir una desigualdad que describa la edad de los niños que deben ir acompañados por un adulto en la colina para trineos?

Representar con modelos matemáticos ¿Cómo puedes usar una desigualdad para representar más de un valor?

¿Qué edades podrían tener los niños que deben ir acompañados por un adulto?

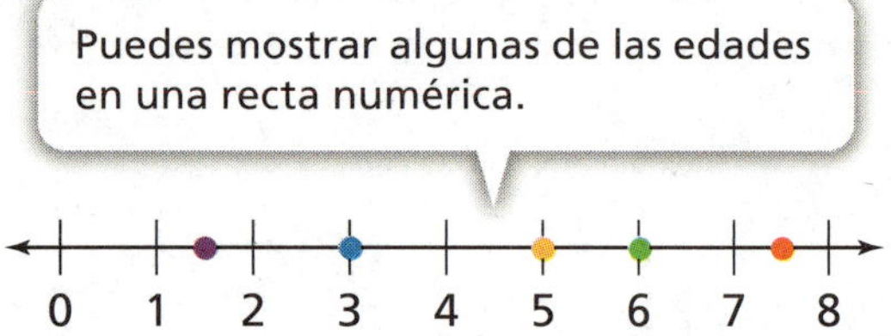

Sea *e* las edades de los niños que deben ir acompañados por un adulto. Usa el símbolo *menor que* (<) para escribir la desigualdad.

$$e < 8$$

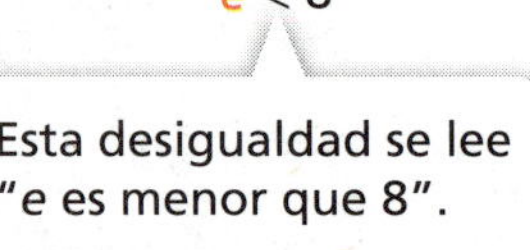

✓ ¡Inténtalo!

Usa la recta numérica para mostrar algunas de las edades de las personas que no necesitan ir acompañadas por un adulto. Escribe una desigualdad para representar las edades de las personas, *n*, que no necesitan ir acompañadas por un adulto.

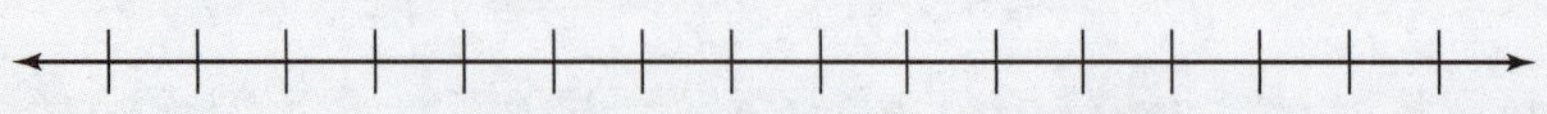

¡Convénceme! ¿Cómo sabes a qué grupo pertenece un niño de 8 años: a los que deben ir acompañados por un adulto o a los que no necesitan ir acompañados por un adulto? Explícalo.

Escribe una desigualdad para representar cada situación.

A. La longitud de un pedazo de alambre, l, es más larga que $20\frac{1}{4}$ pies.

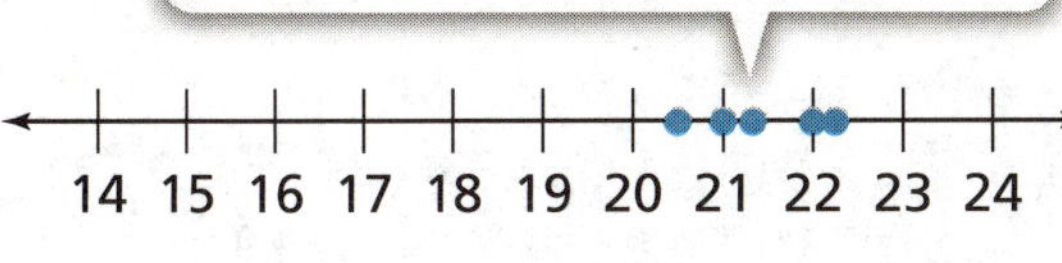

$l > 20\frac{1}{4}$

B. La cantidad de estudiantes, e, es como máximo 30.

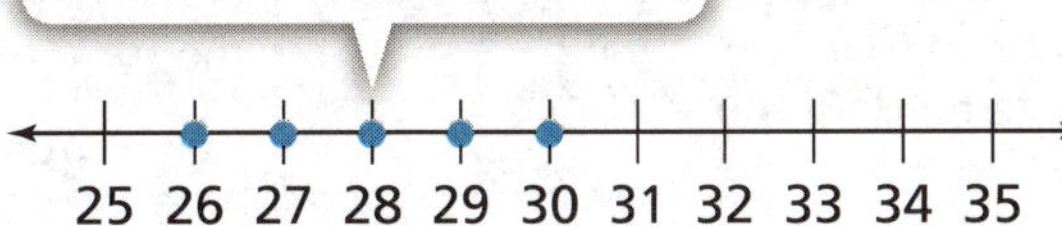

$e \leq 30$

C. El costo de la pizza, c, será por lo menos $8.00.

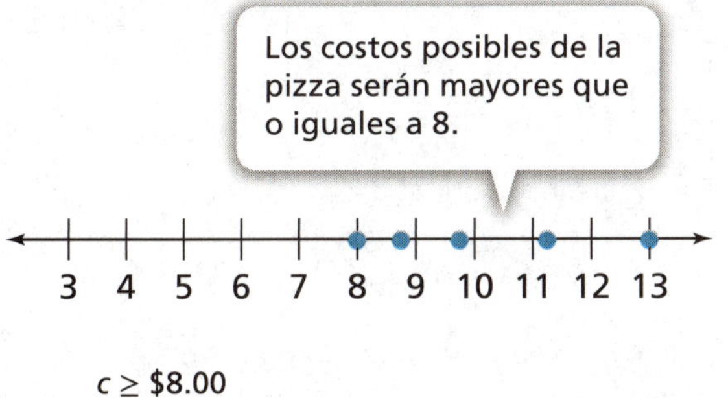

$c \geq \$8.00$

D. La edad de Zoe, z, no es 11.

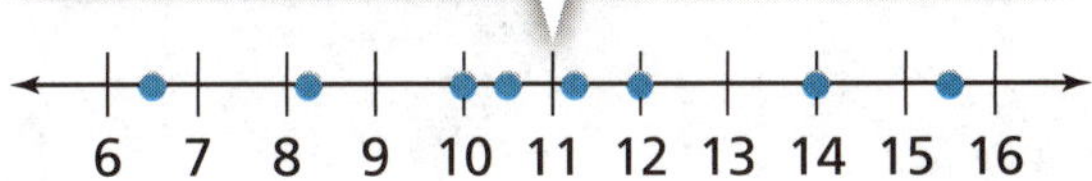

$z \neq 11$

Hacerlo con precisión El símbolo *no es igual a* ($\neq$) indica que los valores a los dos lados de la desigualdad no son iguales, pero no indica qué cantidad es mayor.

¡Inténtalo!

Escribe una desigualdad para representar cada situación.

a. Harry mide más de 60 pulgadas.

b. Sherry no tiene 4 años.

c. Hank tiene al menos $7.50.

Los símbolos de la desigualdad se pueden usar para describir situaciones que tienen más de una solución posible.

Símbolos de la desigualdad

Símbolo	Significado
$<$	menor que
$\leq$	menor que o igual a
$>$	mayor que
$\geq$	mayor que o igual a
$\neq$	no es igual a

Este símbolo contiene un signo de *menor que* y una parte de un signo *igual*.

Este símbolo contiene un signo de *mayor que* y una parte de un signo *igual*.

¿Lo entiendes?

1. **Pregunta esencial** ¿Cómo puedes escribir una desigualdad para describir una situación?

2. **Generalizar** ¿Cuál es la diferencia entre una ecuación con una variable y una desigualdad con una variable?

3. ¿Sería más eficaz usar una desigualdad o hacer una lista con todas las cantidades menores que 6? Explícalo.

4. **Generalizar** ¿Cómo se relacionan los símbolos de *mayor que* ($>$) y de *mayor que o igual a* ($\geq$)?

¿Cómo hacerlo?

En 5 a 12, escribe una desigualdad para cada situación.

5. Un número, n, es mayor que 22.

6. El valor, v, no es igual a $2\frac{1}{2}$.

7. La edad de Sally, e, es como máximo 15.

8. El ancho de la ilustración, a, no llega a 8.5 pulgadas.

9. La estatura de Steve, e, es como mínimo 48 pulgadas.

10. La edad del hermanito de Vera, h, no es 24 meses.

11. La cantidad de cuartos, c, en la jarra es menor que 75.

12. La longitud del pez que atrapa un pescador, p, debe ser al menos 10 pulgadas para que lo conserve.

Práctica y resolución de problemas

Escanear para contenido digital 

En 13 a 22, escribe una desigualdad para cada situación.

13. Hasta 12 personas, p, pueden subir al microbús.

14. La cantidad de días, d, con sol no es 28.

15. La distancia de la carrera, c, es más de 6.2 millas.

16. El valor, v, de una pulsera es menor que $85.25.

17. La cantidad de personas, p, que pueden sentarse en un restaurante al mismo tiempo no supera a 171.

18. El tiempo, t, que un cliente ha dejado el carro en un parquímetro es al menos 25 minutos.

19. La cuenta, c, era menor que $45.

20. Las niñas viven a c cuadras de distancia; no viven a $7\frac{1}{2}$ cuadras.

21. La velocidad de un camión, v, debe ser no menor que 34 millas por hora.

22. La cantidad de partidos de béisbol, x, a los que fue Karen el año pasado es más de 5.

23. Mía es más alta que Gage. Si m representa la estatura de Mía y g representa la estatura de Gage, escribe una desigualdad que muestre la relación entre las estaturas.

24. Taryn vendió papel de regalo para una función para recaudar fondos de una escuela. Vendió al menos 15 rollos de papel. Escribe una desigualdad que represente la cantidad de dinero, d, que ganó en la función para recaudar fondos.

25. En una ciudad de Nueva Inglaterra acaba de caer la mayor nevada en 1 día. Escribe una desigualdad que represente una nevada que rompa este récord.

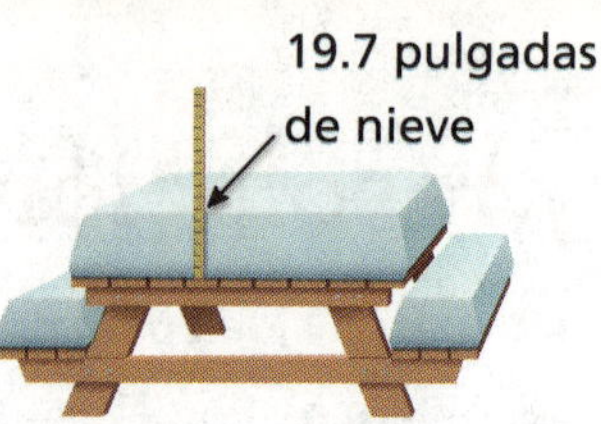

26. El primer librero, *a*, de una biblioteca tiene capacidad para 1 libro menos que el segundo librero. El segundo librero tiene capacidad para 2,492 libros. Escribe una desigualdad que represente la capacidad del primer librero.

27. Un avión determinado debe transportar no más de 134 pasajeros durante un vuelo. Escribe una desigualdad que represente la cantidad de pasajeros, *p*, que **NO** se permitirían durante este vuelo.

28. Razonamiento de orden superior Para poder subir a una montaña rusa, la persona debe medir al menos 42 pulgadas. Para representar esta situación, Elías escribió $h \geq 42$ y Nina escribió $h > 42$. ¿Quién tiene razón? Explícalo.

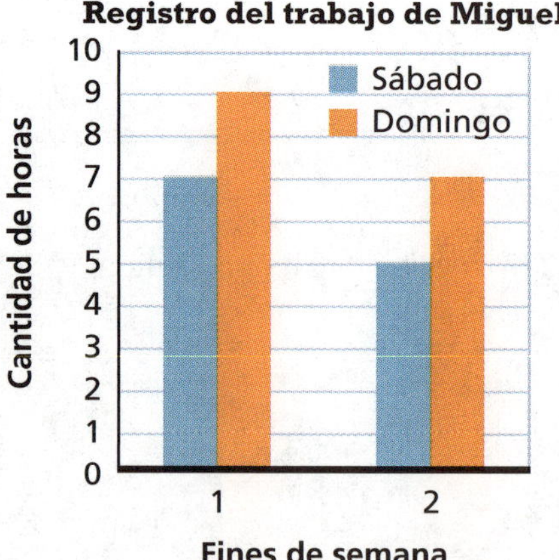

✓ Práctica para la evaluación

29. Miguel gana dinero adicional trabajando dos fines de semana con su papá. Está ahorrando para comprar una bicicleta nueva que cuesta $140.

Heather dice que Miguel necesita ganar más de $6 por cada hora de trabajo para tener suficiente dinero para comprar la bicicleta. A continuación se muestra su trabajo. Escribe una desigualdad para explicar por qué no tiene razón.

Solución de Heather

Fin de semana 1:   16 horas
Fin de semana 2:   +7 horas
                     23 horas

$140 ÷ 23 horas > $6.00 por hora

Miguel tiene que ganar más de $6.00 por hora.

Puedo...
escribir y representar soluciones de desigualdades.

¡Resuélvelo y coméntalo!

ACTIVITY

Henry está pensando en un número menor que 17. ¿En qué número puede estar pensando?

Usar herramientas apropiadas
¿Cómo puedes usar una recta numérica para mostrar todos los números que son menores que 17?

Enfoque en las prácticas matemáticas

Razonar ¿Podría Henry estar pensando en 17? Explícalo.

 VISUAL LEARNING  ASSESS

EJEMPLO 1  Graficar las soluciones de una desigualdad

Escanear para contenido digital

Una desigualdad usa $>$, $<$, $\geq$, $\leq$ o $\neq$ para comparar dos expresiones. Grafica todas las soluciones de $x > 5$.

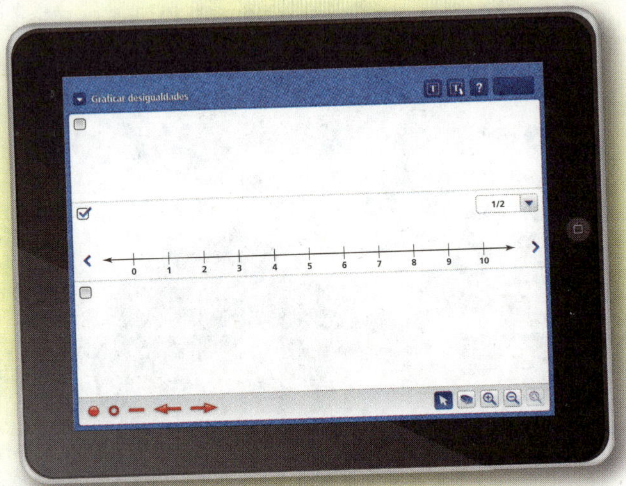

PASO 1 Para representar $x > 5$ en una gráfica, dibuja un círculo abierto en 5 en una recta numérica.

El círculo abierto indica que 5 **NO** es una solución

0 1 2 3 4 5 6 7 8 9 10

PASO 2 Halla algunas soluciones y márcalas en una recta numérica

7 y 9 son soluciones, porque 7 > 5 y 9 > 5.

0 1 2 3 4 5 6 7 8 9 10

PASO 3 Comienza en el círculo abierto y sombrea las soluciones que hallaste.

Dibuja una flecha para mostrar que las soluciones continúan hasta el infinito.

0 1 2 3 4 5 6 7 8 9 10

Hacerlo con precisión
Las desigualdades tienen una cantidad **infinita**, es decir, ilimitada, de soluciones.

✓ ¡Inténtalo!

Grafica todas las soluciones de $x < 8$.

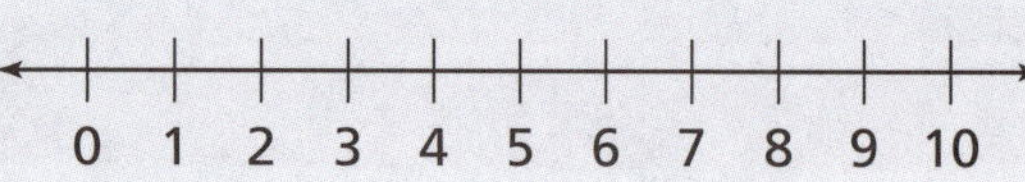

Para graficar $x < 8$, dibuja un círculo [ ] en 8 en la recta numérica. 7 y 4 son dos de las muchas soluciones posibles de la desigualdad.

0 1 2 3 4 5 6 7 8 9 10

Sombrea las soluciones a la [ ] del círculo [ ] que dibujaste en 8.

¡Convénceme! ¿En qué se diferencia la gráfica de la desigualdad cuando el símbolo de *menor que* cambia a un símbolo de *mayor que*? ¿En qué se parecen?

EJEMPLO 2   Graficar para resolver una desigualdad

La carne asada como plato principal es el plato más caro del menú. A la derecha se muestra el costo de algunos platos principales. ¿Cuáles son todos los costos posibles de los platos?

Escribe y grafica una desigualdad.

Los costos posibles de los platos del menú, m, son menores que o iguales a $12.25.

$m \leq 12.25$

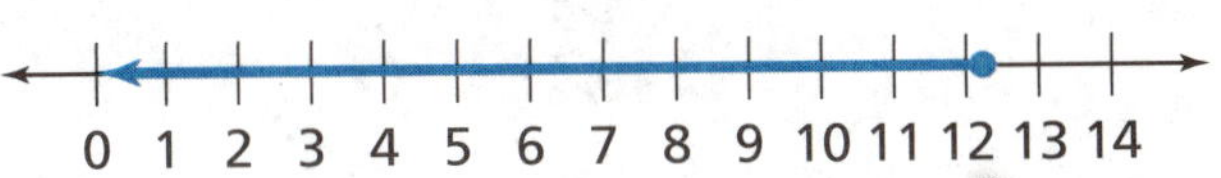

 ¡Inténtalo!

No hay ningún plato en el menú para niños del Restaurante El flamenco que cueste más de $8.50. ¿Cuáles son todos los costos posibles de los platos en el menú para niños?

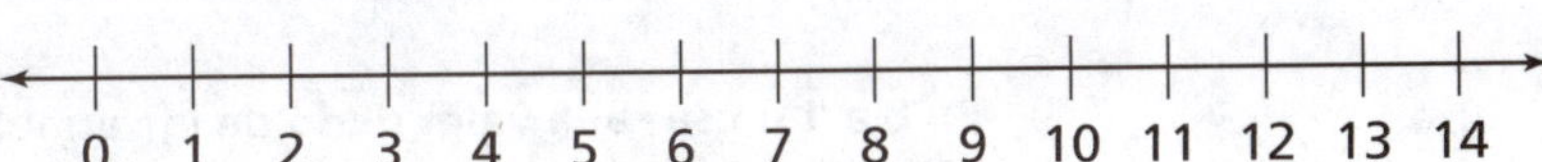

EJEMPLO 3   Sustituir para resolver una desigualdad

Los competidores de salto largo que saltan al menos 18 pies califican para las finales. ¿Qué atletas, si hay alguno, califican para las finales?

Escribe una desigualdad para representar la situación.

$y \geq 18$

Amir: $22\frac{1}{3} \geq 18$ Es una solución.

Jake: $16 \not\geq 18$ No es una solución.

Tyrell: $18\frac{1}{2} \geq 18$ Es una solución.

Ryan: $20\frac{1}{2} \geq 18$ Es una solución.

Amir, Tyrell y Ryan califican para las finales, porque $22\frac{1}{3}$, $18\frac{1}{2}$ y $20\frac{1}{2}$ son soluciones.

Resultados de salto largo	
Amir	$22\frac{1}{3}$ pies
Jake	16 pies
Tyrell	$18\frac{1}{2}$ pies
Ryan	$20\frac{1}{2}$ pies

 ¡Inténtalo!

¿Qué atletas, si hay alguno, calificarían para las finales si la longitud de un salto para calificar para las finales fuera al menos $20\frac{1}{2}$ pies?

Una desigualdad usa los símbolos $<$, $>$, $\leq$ o $\geq$ para comparar dos expresiones.

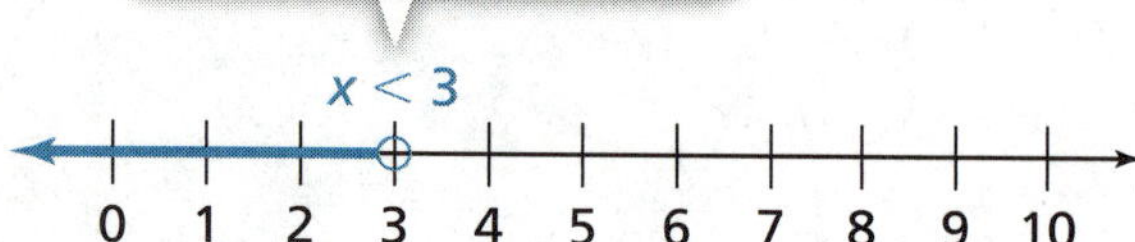

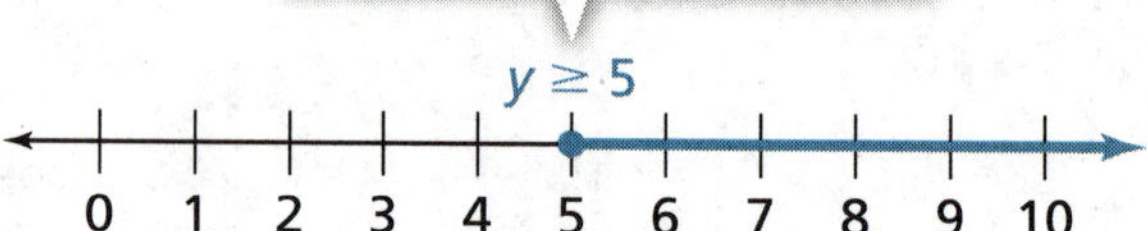

¿Lo entiendes?

1. **? Pregunta esencial** ¿Cómo puedes representar las soluciones de una desigualdad?

2. En el Ejemplo 1, ¿por qué 9 es una solución de $x > 5$?

3. Explica por qué 2 **NO** es una solución de $x > 5$.

4. ¿Cuántas soluciones tiene la desigualdad $x > 12$? Explícalo.

5. **Generalizar** ¿Cómo se relacionan las gráficas de las soluciones de las desigualdades con *mayor que* ($>$) y con *mayor que o igual a* ($\geq$)?

¿Cómo hacerlo?

En 6 y 7, escribe la desigualdad que representa cada gráfica.

6.

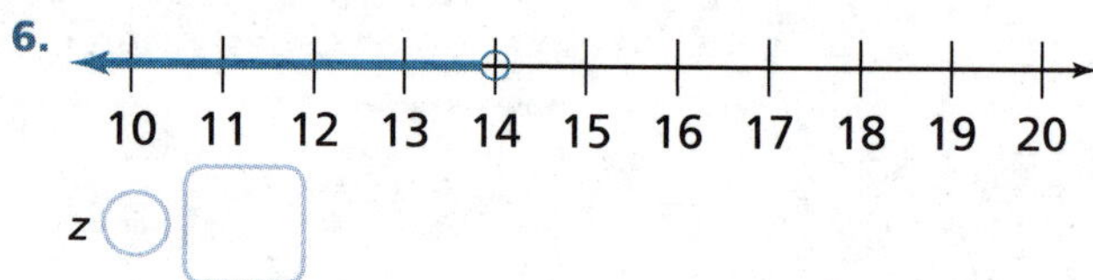

7.

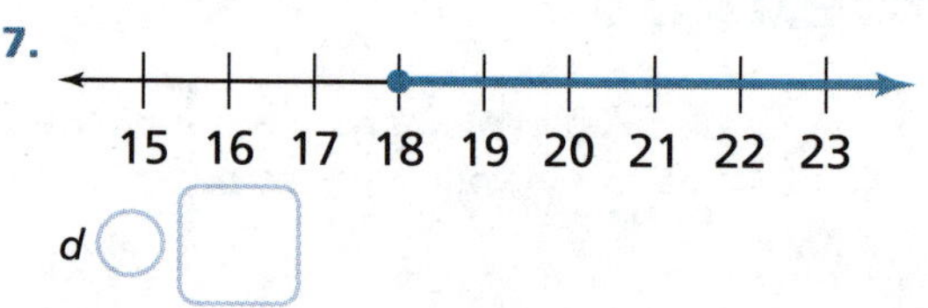

En 8 a 11, usa cada valor dado de la variable para sustituir y hallar cuál, si hay alguno, es una solución de la desigualdad.

8. $w < 8$ $w = 4.3, 5.3, 8.3, 9$

9. $t > 25$ $t = 24, 25, 25.1, 27$

10. $g \leq 4$ $g = 0, 4, 5, 6$

11. $y \geq 8$ $y = 4, 5, 6, 7$

Práctica y resolución de problemas

En 12 a 15, escribe la desigualdad que representa cada gráfica.

12.

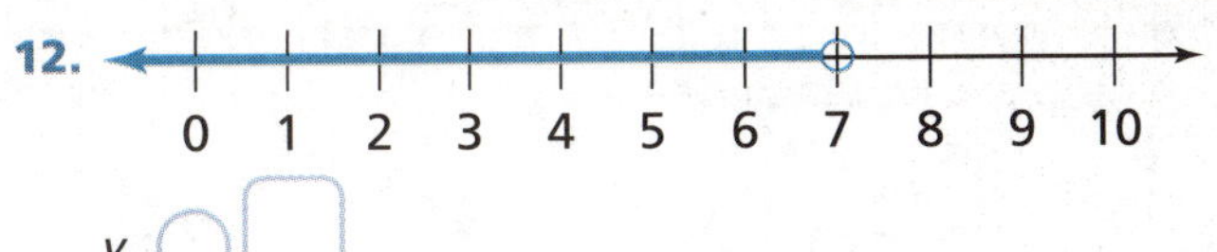

$y \bigcirc \square$

13.

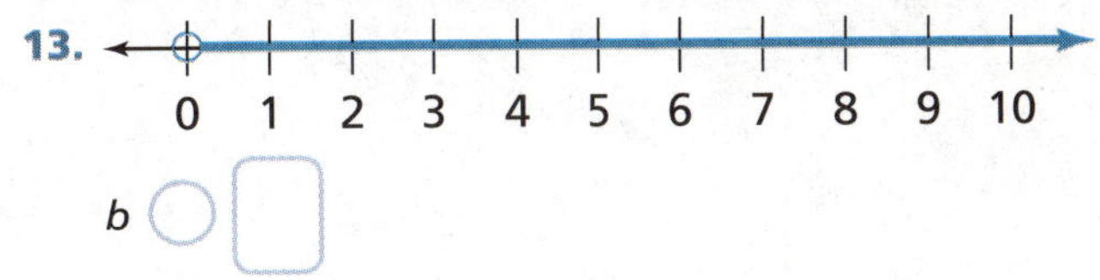

$b \bigcirc \square$

14.

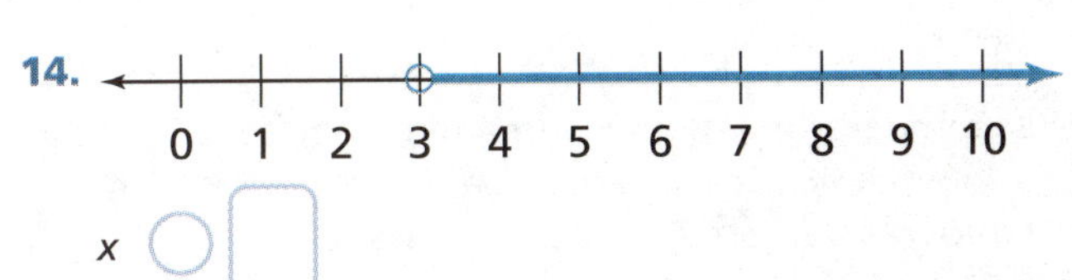

$x \bigcirc \square$

15.

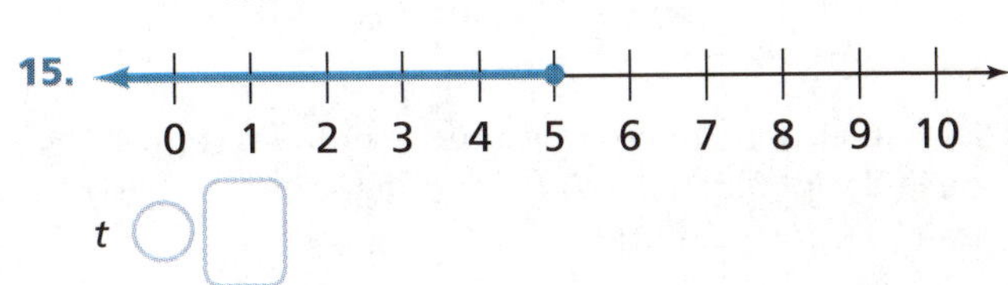

$t \bigcirc \square$

En 16 a 19, grafica cada desigualdad en una recta numérica.

16. $h \geq 9$

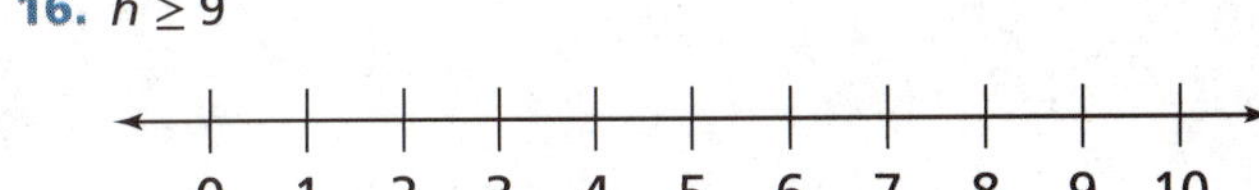

17. $p < 3$

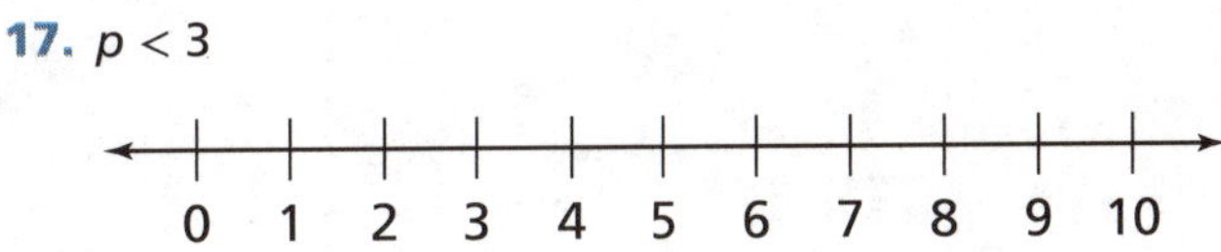

18. $t \leq 6$

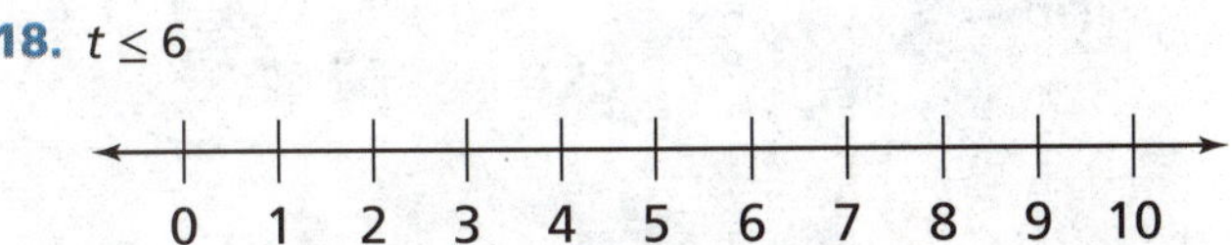

19. $s > 1$

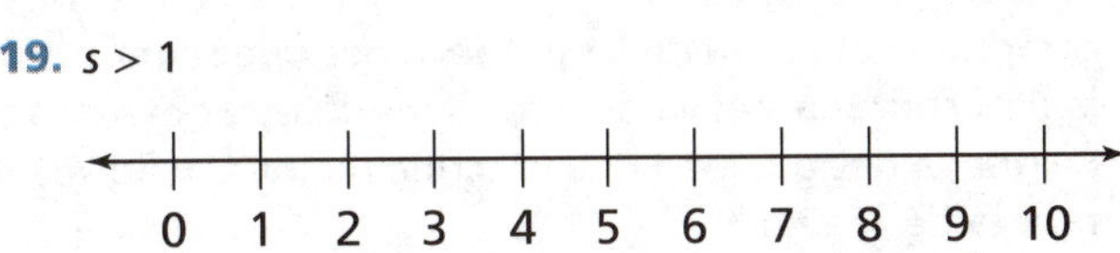

En 20 a 27, menciona tres soluciones de cada desigualdad.

20. $x > 10.5$

21. $r < 19$

22. $y \geq 200$

23. $m \leq 82$

24. $x \geq 12$

25. $q \leq 3.5$

26. $v > 35$

27. $m < 2.5$

28. La desigualdad $p \leq 1{,}500$ describe el peso máximo en libras, p, permitido por ley en un montacargas. ¿Está permitido un peso total de 1,505 o 1,600 libras en un montacargas? Explícalo.

29. Razonar Grafica las desigualdades $x > 2$ y $x < 2$ en la misma recta numérica. ¿Qué valor, si hay alguno, no es una solución de ninguna de las desigualdades? Explícalo.

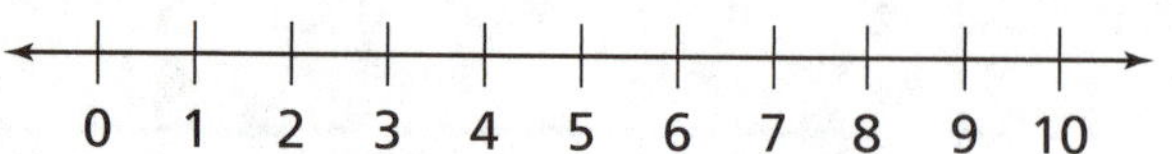

30. Representar con modelos matemáticos El Valle de la Muerte es el lugar más caluroso de los Estados Unidos. La temperatura más alta registrada allí fue 134 °F. La temperatura más baja registrada allí fue 15 °F. Escribe dos desigualdades que describan la temperatura, en grados Fahrenheit, en el Valle de la Muerte en cualquier momento desde que se registraron las temperaturas.

31. La siguiente recta numérica representa las soluciones de la desigualdad $x > 7$. ¿Es 7.1 una solución? ¿Es 7.01 una solución? Explícalo.

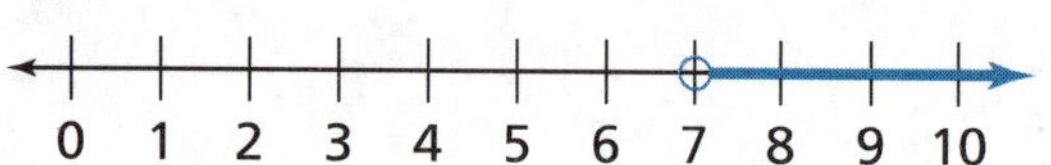

32. La temperatura en un invernadero debe ser 65 grados o superior. Escribe una desigualdad para describir la temperatura permitida en el invernadero.

33. Razonamiento de orden superior Francine recibió una tarjeta de regalo para comprar aplicaciones para el teléfono. Dice que el valor de la tarjeta es suficiente para comprar cualquiera de las aplicaciones que se muestran a la derecha. Sea v el valor en dólares de la tarjeta de regalo. Escribe la desigualdad que describa mejor el valor de la tarjeta de regalo.

34. La carga máxima de un avión pequeño es 400 libras. Sea p el peso en el avión. Escribe una desigualdad que describa el peso permitido en el avión.

35. Jillian está pensando en un número entero mayor que 21. ¿Qué número, si hay alguno, hace que sea verdadera la desigualdad $n > 21$ para $n = 0, 1, 2, 3, 4, ...$?

Práctica para la evaluación

36. Selecciona todos los valores para y que hacen que la desigualdad $3y < 25$ sea verdadera.

- [ ] 6.5
- [ ] 7
- [ ] 8
- [ ] 8.5
- [ ] 9

37. Tania comenzó una gráfica para mostrar la desigualdad $y < 3.7$. Termina de rotular la recta numérica y dibuja la gráfica.

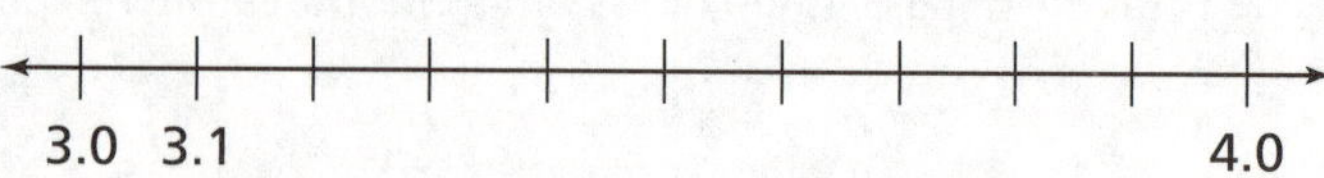

ACTO 1

1. Después de mirar el video, ¿cuál es la primera pregunta que te viene a la mente?

2. Escribe la Pregunta principal a la que responderás.

3. **Construir argumentos** Haz una predicción para responder a esa Pregunta principal. Explica tu predicción.

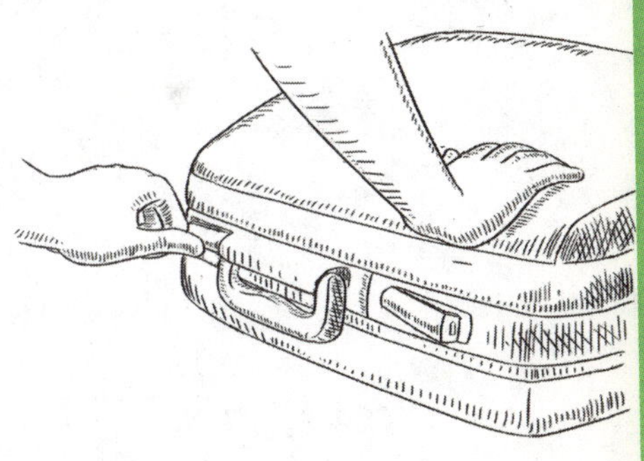

4. En la siguiente recta numérica, escribe un número que sea demasiado pequeño para ser la respuesta. Escribe un número que sea demasiado grande.

Demasiado pequeño   **Demasiado grande**

5. Marca tu predicción en la misma recta numérica.

6. ¿Qué información de esta situación sería útil saber? ¿Cómo usarías esa información?

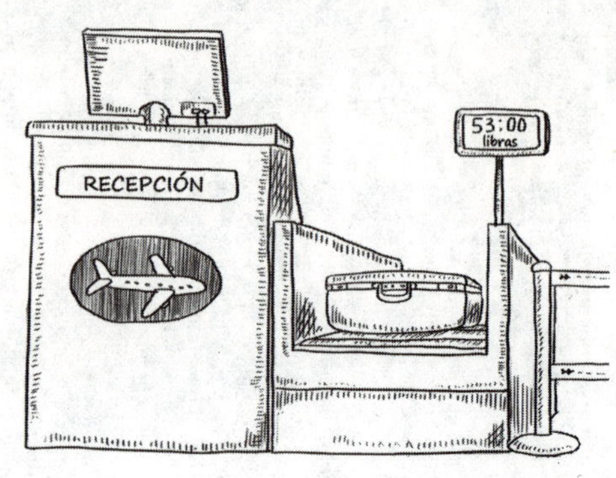

7. Usar herramientas apropiadas ¿Qué herramientas puedes usar para resolver el problema? Explica cómo las usarías de manera estratégica.

8. Representar con modelos matemáticos Representa la situación usando las matemáticas. Usa tu propia representación para responder a la Pregunta principal.

9. ¿Cuál es tu respuesta a la Pregunta principal? ¿Es mayor o menor que tu predicción? Explícalo.

10. Escribe la respuesta que viste en el video.

11. Razonar ¿Coincide tu respuesta con la respuesta del video? Si no, ¿qué razones explicarían la diferencia?

12. Entender y perseverar ¿Cambiarías tu modelo ahora que sabes la respuesta? Explícalo.

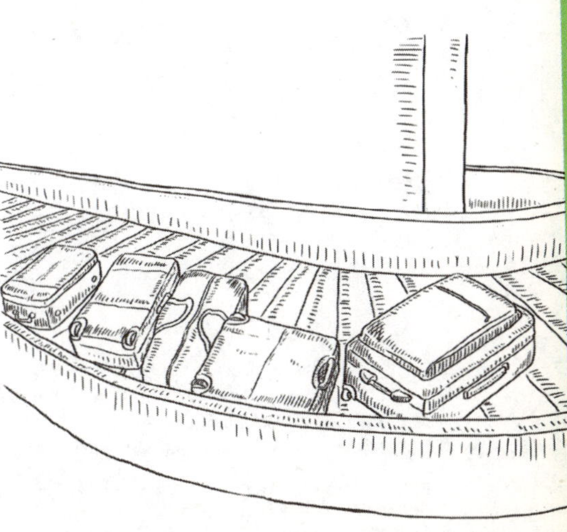

Reflexionar

13. Representar con modelos matemáticos Explica cómo usaste un modelo matemático para representar la situación. ¿Cómo te ayudó el modelo a responder a la Pregunta principal?

14. ¿Fue más útil una *ecuación* o una *desigualdad* para responder a la Pregunta principal? Explícalo.

15. Hacerlo con precisión Una aerolínea diferente tiene un peso permitido de 40 libras para una maleta facturada. Explica cómo cambiaría la respuesta para esta aerolínea.

¡Explícalo!

Max le envía un regalo a su abuela.

Puedo...
identificar variables dependientes e independientes.

A. ¿Qué tres factores afectarán el peso de la caja? ¿Qué tres factores no afectarán el peso de la caja?

B. ¿De qué manera el tamaño y el contenido de la caja podría afectar el peso de la caja?

Enfoque en las prácticas matemáticas

Representar con modelos matemáticos Describe otra situación en que al cambiar un factor cambie otro factor.

EJEMPLO 1  Variables dependientes e independientes

Escanear para contenido digital 

En un huerto se venden manzanas por libra. Cada día se venden *l* libras de manzanas y se registra *d* cantidad de dinero. ¿Qué variable, *l* o *d*, depende de la otra variable?

Razonar Cuando piensas en cómo el costo total depende de la cantidad y el precio de los productos vendidos, estás razonando de manera cuantitativa.

Una **variable dependiente** cambia en respuesta a otra variable.

La cantidad de dinero juntado, *d*, depende de la cantidad de libras, *l*; por tanto, *d* es la variable dependiente.

Una **variable independiente** hace que la variable dependiente cambie.

La cantidad de manzanas vendidas, *l*, afecta a la cantidad de dinero juntado, *d*; por tanto, *l* es la variable independiente.

 ¡Inténtalo!

Un panadero usó una determinada cantidad de tazas de masa, *m*, para preparar *p* panqueques. ¿Qué variable, *p*, panqueques, o *m*, masa, es la variable dependiente? Explícalo.

¡Convénceme! Si el panadero duplica la cantidad de tazas de masa usadas, *m*, ¿qué esperas que suceda con la cantidad de panqueques hechos, *p*? Explícalo.

Múltiples variables independientes o dependientes

Una bicicletería alquila bicicletas playeras y bicicletas de montaña. Los clientes pueden alquilar las bicicletas por día o por semana. ¿Cuáles son las variables independientes y dependientes en el costo del alquiler?

PASO 1

Identifica las variables involucradas en el costo del alquiler.

| Bicicleta playera, p | Bicicleta de montaña, m | Tiempo de alquiler, t |

| Precio por día, d | Precio por semana, s | Costo total de alquiler, c |

PASO 2

Determina si las variables son independientes o dependientes.

| Bicicleta playera, p | Bicicleta de montaña, m | Tiempo de alquiler, t | Precio por día, d | Precio por semana, s | Costo total de alquiler, c |

- **Bicicleta playera, p:** Depende de la tarifa por día o por semana.
- **Bicicleta de montaña, m:** Depende de la tarifa por día o por semana.
- **Tiempo de alquiler, t:** Independiente y hace que cambie el costo total de alquiler.
- **Precio por día, d:** Independiente y hace que cambie el costo total de alquiler.
- **Precio por semana, s:** Independiente y hace que cambie el costo total de alquiler.
- **Costo total de alquiler, c:** Depende de la bicicleta y el período de tiempo alquilado.

 ¡Inténtalo!

Jenna quiere alquilar una bicicleta de montaña por semana. Identifica las variables independientes que afectan el costo total de alquiler.

CONCEPTO CLAVE 

Una **variable dependiente** cambia en respuesta a otra variable, llamada variable independiente. Una **variable independiente** hace que la variable dependiente cambie. Es *independiente* porque su valor no se ve afectado por otras variables.

La distancia que recorre un carro, d, depende de la velocidad, v, a la que viaja. La velocidad es la variable independiente y la distancia es la variable dependiente.

¿Lo entiendes?

1. **? Pregunta esencial** ¿Qué significa que una variable dependa de otra variable?

2. 

Evaluar el razonamiento Viola dice que la cantidad de calorías, c, que queman es la variable dependiente. ¿Estás de acuerdo? Explícalo.

3. **Razonar** En el problema de las bicicletas anterior, identifica al menos otra variable independiente que podría afectar a la variable dependiente.

¿Cómo hacerlo?

En 4 a 11, identifica la variable independiente y la variable dependiente.

4. La cantidad de dinero, d, que se obtiene si se venden b boletos para una rifa

5. La cantidad de horas, h, que se trabajan y la cantidad de dinero, d, que se gana

6. La cantidad de estantes, e, en un librero y la cantidad de libros, l, que soporta el librero

7. La cantidad de páginas, p, de tu libro que puedes leer en h horas

8. La cantidad de galones, g, de agua que salen de una manguera de jardín después de m minutos

9. La cantidad de duraznos, y, que puede recoger un granjero de x fanegas

10. La cantidad de horas, h, que manejas a una velocidad de r millas por hora

11. Menciona al menos dos variables independientes que podrían cambiar la factura mensual de electricidad.

Práctica y resolución de problemas

Escanear para
contenido digital 

En 12 a 15, identifica la variable independiente y la variable dependiente.

12. Las páginas, p, de un libro y el peso, l, del libro

13. La cantidad de hamburguesas, h, vendidas y la cantidad de dólares de ventas, v, que se ganan.

14. Las libras, l, de harina que compras y la cantidad de panes, p, que quieres hacer

15. La temperatura, t, del agua y la cantidad de minutos, m, que el agua está en el congelador

16. Escribe tu propia situación. Identifica las variables independientes y dependientes.

17. Menciona al menos dos variables independientes que podrían cambiar el precio de una canasta de toronjas.

18. Evaluar el razonamiento Gastas c dólares por p pantalones idénticos. Un amigo dice que dado que c aumenta si aumentas p, y p aumenta si aumentas c, tanto c como p podrían ser la variable independiente. ¿Tiene razón tu amigo o no? Explícalo.

19. La cantidad de naranjas que hay en una bolsa se relaciona con el costo de la bolsa. ¿Cuál es la variable independiente en esta relación? Explícalo.

20. La variable dependiente c representa el crecimiento de una planta. ¿Qué variables pueden representar variables independientes en esta situación?

21. La tabla muestra la distancia que recorre en carro la familia Williams cada día de sus vacaciones. ¿Cuál es una variable independiente que afectaría la distancia total recorrida cada día?

22. Menciona al menos dos variables dependientes que podrían afectar la cantidad de dinero que gasta la familia Williams en comida durante las vacaciones.

Vacaciones familiares

Día	Distancia
1	480 mi
2	260 mi
3	40 mi
4	150 mi
5	100 mi
6	320 mi

23. El costo de una ensalada en un restaurante depende de muchos factores. Menciona al menos dos variables independientes que podrían afectar el costo de una ensalada.

24. Julián manejó desde Nueva York hasta la Florida. Menciona al menos dos variables independientes que podrían afectar la cantidad de días que le llevó a Julián hacer el viaje.

25. La cantidad de respuestas incorrectas se relaciona con la puntuación en un examen de matemáticas. ¿Cuál es la variable dependiente en esta relación? Explícalo.

26. Razonamiento de orden superior Escribe una situación en la que el tiempo, t, es una variable independiente. Luego, escribe una situación en la que el tiempo, t, es una variable dependiente.

Práctica para la evaluación

27. Jonas está preocupado por la cantidad de agua que usa cuando lava la ropa. Hizo una tabla para mostrar la cantidad de galones de agua que consumen diferentes lavadoras para completar una carga de ropa.

Lavadora	Antigüedad de la la lavadora (años)	Galones de agua
Antigua carga superior	6	42
Modelo estándar nuevo	4	28
Bajo consumo	2	14

PARTE A

Usa variables para representar las cantidades dependientes e independientes que se muestran en la tabla.

PARTE B

Usa variables para representar la variable dependiente y la variable independiente de este enunciado.

Jonas anota el costo total de agua que usa y la cantidad de galones de agua que consume.

¡Resuélvelo y coméntalo!

La siguiente tabla muestra cuántas velas hay en diferentes cantidades de cajas. Halla un patrón que explique la relación entre los valores de v y c. Usa palabras y números para describir el patrón. ¿Cuántas velas habrá en 10 cajas?

Cantidad de velas, v	Cantidad de cajas, c
8	2
12	3
16	4

Puedo...
usar patrones para escribir y resolver ecuaciones con variables.

Buscar relaciones ¿Cómo puedes llegar de cada valor de la columna de la izquierda a su valor correspondiente de la columna de la derecha?

Enfoque en las prácticas matemáticas

Usar la estructura Escribe una regla que explique cómo llegas de los valores de la columna de la derecha de la tabla de arriba a los valores de la columna de la izquierda.

  VISUAL LEARNING  ASSE

EJEMPLO 1 👁 Hallar un patrón para escribir una ecuación

Escanear para contenido digital

La tabla muestra el costo de los boletos de fin de semana para el parque acuático Deslízate y salpica. Halla un patrón que relacione la cantidad de boletos, b, y el costo, c, de los boletos. ¿Cuánto costarían 6 boletos?

Cantidad, b	Costo, c
3	$16.50
4	$22.00
5	$27.50
6	

Usar la estructura ¿De qué manera hallar el costo de 1 boleto te ayuda a hallar el patrón que relaciona las variables?

Busca un patrón en la tabla que relacione c, la variable dependiente, y b, la variable independiente.

b		c
3	3×5.50	16.50
4	4×5.50	22.00
5	5×5.50	27.50

5.5 por el valor de b es igual al valor de c.

Escribe una ecuación que describa la relación.

5.5 por el valor de b = el valor de c

$$5.5b = c$$

o

$$c = 5.5b$$

Halla el costo de 6 boletos.

$c = 5.5b$

$c = 5.5(6)$ ← Sustituye b por 6.

$c = 33$

El costo de 6 boletos es $33.00.

✓ ¡Inténtalo!

La tabla muestra la cantidad de yardas, y, que un ciclista profesional recorre en s segundos. Halla un patrón que relacione las variables. Si el ciclista mantiene esta velocidad, ¿cuánto recorrerá en 8 segundos?

Segundos, s	Yardas, y
2	24.4
3	36.6
5	61
6	73.2

¡Convénceme! ¿Cómo sabes que la ecuación que escribiste describe el patrón de la tabla?

EJEMPLO 2 — Hacer y analizar una tabla para escribir una ecuación

Ethan debe $75 a su mamá. Le devuelve una cantidad fija cada semana. ¿Cuánto deberá Ethan a su mamá después de 12 semanas?

Haz una tabla y halla un patrón que relacione las variables.

Semana, s	Patrón	Cantidad adeudada, c
0	$75 - 5(0)$	75
1	$75 - 5(1)$	70
2	$75 - 5(2)$	65
3	$75 - 5(3)$	60
4	$75 - 5(4)$	55

Para hallar el patrón, comienza con la cantidad adeudada. La cantidad adeudada disminuye en $5 cada semana.

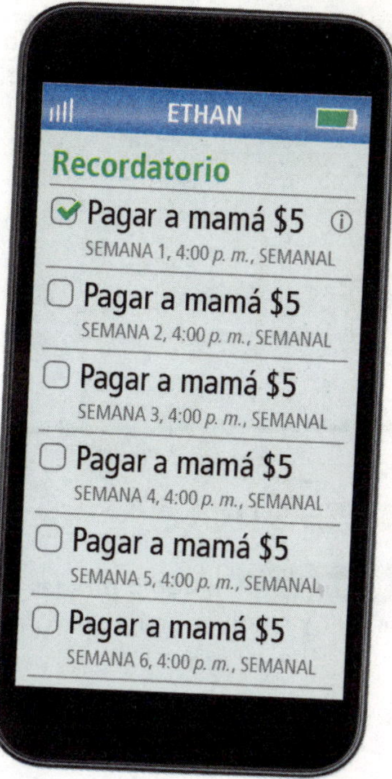

Escribe una ecuación que describa la relación.

Cantidad todavía adeudada		Cantidad prestada	Cantidad devuelta después de s semanas
c	$=$	$\$75$	$- 5s$

Sea c la cantidad que todavía se adeuda.

Sea s la cantidad de semanas.

Halla cuánto dinero deberá Ethan después de 12 semanas.

$c = 75 - 5s$

$c = 75 - 5(12)$

$c = 75 - 60$

$c = 15$

Ethan deberá $15 después de 12 semanas.

 ¡Inténtalo!

Si Ethan sigue pagando $5 por semana, ¿cuántas semanas más deberá pagarle a su mamá después de 12 semanas? Explícalo.

Puedes usar patrones de una tabla para escribir una ecuación que relaciona variables independientes y dependientes.

j	1	4	7	8	9
m	3	12	21	24	27

La variable dependiente m es 3 veces la variable independiente j: $m = 3j$.

Pregunta esencial

1. **? Pregunta esencial** ¿Cómo puedes usar un patrón para escribir y resolver una ecuación?

2. **Entender y perseverar** ¿Cómo hallas un patrón que relacione los valores de una tabla?

3. **Razonar** En el Ejemplo 2, ¿qué sucede con el valor de la variable dependiente, c, la cantidad todavía adeudada, cuando la variable independiente, s, la cantidad de semanas que Ethan paga $5, aumenta en 1?

4. **Buscar relaciones** Usa el patrón de la siguiente tabla para escribir una ecuación.

x	y
1	7
2	12
3	17
4	22

¿Cómo hacerlo?

5. La tabla muestra la edad de Brenda, b, cuando la edad de Talía, t, es 7, 9 y 10. Halla el patrón y luego escribe una regla y una ecuación que represente el patrón. Luego, halla la edad de Brenda cuando Talía tiene 12.

Edad de Talía, t	Edad de Brenda, b
7	2
9	4
10	5
12	b

En 6 y 7, usa la tabla de abajo.

x	4	5	6	7	8
y	1	3	5		

6. Usa la ecuación $y = 2x - 7$ para completar la tabla.

7. Expresa la regla del patrón con palabras.

Práctica y resolución de problemas

Escanear para
contenido digital

En 8 y 9, escribe una regla y una ecuación que represente el patrón en cada tabla.

8.

x	1	2	3	4	5
y	33	34	35	36	37

9.

m	0	1	2	3	4
n	0	3	6	9	12

En 10 y 11, escribe una regla y una ecuación que represente el patrón de cada tabla. Luego, completa la tabla.

10.

g	32	37	42	47	52
k	17	22	27		

11.

x	0	9	18	27	36
y	0	1	2		

12. Para celebrar su 125.° aniversario, una empresa fabricó 125 ositos de peluche caros. Estos "Ositos de peluche de 125 quilates" están hechos de hilos de oro y en los ojos tienen diamantes. La tabla muestra el costo aproximado de diferentes cantidades de estos ositos. Escribe una ecuación que se pueda usar para hallar c, el costo de n ositos.

Costo de "Ositos de peluche de 125 quilates"

Cantidad, n	Costo, c
4	$188,000
7	$329,000
11	$517,000

13. Andrea visita la feria del condado. La feria cobra la entrada y cada juego.

a. Usa el patrón de la tabla para hallar cuánto paga Andrea por 5 juegos o por 8 juegos. Luego, escribe una ecuación para el patrón.

Juegos, j	Costo, c
3	$15.50
4	$18.00
5	
6	$23.00
8	

b. Halla el costo, c, de 12 juegos.

En 14 y 15, escribe la ecuación que describa mejor el patrón de cada tabla.

14.

w	2	4	6	8	10
z	0	2	4	6	8

15.

x	0	$\frac{1}{2}$	1	$1\frac{1}{2}$	2	$2\frac{1}{2}$
y	0	2	4	6	8	10

En 16 a 19, usa la ecuación para completar la tabla.

16. $t = 5d + 5$

d	0	1	2	3	4
t	5	10	15		

17. $y = \frac{1}{2}x - 1$

x	2	4	6	8	10
y	0	1	2		

18. $y = 2x + 1$

x	0	1	2	3
y	1	3		

19. $b = \frac{a}{2} - 2$

a	17	14	11	8	5
b					

20. Razonamiento de orden superior Maya escribió la ecuación $h = d + 22$ para representar la relación que se muestra en la tabla. ¿Es correcta la ecuación? Explícalo.

h	3	5	7	9
d	33	55	77	99

☑ Práctica para la evaluación

21. La tabla de abajo muestra el costo total de boletos de cine comprados. Escribe una ecuación que represente estas dos cantidades. Usa la ecuación para hallar el costo de 6 boletos.

Cantidad de boletos	3	5	7	9
Costo	$26.25	$43.75	$61.25	$78.75

¡Resuélvelo y coméntalo!

ACTIVITY

Nancy camina 4 cuadras hasta la casa de María. Juntas, siguen caminando. El recorrido se puede describir como $n = m + 4$, donde n es la cantidad de cuadras que camina Nancy y m es la cantidad de cuadras que camina María. Describe de qué manera la ecuación, la tabla de datos y la gráfica reflejan el recorrido.

Puedo...
analizar la relación entre variables dependientes e independientes en tablas, gráficas y ecuaciones.

Buscar relaciones ¿Cómo puedes usar los valores de una fila de la tabla de datos para describir la relación que se muestra en la ecuación, la tabla de datos y la gráfica?

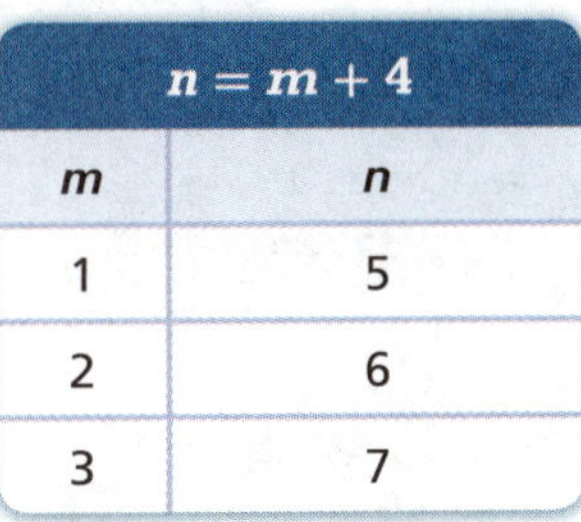

$n = m + 4$	
m	n
1	5
2	6
3	7

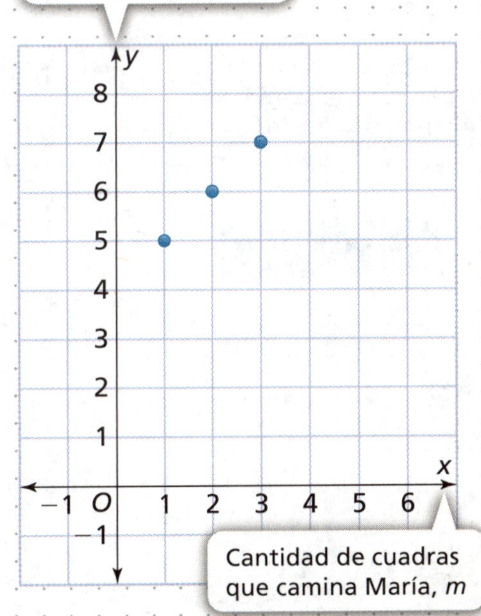

Enfoque en las prácticas matemáticas

Representar con modelos matemáticos Traza una recta por los puntos de la gráfica. ¿Qué par ordenado de la recta incluye $m = 5$? Explica qué representa ese par ordenado.

? Pregunta esencial ¿Cómo puedes analizar la relación entre variables dependientes e independientes usando tablas, gráficas y ecuaciones?

EJEMPLO 1 👁 Relacionar cantidades con una tabla, una gráfica y una ecuación

Escanear para contenido digital

Los miembros del club de patrocinadores quieren recaudar $50 para donar a una obra benéfica local. Compran pompones por $0.55 cada uno. ¿Cuántos pompones deben vender para llegar al objetivo de recaudación?

Buscar relaciones ¿Cómo puedes usar una tabla, una gráfica y una ecuación para analizar la relación entre variables independientes y dependientes?

El club de patrocinadores recauda $0.45 por cada pompón que vende.

PASO 1 Haz una tabla para relacionar la cantidad de pompones vendidos, c, y la cantidad de dinero recaudado, r.

La cantidad recaudada depende de la cantidad de pompones vendidos.

c	r
10	$4.50
50	$22.50
110	$49.50

PASO 2 Grafica los pares ordenados en el plano de coordenadas.

Dinero recaudado, r

Este punto representa la cantidad de pompones vendidos para recaudar $50.

Cantidad de pompones vendidos, c

PASO 3 Escribe una ecuación que describa la relación.

La cantidad de dinero recaudado, r, es 0.45 veces la cantidad de pompones vendidos, c.

$$r = 0.45c$$

Sustituye $r = 50$ y halla el valor de c.

$$50 = 0.45c$$
$$50 \div 0.45 = 0.45c \div 0.45$$
$$111.11 \approx c$$

El club de patrocinadores debe vender al menos 112 pompones para recaudar $50.

✓ ¡Inténtalo!

El club de patrocinadores ahora recauda $0.41 por cada pompón que vende. Completa la tabla y la gráfica. Escribe y resuelve una ecuación para hallar cuántos pompones deben vender para recaudar $50.

c	r
50	$20.50
100	$41.00
150	

Dinero recaudado, r

Cantidad de pompones vendidos, c

¡Convénceme! ¿De qué manera hallar tres valores de x y y te ayuda a representar la relación entre x y y?

Relacionar una ecuación que contiene dos operaciones con una tabla y una gráfica

  ACTIVITY  ASSESS

La temperatura de un día de primavera era 6 °C a las 8 *a. m.* y aumentó 2 °C por hora durante 6 horas. ¿Cuál era la temperatura después de 6 horas?

PASO 1 Haz una tabla para relacionar la cantidad de horas, *c*, y la temperatura, *t*.

> La temperatura, *t*, depende de la cantidad de horas que pasaron, *c*.

c	t
0	6
2	10
4	14
6	18

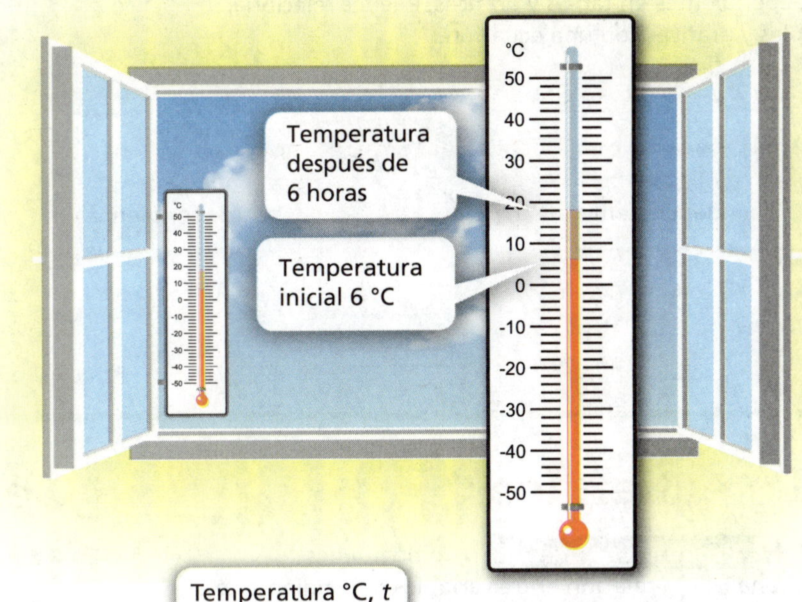

PASO 2 Grafica los pares ordenados en el plano de coordenadas.

PASO 3 Escribe una ecuación que describa la relación.

$t = 6 + 2c$

$t = 6 + 2(6)$

> Sustituye $c = 6$ y halla el valor de *t*.

$t = 6 + 12$

$t = 18$

La temperatura era 18 °C después de 6 horas.

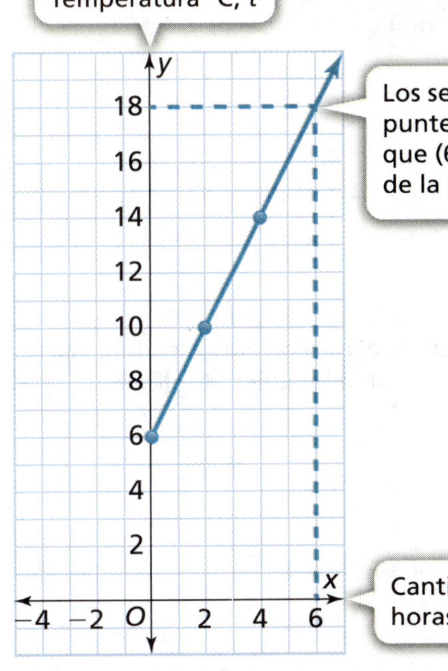

 # ¡Inténtalo!

Una compañía hace adornos para bolígrafos. Todos los materiales cuestan $5 y la compañía planea vender los adornos a $2 cada uno. Completa la tabla y la gráfica para analizar la relación entre la cantidad de adornos vendidos y la ganancia. Usa la tabla y la gráfica para escribir y resolver una ecuación con la que puedas hallar la cantidad de adornos que debe vender la compañía para tener $15 de ganancia.

Variable independiente

Variable dependiente

x	y
3	

Puedes analizar la relación entre variables independientes y dependientes en tablas y gráficas. Puedes relacionar tablas y gráficas con una ecuación.

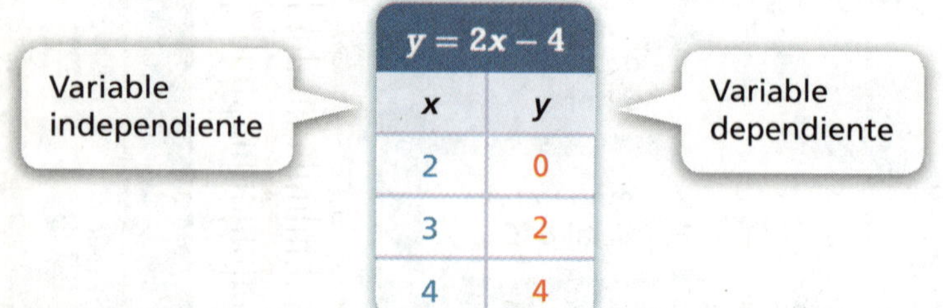

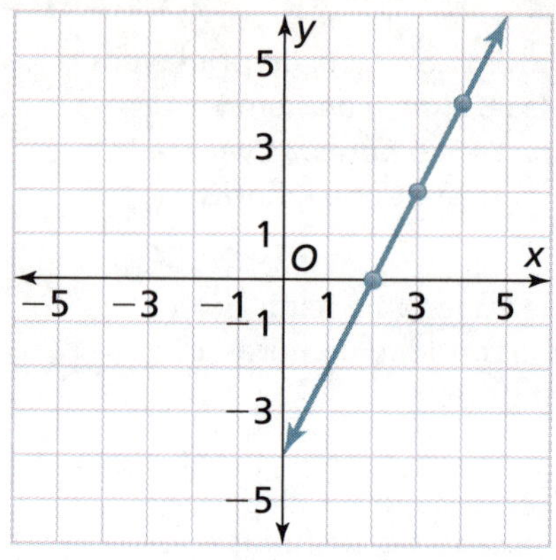

¿Lo entiendes?

1. **? Pregunta esencial** ¿Cómo puedes analizar la relación entre variables dependientes e independientes usando tablas, gráficas y ecuaciones?

2. **Razonar** Usando la relación del Ejemplo 1, ¿cuántos pompones debe vender el club de patrocinadores para recaudar $75 para una obra benéfica? Explícalo.

3. **Construir argumentos** En una tienda de abarrotes, por cada 4 plátanos que se venden, se venden 2 manzanas. Mary escribió la ecuación $4p \times 2 = m$, donde p = la cantidad de plátanos vendidos y m = la cantidad de manzanas vendidas. ¿Representa correctamente la ecuación de Mary la relación entre los plátanos vendidos y las manzanas vendidas? Explícalo.

¿Cómo hacerlo?

En 4 a 6, usa la ecuación $d = 4t$.

4. Completa la tabla.
d = distancia
t = tiempo

$d = 4t$	
t	d
1	
2	
3	

5. Menciona cuatro pares ordenados de la recta que se formó usando esta ecuación.

6. Describe la relación entre las variables.

En 7, completa la tabla y la gráfica para mostrar la relación entre las variables de la ecuación $d = 5 + 5t$.

7. d = distancia
t = tiempo

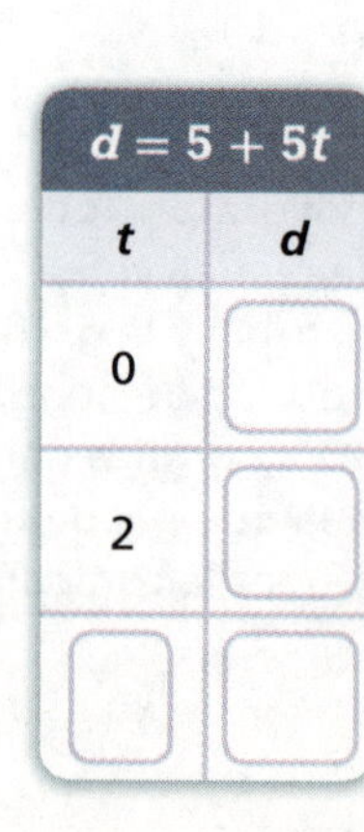

$d = 5 + 5t$	
t	d
0	
2	

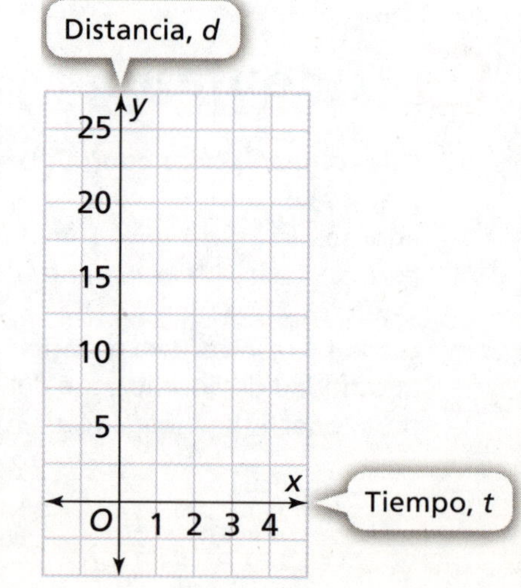

Práctica y resolución de problemas

En 8 y 9, completa la tabla y la gráfica para mostrar la relación entre las variables de cada ecuación.

8. La longitud de un rectángulo es $\frac{1}{2}$ pulgada más que el ancho.

Sea a = ancho.
Sea ℓ = longitud.
Grafica $\ell = a + \frac{1}{2}$.

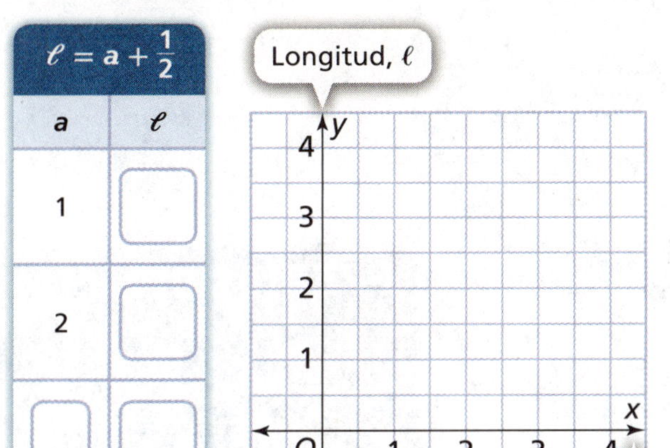

9. El precio de liquidación es \$5 menos que el precio regular.

Sea s = el precio de liquidación.
Sea r = el precio regular.
Grafica $s = r - 5$.

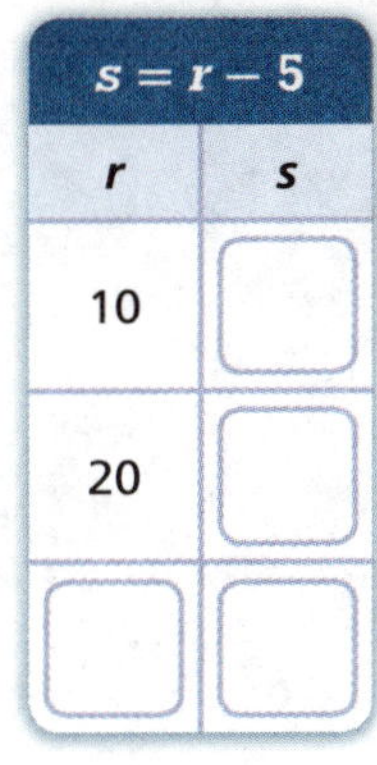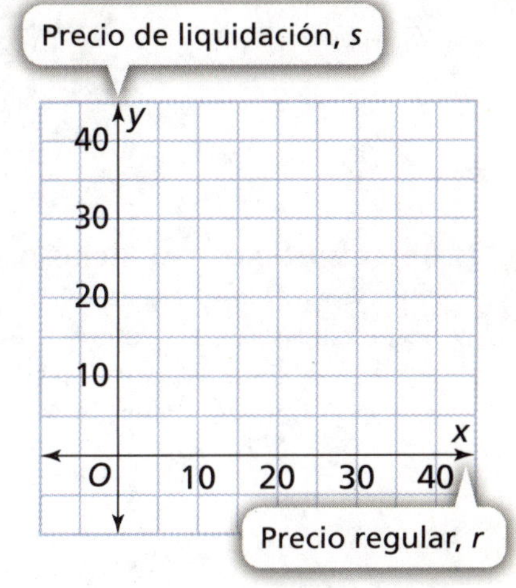

10. Se marcan los puntos (2, 4) y (−2, −4) en el plano de coordenadas usando la ecuación $y = a \cdot x$. ¿Cómo puedes usar las coordenadas para hallar el valor de a?

11. Sin usar una tabla o una gráfica, identifica otros tres puntos por los que pasará una gráfica de la ecuación del Ejercicio 10.

12. Razonar La familia Jackson planea salir un fin de semana de vacaciones. Planean alquilar un carro en la compañía de alquiler de carros ABC. Sea m la cantidad de millas que recorrerá la familia. Sea c el costo del alquiler de un carro. Escribe una ecuación que muestre cuál será el costo por alquilar un carro.

En el Ejercicio 13, escribe una ecuación. Completa la tabla y la gráfica para resolver el problema.

13. Un perrito pesa 1 libra. ¿Cuánto pesa el perrito después de 4 semanas?

x	y
0	
2	

14. **Representar con modelos matemáticos** Durante una matiné de cine, se rompió el proyector. El gerente reintegró el precio de los boletos a todos los presentes. Sea c la cantidad de personas que veían la película. Sea r la cantidad total de dinero reintegrado. Escribe una ecuación para representar la cantidad de dinero reintegrado.

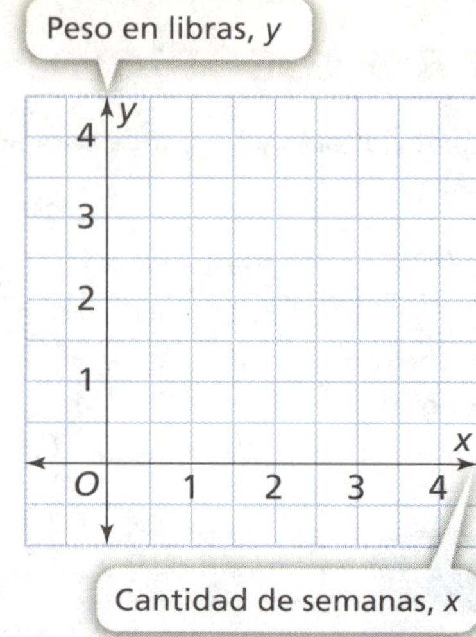

15. **Razonamiento de orden superior** Escribe una ecuación algebraica que coincida con los valores que se muestran en la tabla de la derecha. Explica cómo resolviste el problema.

x	y
1	8
2	11
3	14
4	17

☑ Práctica para la evaluación

16. Por cada hora que trabajó, Sonia hizo 2 collares de conchas marinas para vender en su tienda de regalos.

PARTE A

Escribe una ecuación que describa la relación que muestra la gráfica de la derecha.

PARTE B

Describe la relación entre las variables de la gráfica y la ecuación.

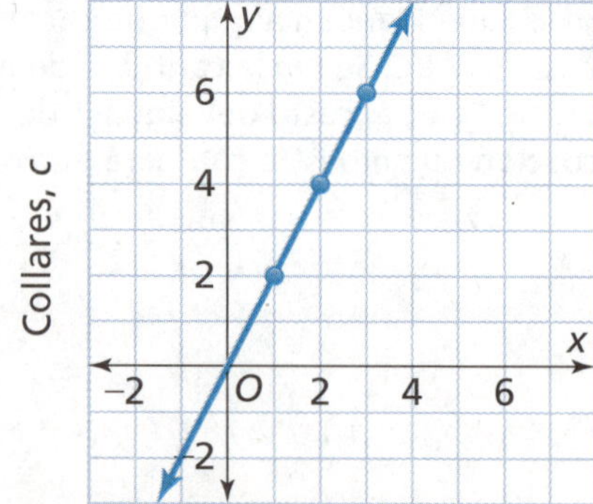

? Pregunta esencial del tema

¿Qué procedimientos se pueden usar para escribir y resolver ecuaciones y desigualdades?

Repaso del vocabulario

Completa cada definición con una palabra de vocabulario.

> **Vocabulario**   desigualdad   ecuación   variable dependiente   variable independiente

1. En la ecuación $y = x + 9$, la variable x es la ___________________.

2. Una ___________________ tiene una cantidad infinita de soluciones.

3. En la ecuación $y = x - 9$, la variable y es la ___________________.

Traza una línea de cada ecuación a la propiedad de la igualdad que ilustra.

4. $(6 + 3) - 3 = 9 - 3$ Propiedad de división de la igualdad

5. $(6 + 3) \times 3 = 9 \times 3$ Propiedad de resta de la igualdad

6. $(6 + 3) + 3 = 9 + 3$ Propiedad de suma de la igualdad

7. $(6 + 3) \div 3 = 9 \div 3$ Propiedad multiplicativa de la igualdad

Usar el vocabulario al escribir

Describe cómo resolver $\frac{3}{7}n = 27$. Usa términos de vocabulario en tu explicación.

Repaso de conceptos y destrezas

   Entender ecuaciones y soluciones

Repaso rápido

La **solución de una ecuación** hace que la ecuación sea verdadera. Usa cada valor dado de la variable para sustituir en la ecuación y determina qué valor, si hay alguno, es una solución de la ecuación.

Ejemplo

¿Qué valor de x es una solución de la ecuación?

$x + 4.8 = 19$ $x = 13, 14.2, 15.8$

Intenta con $x = 13$: $13 + 4.8 \neq 17.8$ ✗
Intenta con $x = 14.2$: $14.2 + 4.8 = 19$ ✔
Intenta con $x = 15.8$: $15.8 + 4.8 \neq 20.6$ ✗

Práctica

Indica qué valor de la variable, si hay alguno, es una solución de la ecuación.

1. $d + 9 = 25$ $d = 6, 14, 16, 21$

2. $c - 8 = 25$ $c = 17, 28, 33, 35$

3. $2y = 30$ $y = 10, 12, 24, 36$

4. $150 \div h = 50$ $h = 2, 3, 4, 5$

5. $f - 13.2 = 28.9$ $f = 38.7, 42.2, 45.8, 51.4$

   Aplicar propiedades de la igualdad

Repaso rápido

Las **propiedades de la igualdad** te permiten aplicar la misma operación con la misma cantidad a ambos lados de una ecuación.

Ejemplo

En la tabla se ilustran las propiedades de la igualdad.

Propiedades de la igualdad	
Propiedad de suma de la igualdad	$4 + 3 = 7$ Por tanto, $4 + 3 + 2 = 7 + 2$
Propiedad de resta de la igualdad	$9 + 8 = 17$ Por tanto, $9 + 8 - 5 = 17 - 5$
Propiedad multiplicativa de la igualdad	$3 \times 5 = 15$ Por tanto, $3 \times 5 \times 2 = 15 \times 2$
Propiedad de división de la igualdad	$16 + 2 = 18$ Por tanto, $(16 + 2) \div 2 = 18 \div 2$

Práctica

1. Si $6 + 2 = 8$, ¿es $6 + 2 + 3 = 8 + 3$? ¿Por qué?

2. Si $8 - 1 = 7$, ¿es $8 - 1 - 2 = 7 - 3$? ¿Por qué?

3. Si $4 + 6 = 10$, ¿es $(4 + 6) \times 3 = 10 \times 3$? ¿Por qué?

4. Si $5 + 4 = 9$ ¿es $(5 + 4) \div 3 = 9 \div 4$? ¿Por qué?

Escribir y resolver ecuaciones de suma, de resta, de multiplicación y de división

Repaso rápido

Usa la **relación inversa** de la suma y la resta o de la multiplicación y la división para resolver ecuaciones. Para comprobar, usa tu respuesta en la ecuación original.

Ejemplo

$$23 + y = 57 \qquad a - 12 = 16$$
$$23 + y - 23 = 57 - 23 \qquad a - 12 + 12 = 16 + 12$$
$$y = 34 \qquad a = 28$$

$$9z = 63 \qquad c \div 4 = 24$$
$$9z \div 9 = 63 \div 9 \qquad c \div 4 \times 4 = 24 \times 4$$
$$z = 7 \qquad c = 96$$

Práctica

Halla el valor de x.

1. $8x = 64$ **2.** $x + 2 = 11$

3. $x \div 20 = 120$ **4.** $x - 17 = 13$

5. $x \div 12 = 2$ **6.** $8 + x = 25$

7. $7x = 77$ **8.** $x - 236 = 450$

9. $26 = 13x$ **10.** $x + 21.9 = 27.1$

11. $2{,}448 \div 48 = x$ **12.** $x + 15 = 31$

Escribir y resolver ecuaciones con números racionales

Repaso rápido

Puedes usar relaciones inversas y propiedades de la igualdad para resolver cada ecuación.

Ejemplo

Resuelve $w + 4\frac{1}{3} = 7$.

Resta $4\frac{1}{3}$ de ambos lados.

$$w + 4\frac{1}{3} - 4\frac{1}{3} = 7 - 4\frac{1}{3}$$
$$w = 2\frac{2}{3}$$

Resuelve $\frac{3}{5}n = \frac{2}{3}$.

Multiplica ambos por el recíproco de $\frac{3}{5}$.

$$\frac{5}{3} \times \frac{3}{5}n = \frac{5}{3} \times \frac{2}{3}$$
$$n = \frac{10}{9} \text{ o } 1\frac{1}{9}$$

Práctica

En **1** a **8**, halla el valor de x.

1. $x + 3\frac{5}{8} = 7\frac{1}{4}$ **2.** $x - \frac{4}{8} = 4\frac{1}{4}$

3. $x \div 15 = 8\frac{1}{3}$ **4.** $\frac{4}{2}x = 6$

5. $\frac{x}{3} = 9$ **6.** $14x = 73.5x$

7. $12x = 19.2$ **8.** $17.9 - x = 12.8$

9. Tomás compra una bolsa de 5 duraznos por $3.55. Escribe y resuelve una ecuación para hallar cuánto dinero, d, pagó Tomás por cada durazno.

10. Krys tiene $1.54 y gasta $0.76. Escribe y resuelve una ecuación para hallar cuánto dinero, d, le queda a Krys.

  Entender y escribir desigualdades

Repaso rápido

Una **desigualdad** es un enunciado matemático que contiene < (menor que), > (mayor que), ≤ (menor que o igual a), ≥ (mayor que o igual a) o ≠ (no es igual a).

Ejemplo

Situación	Desigualdad
La edad de la casa, e, es mayor que 3 años.	$e > 3$
El costo de la casa, c, es al menos $50,000.	$c \geq 50{,}000$
La cantidad de ventanas, v, es menor que 10.	$v < 10$
La cantidad de personas, p, que viven en la casa es como máximo 5.	$p \leq 5$
La cantidad de camiones, c, que hay en el garaje no es 2.	$c \neq 2$

Práctica

Escribe una desigualdad para cada situación.

1. Hasta 5 personas, p, visitaron a Mary hoy.

2. El valor, v, del sombrero es menor que $9.

3. La cantidad de invitados, i, que vienen a cenar no es 8.

4. La distancia de la carrera, d, es al menos 6 millas.

5. El tiempo que lleva llegar a casa de la abuela, t, es más de 2 horas.

  Resolver desigualdades

Repaso rápido

Para representar las soluciones de una desigualdad en una recta numérica, usa un círculo abierto para < o > y un círculo cerrado para ≤ o ≥. Si los valores de la variable son menores que el número dado, sombrea hacia la izquierda de la recta numérica. Si los valores de la variable son mayores que el número dado, sombrea hacia la derecha de la recta numérica.

Ejemplo

"Molly tiene menos de 15 años" se representa con la desigualdad $x < 15$. Escribe tres edades que puedan representar la edad de Molly.

Para representar la desigualdad en una recta numérica, dibuja un círculo abierto en 15 y sombrea hacia la izquierda de 15, porque x es menor que 15. Dibuja una flecha para mostrar todos los números menores que 15.

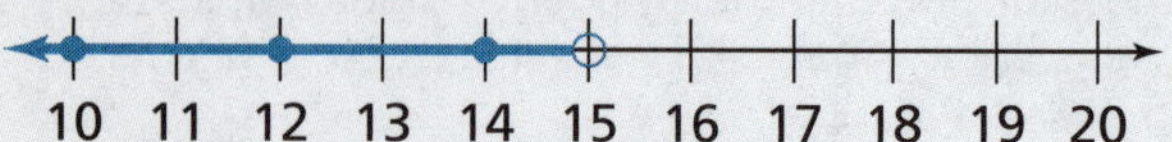

Hay muchas soluciones. Molly podría tener 10, 12, 14 o cualquier otra edad menor a 15 años.

Práctica

Escribe la desigualdad que representa cada gráfica.

1. 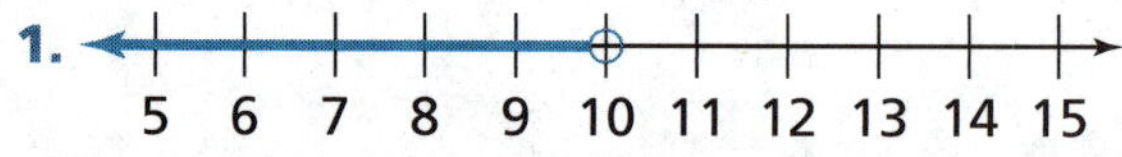

2. 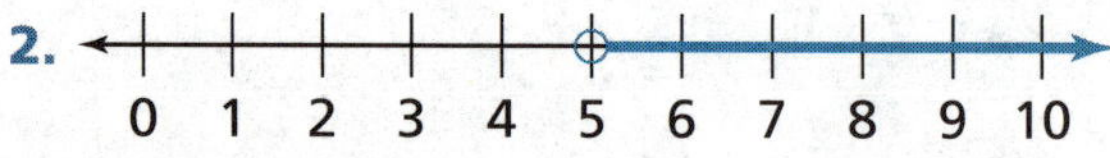

3. 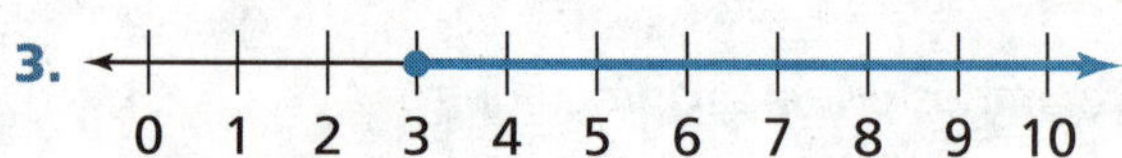

4. 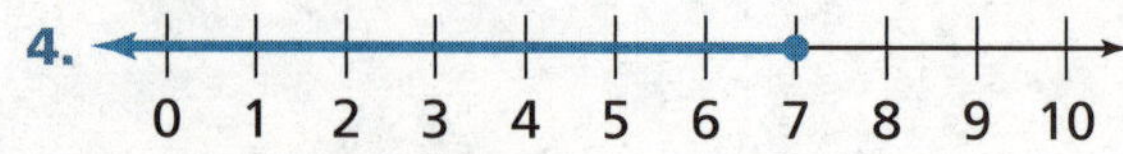

  ## Entender variables dependientes e independientes

Repaso rápido

Piensa cómo los valores de las variables se afectan entre sí.

Para identificar la variable dependiente, pregúntate qué variable depende de otra.

Para identificar la variable independiente, pregúntate qué variable produce el cambio.

Ejemplo

El equipo está lavando carros. La ecuación $d = 2c$ representa el dinero, d, que ganan por lavar c carros. Identifica la variable dependiente y la variable independiente.

La cantidad de dinero que ganan **depende** de la cantidad de carros que lavan. La variable dependiente es d.

La cantidad de carros lavados cambia la cantidad de dinero ganado. La variable independiente es c.

Práctica

Identifica la variable dependiente y la variable independiente en cada situación.

1. La distancia recorrida, d, y la velocidad, v

2. Las calorías, c, en un bocadillo y la cantidad del bocadillo, b

3. La cantidad de dinero que gastas, g, y el dinero que te queda, d

4. La cantidad de rodajas de manzana que quedan, q, y la cantidad de rodajas de manzana que se comieron, r

---

  ## Usar patrones para escribir y resolver ecuaciones

Repaso rápido

Busca patrones entre dos variables relacionadas para hallar reglas y escribir ecuaciones.

Ejemplo

Escribe una regla y una ecuación que represente el patrón. Luego, completa la tabla.

x	3	4	5	6	7
y	12	16	20	24	28

Halla la regla y escribe una ecuación.

12 es 3 × 4
16 es 4 × 4
20 es 5 × 4

Regla: El valor de y es 4 veces el valor de x.

Ecuación: $y = 4x$

Evalúa la ecuación para $x = 6$ y $x = 7$.

$y = 4 \times 6 = 24$

$y = 4 \times 7 = 28$

Práctica

1. Halla el patrón y luego escribe una regla y una ecuación que represente el patrón. Luego, completa la tabla.

x	0	2	10	16	20
y	0	1	5		

2. Usa la ecuación para completar la tabla.

$y = 6x + 1$

x	1	2	3	4	5
y					

Repaso rápido

Se puede usar una tabla, una ecuación o una gráfica para analizar la relación entre variables dependientes e independientes. Se pueden usar los pares ordenados que hacen que la ecuación sea verdadera para graficar la ecuación.

Ejemplo

Completa la tabla y la gráfica para mostrar la relación entre las variables de la ecuación $t = s + 1$.

Un restaurante tiene una oferta por la cual al comprar un sándwich, el segundo sándwich cuesta $1.

Sea s = el precio de un sándwich.

Sea t = el precio total de dos sándwiches.

Paso 1 Haz una tabla. Incluye al menos tres valores.

$t = s + 1$	
s	t
$1.50	$2.50
$2	$3
$3	$4

Paso 2 Grafica cada par ordenado en el plano de coordenadas. Luego, traza una recta que pase por los puntos.

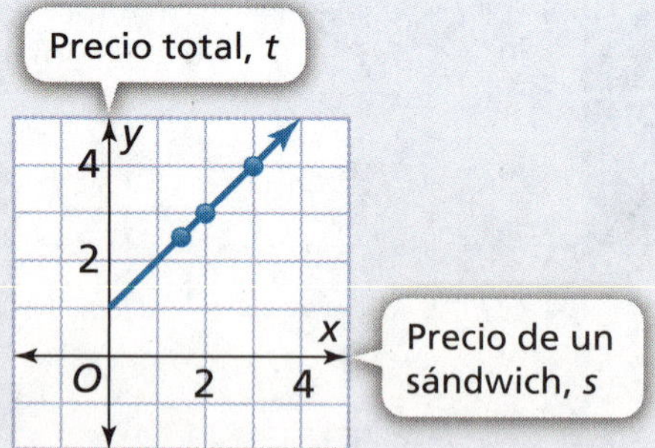

Práctica

1. El equipo de carrera a campo traviesa entrena trotando por las calles del pueblo. El ritmo medio es 6 millas por hora. Un miembro trotó durante 3.5 horas un fin de semana. ¿Cuántas millas trotó el miembro del equipo?

a. Completa la tabla para relacionar la cantidad de millas con la cantidad de horas trotadas.

x	y
1	
2	
3	

b. Grafica los pares ordenados en el plano de coordenadas.

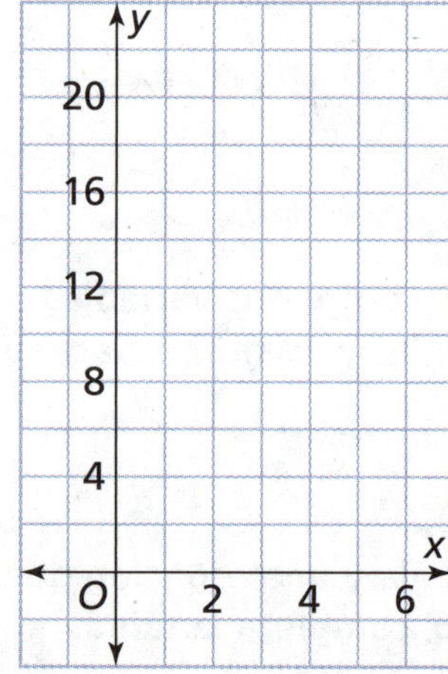

c. Escribe una ecuación que describa la relación. Luego, resuelve el problema.

2. Alex está haciendo marionetas para un espectáculo. Compró toda la cuerda necesaria por $125. Los otros materiales para hacer cada marioneta cuestan $18. ¿Cuál es el costo total de 50 marionetas?

Reordenar el acertijo

Halla cada cociente. Luego, ordena las respuestas de menor a mayor. Las letras formarán la respuesta del acertijo de abajo.

Puedo... dividir números con varios dígitos.

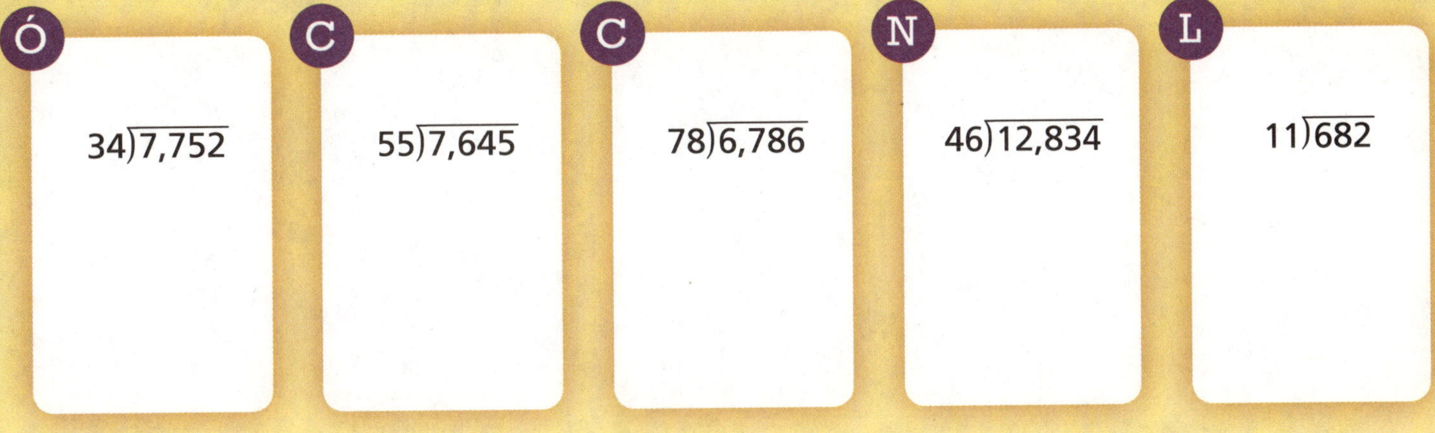

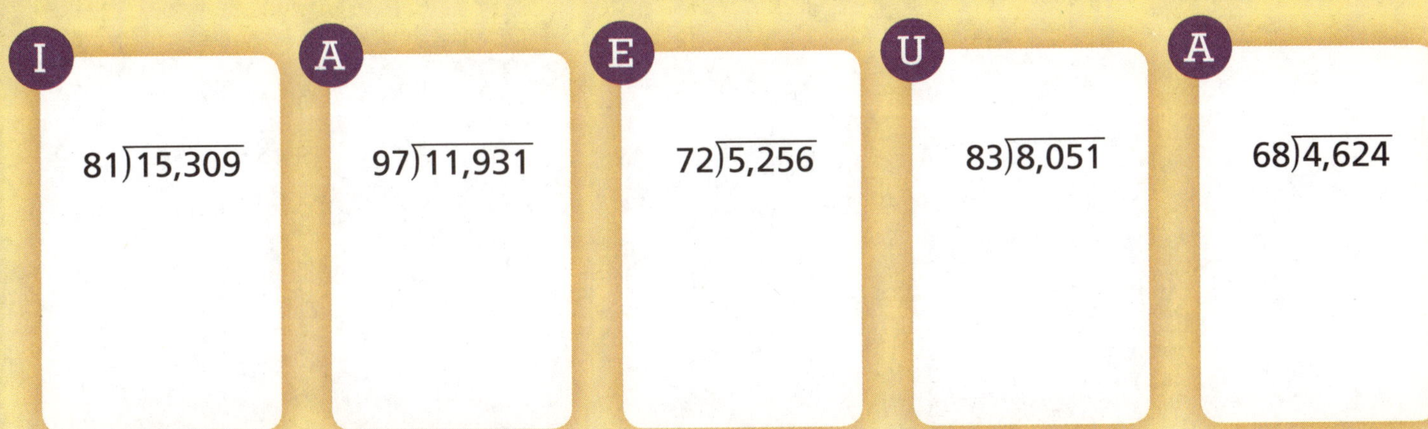

¿Qué tiene dos lados pero a veces puede parecer una línea?

GLOSARIO

A

aislar una variable Cuando resuelves ecuaciones, aislar una variable es poner una variable con un coeficiente de 1 sola a un lado de la ecuación. Usa las propiedades de la igualdad y operaciones inversas para aislar una variable.

isolate a variable When solving equations, to isolate a variable means to get a variable with a coefficient of 1 alone on one side of an equation. Use the properties of equality and inverse operations to isolate a variable.

Ejemplo Para aislar x en $2x = 8$, se dividen ambos lados de la ecuación por 2.

---

altura de un paralelogramo La altura de un paralelogramo es la distancia perpendicular que existe entre las bases opuestas.

height of a parallelogram The height of a parallelogram is the perpendicular distance between opposite bases.

Ejemplo

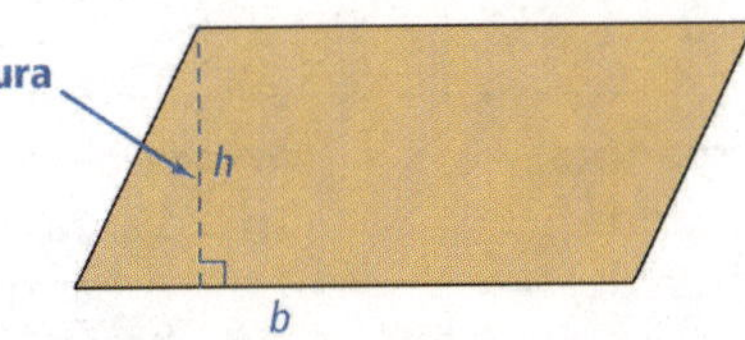

---

altura de un prisma La altura de un prisma es la longitud de un segmento perpendicular que une las bases.

height of a prism The height of a prism is the length of a perpendicular segment that joins the bases.

Ejemplo

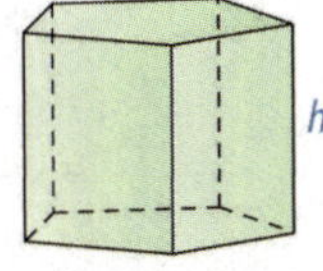

---

altura de un triángulo La altura de un triángulo es la longitud del segmento perpendicular desde un vértice hasta la base opuesta a ese vértice.

height of a triangle The height of a triangle is the length of the perpendicular segment from a vertex to the base opposite that vertex.

Ejemplo

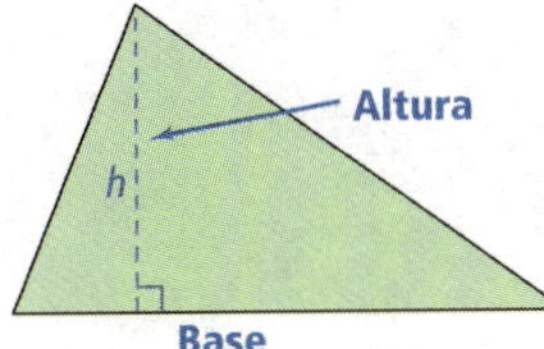

---

altura de una pirámide La altura de una pirámide es la longitud de un segmento perpendicular a la base que une el vértice con la base.

height of a pyramid The height of a pyramid is the length of a segment perpendicular to the base that joins the vertex and the base.

Ejemplo

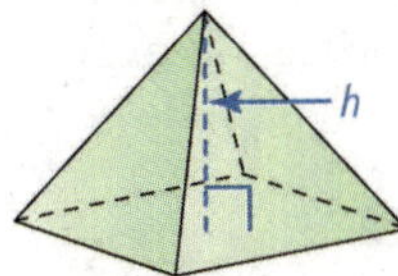

ESPAÑOL

INGLÉS

---

análisis dimensional Método que usa factores de conversión para convertir una unidad de medida a otra unidad de medida.

Ejemplo: 64 o̶n̶z̶a̶s̶ $\times \dfrac{1 \text{ taza}}{8 \text{ o̶n̶z̶a̶s̶}} = \dfrac{64}{8}$ tazas

$\qquad\qquad\qquad = 8$ tazas

Ejemplo 3.5 pies $\times \dfrac{12 \text{ pulgs.}}{1 \text{ p̶i̶e̶s̶}}$

$\qquad\qquad = 3.5 \times 12$ pulgs.

$\qquad\qquad = 42$ pulgs.

dimensional analysis A method to convert measures by including measurement units when multiplying by a conversion factor.

árbol de factores Diagrama que muestra la descomposición en factores primos de un número.

factor tree A factor tree shows the prime factorization of a composite number.

Ejemplo

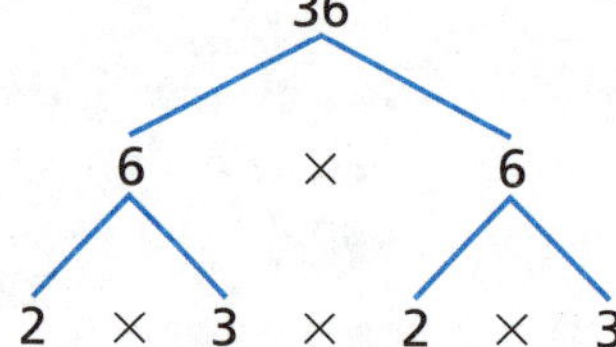

área total de una figura tridimensional El área total de una figura tridimensional es la suma de las áreas de sus caras. Puedes hallar el área total si hallas el área del modelo plano de la figura tridimensional.

surface area of a three-dimensional figure The surface area of a three-dimensional figure is the sum of the areas of its faces. You can find the surface area by finding the area of the net of the three-dimensional figure.

Ejemplo

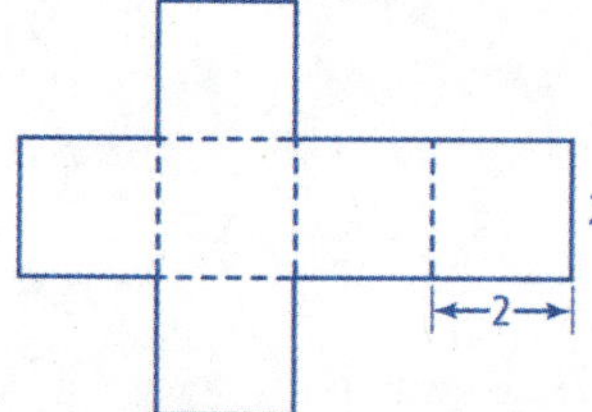

Área total $= 6l^2$

$\qquad\quad = 6(2)^2$

$\qquad\quad = 6(4)$

$\qquad\quad = 24$

---

arista de una figura tridimensional Una arista de una figura tridimensional es un segmento formado por la intersección de dos caras.

edge of a three-dimensional figure An edge of a three-dimensional figure is a segment formed by the intersection of two faces.

Ejemplo

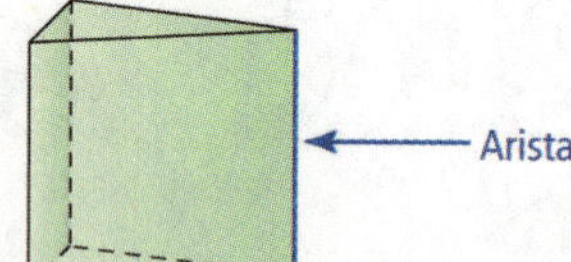

B

base La base es el factor repetido de un número escrito en forma exponencial.

base The base is the repeated factor of a number written in exponential form.

Ejemplo $3^4 = 3 \times 3 \times 3 \times 3$

En la expresión 3^4, 3 es la base y 4 es el exponente.

base de un paralelogramo La base de un paralelogramo es cualquiera de los lados del paralelogramo.

base of a parallelogram A base of a parallelogram is any side of the parallelogram.

Ejemplo

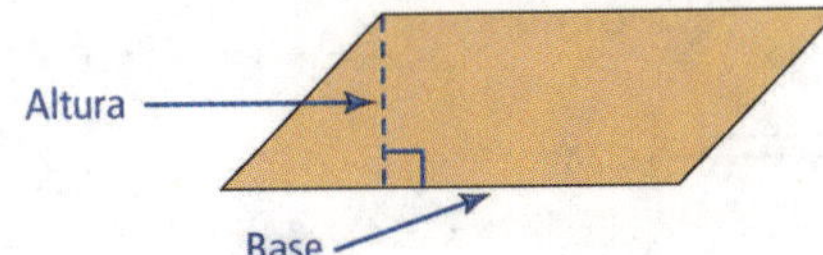

base de un prisma La base de un prisma es una de las dos caras poligonales paralelas que tienen el mismo tamaño y la misma forma. El nombre de un prisma depende de la forma de sus bases.

base of a prism A base of a prism is one of a pair of parallel polygonal faces that are the same size and shape. A prism is named for the shape of its bases.

Ejemplo

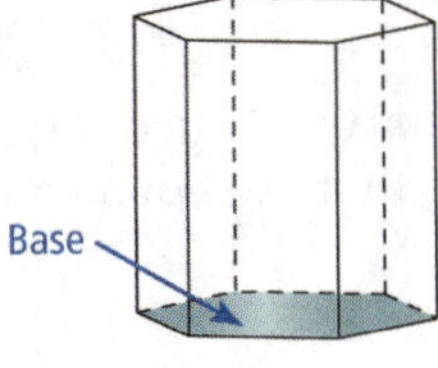

base de un triángulo La base de un triángulo es cualquiera de los lados del triángulo.

base of a triangle The base of a triangle is any side of the triangle.

Ejemplo

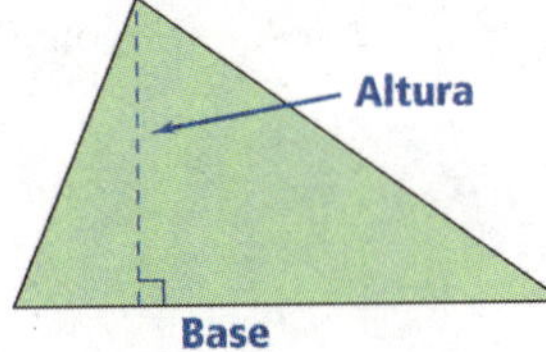

base de una pirámide La base de una pirámide es una cara poligonal que no se conecta con el vértice.

base of a pyramid A base of a pyramid is a polygonal face that does not connect to the vertex.

Ejemplo

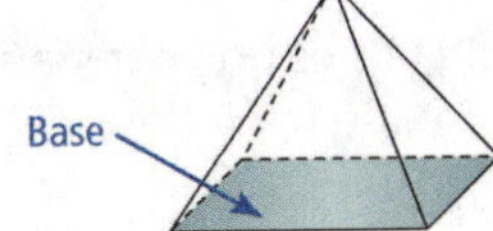

C

cara de una figura tridimensional La cara de una figura tridimensional es una superficie plana con forma de polígono.

face of a three-dimensional figure A face of a three-dimensional figure is a flat surface shaped like a polygon.

Ejemplo

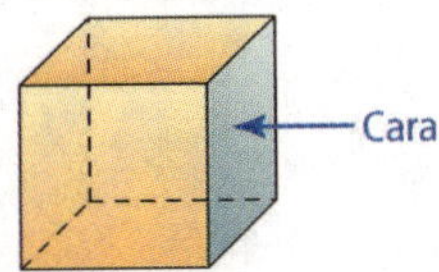

circunferencia de un círculo La circunferencia de un círculo es la distancia alrededor del círculo.

circumference of a circle The circumference of a circle is the distance around the circle.

Ejemplo

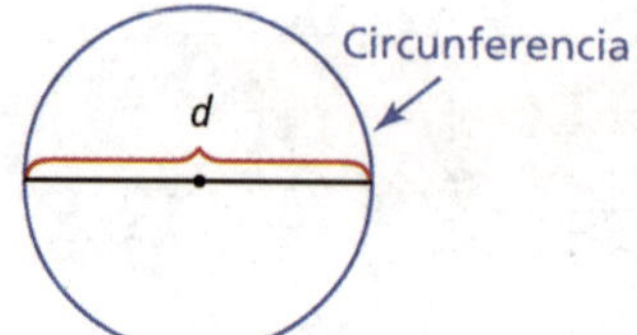

coeficiente Un coeficiente es la parte numérica de un término que contiene una variable.

coefficient A coefficient is the number part of a term that contains a variable.

Ejemplo En la expresión $3x + 4y + 12$, los coeficientes son 3 y 4.

cometa Cuadrilátero con dos pares de lados adyacentes de igual longitud.

kite A quadrilateral with two pairs of adjacent sides that are equal in length.

Ejemplo

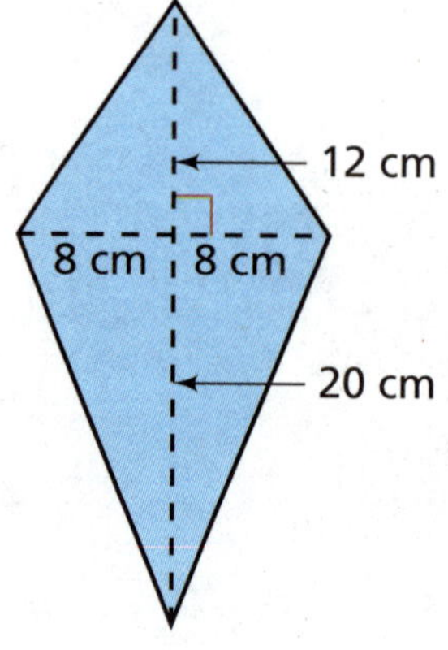

constante Una constante es un término que solamente contiene un número.

constant A constant is a term that only contains a number.

Ejemplo En la expresión $3x + 4y + 12$, 12 es una constante.

coordenada x La coordenada x (abscisa) es el primer número de un par ordenado. Indica cuántas unidades horizontales hay entre un punto y 0.

x-coordinate The x-coordinate is the first number in an ordered pair. It tells the number of horizontal units a point is from 0.

Ejemplo La coordenada x es −2 para el par ordenado (−2, 1).
La coordenada x está 2 unidades a la izquierda del eje de las y.

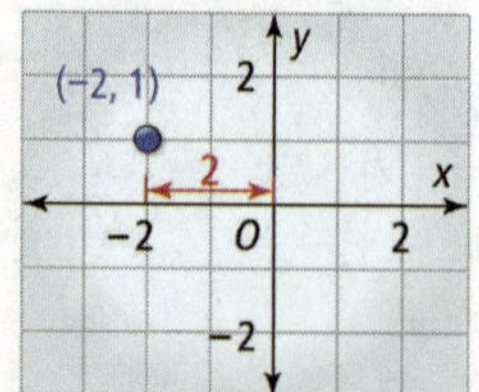

ESPAÑOL

INGLÉS

coordenada y La coordenada *y* (ordenada) es el segundo número de un par ordenado. Indica cuántas unidades verticales hay entre un punto y 0.

y-coordinate The y-coordinate is the second number in an ordered pair. It tells the number of vertical units a point is from 0.

Ejemplo La coordenada *y* es 1 para el par ordenado (−2, 1). La coordenada *y* está 1 unidad arriba del eje de las *x*.

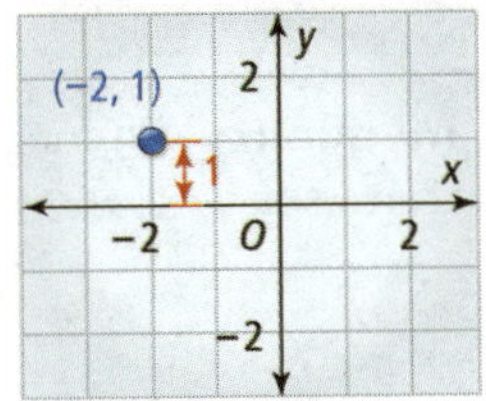

cuadrante Los ejes de las *x* y de las *y* dividen el plano de coordenadas en cuatro regiones llamadas cuadrantes.

quadrant The *x*- and *y*-axes divide the coordinate plane into four regions called quadrants.

Ejemplo

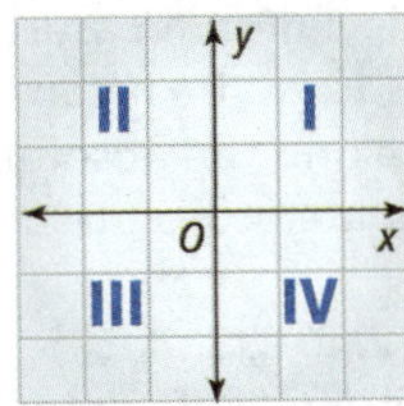

Los cuadrantes están rotulados como I, II, III y IV.

cuartil Los cuartiles de un conjunto de datos dividen el conjunto de datos en cuatro partes que tienen la misma cantidad de valores cada una.

quartile The quartiles of a data set divide the data set into four parts with the same number of data values in each part.

Ejemplo Conjunto de datos: −5, −1, 4, 7, 8, 8, 11
Primer cuartil: −1
Segundo cuartil (mediana): 7
Tercer cuartil: 8

datos por categorías Los datos por categorías son datos que se pueden clasificar en categorías.

categorical data Categorical data consist of data that fall into categories.

Ejemplo Los datos sobre género son un ejemplo de datos por categorías, porque los datos tienen valores que entran en las categorías "masculino" y "femenino".

desarrollar una expresión algebraica Para desarrollar una expresión algebraica, usa la propiedad distributiva para reescribir el producto como una suma o diferencia de términos.

expand an algebraic expression To expand an algebraic expression, use the Distributive Property to rewrite a product as a sum or difference of terms.

Ejemplo La expresión $(5 - x)(y)$ es un producto que se puede desarrollar usando la propiedad distributiva.
$$(5 - x)(y) = 5(y) - x(y)$$
$$= 5y - (xy)$$
$$= 5y - xy$$

descomposición en factores primos
La descomposición en factores primos de un
número compuesto es la expresión del número
como un producto de sus factores primos.

prime factorization The prime factorization of a
composite number is the expression of the number as a
product of its prime factors.

Ejemplo La descomposición en factores primos de 30 es 2 • 3 • 5.

desigualdad Una desigualdad es una oración
matemática que usa $<, \leq, >, \geq$ o $\neq$ para
comparar dos cantidades.

inequality An inequality is a mathematical sentence
that uses $<, \leq, >, \geq$, or $\neq$ to compare two quantities.

Ejemplo $13 > 7$
$17 + c \leq 25$

desviación absoluta de la media La desviación
absoluta mide la distancia a la que un valor se encuentra
de la media. Para hallar la desviación absoluta, tomas
el valor absoluto de la desviación de un valor.
Las desviaciones absolutas siempre son no negativas.

absolute deviation from the mean Absolute
deviation measures the distance that the data value
is from the mean. You find the absolute deviation by
taking the absolute value of the deviation of a data
value. Absolute deviations are always nonnegative.

Ejemplo Conjunto de datos: 0, 1, 1, 2, 2, 2, 2, 3, 3, 5, 5, 10. Las desviaciones
absolutas de los valores del conjunto de datos son:

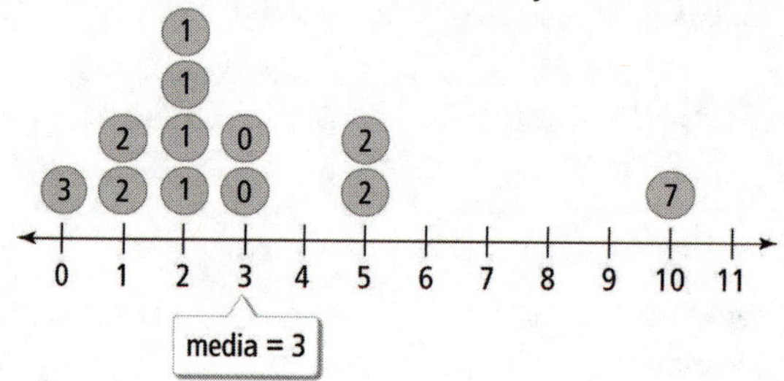

desviación absoluta media La desviación absoluta
media es una medida de variabilidad que describe
cuánto se alejan los valores de la media de un conjunto
de datos. La desviación absoluta media es la distancia
promedio que los valores se alejan de la media.

$$\text{DAM} = \frac{\text{suma de las desviaciones absolutas de los valores}}{\text{número total de valores}}$$

mean absolute deviation The mean absolute deviation
is a measure of variability that describes how much the
data values are spread out from the mean of a data set.
The mean absolute deviation is the average distance that
the data values are spread around the mean.

$$\text{MAD} = \frac{\text{sum of the absolute deviations of the data values}}{\text{total number of data values}}$$

Ejemplo Conjunto de datos: 0, 1, 1, 2, 2, 2, 2, 3, 3, 5, 5, 10.
La desviación absoluta media del conjunto de datos es 1.8.

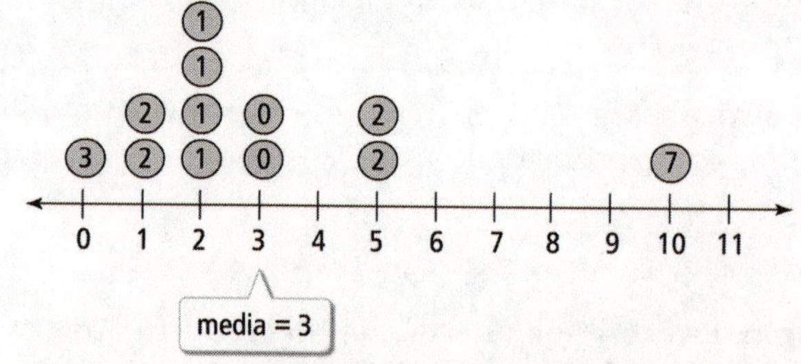

$$\text{desviación absoluta media} = \frac{3+2+2+1+1+1+1+0+0+2+2+7}{12}$$

$$= \frac{22}{12}$$

$$\approx 1.8$$

ESPAÑOL

INGLÉS

desviación de la media La desviación indica a qué distancia y en qué dirección un valor se aleja de la media. Los valores menores que la media tienen una desviación negativa. Los valores mayores que la media tienen una desviación positiva.

deviation from the mean Deviation indicates how far away and in which direction a data value is from the mean. Data values that are less than the mean have a negative deviation. Data values that are greater than the mean have a positive deviation.

Ejemplo Conjunto de datos: 0, 1, 1, 2, 2, 2, 2, 3, 3, 5, 5, 10. Las desviaciones de los valores del conjunto de datos son:

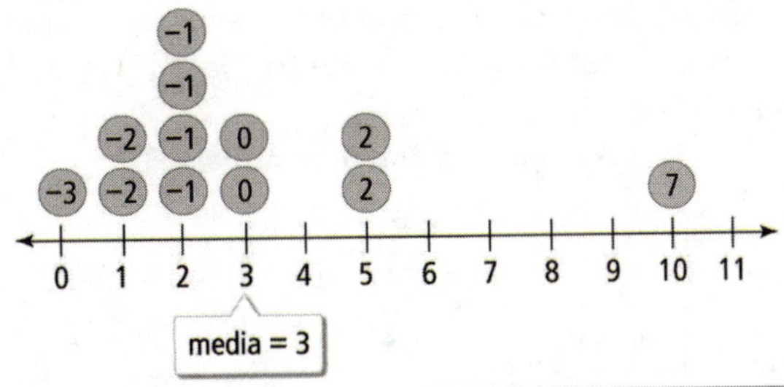

diagrama de caja Un diagrama de caja es un diagrama de estadísticas que muestra la distribución de un conjunto de datos marcando cinco puntos de frontera donde se hallan los datos sobre una recta numérica. A diferencia del diagrama de puntos o el histograma, el diagrama de caja no muestra la frecuencia.

box plot A box plot is a statistical graph that shows the distribution of a data set by marking five boundary points where data occur along a number line. Unlike a dot plot or a histogram, a box plot does not show frequency.

Ejemplo

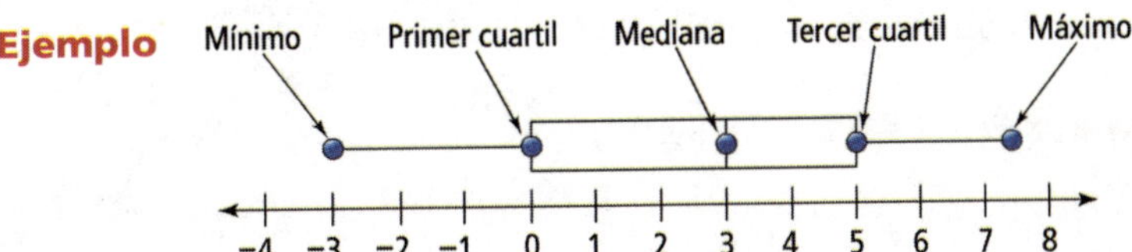

diámetro Un diámetro es un segmento que atraviesa el centro de un círculo y tiene sus dos extremos en el círculo. El término diámetro también puede referirse a la longitud de este segmento.

diameter A diameter is a segment that passes through the center of a circle and has both endpoints on the circle. The term diameter can also mean the length of this segment.

Ejemplo

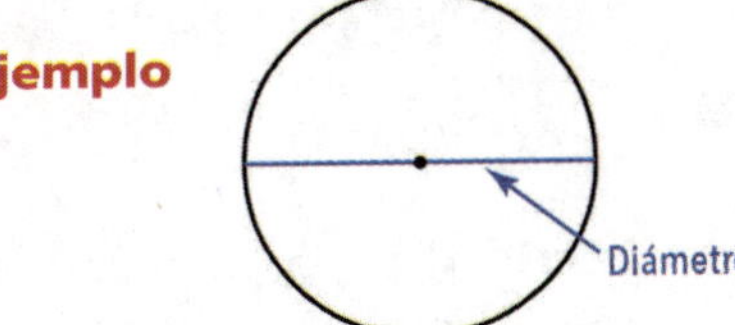

distribución (de un conjunto de datos)
La distribución de un conjunto de datos describe la manera en que sus valores se esparcen sobre todos los valores posibles. Eso incluye la descripción de las frecuencias de cada valor. La forma de una exhibición de datos muestra la distribución de un conjunto de datos. Ver *distribución de datos*.

distribution (of a data set) The distribution of a data set describes the way that its data values are spread out over all possible values. This includes describing the frequencies of each data value. The shape of a data display shows the distribution of a data set. See *data distribution*.

Ejemplo La distribución de este conjunto de datos muestra que los datos están agrupados alrededor de 2 y 7, y que hay un valor alejado en 12.

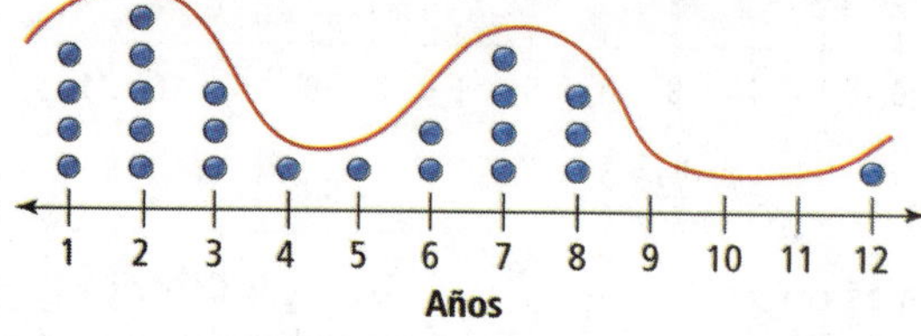

distribución de datos Para describir una distribución de datos se evalúan las medidas de centro y variabilidad y su forma general. Ver *distribución (de un conjunto de datos)*.

data distribution To describe a data distribution, or how the data values are arranged, you evaluate its measures of center and variability, and its overall shape. See *distribution of a data set*.

dividendo El dividendo es el número que se divide.

dividend The dividend is the number to be divided.

Ejemplo En $28 \div 4 = 7$, el dividendo es 28.

ecuación de porcentaje La ecuación de porcentaje describe la relación entre una parte y un todo. Puedes usar la ecuación de porcentaje parte = por ciento • todo para resolver problemas de porcentaje.

percent equation The percent equation describes the relationship between a part and a whole. You can use the percent equation (part = percent × whole) to solve percent problems.

eje de las x El eje de las *x* es la recta numérica horizontal que, junto con el eje de las *y*, forma el plano de coordenadas.

x-axis The *x*-axis is the horizontal number line that, together with the *y*-axis, forms the coordinate plane.

Ejemplo

eje de las y El eje de las y es la recta numérica vertical que, junto con el eje de las x, forma el plano de coordenadas.

y-axis The y-axis is the vertical number line that, together with the x-axis, forms the coordinate plane.

Ejemplo
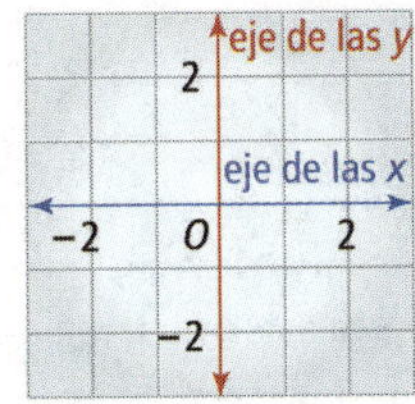

enteros Los enteros son el conjunto de los números enteros positivos, sus opuestos y 0.

integers Integers are the set of positive whole numbers, their opposites, and 0.

Ejemplo ..., −3, −2, −1, 0, 1, 2, 3, ...

espacio vacío o brecha Un espacio vacío o brecha es un área de una gráfica que no contiene ningún valor.

gap A gap is an area of a graph that contains no data points.

Ejemplo
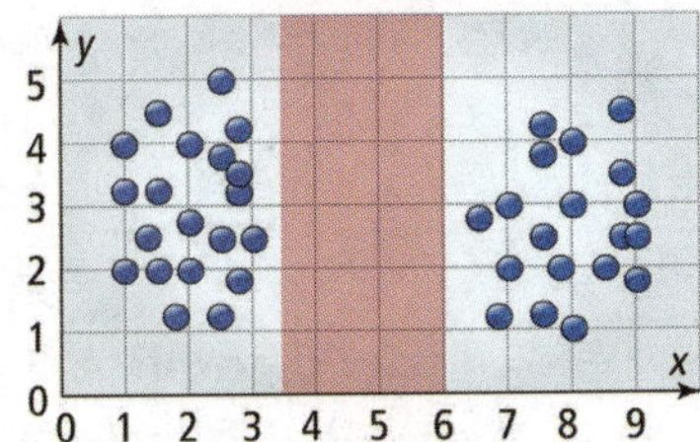

evaluar una expresión algebraica Para evaluar una expresión algebraica, reemplaza cada variable con un número y luego sigue el orden de las operaciones.

evaluate an algebraic expression To evaluate an algebraic expression, replace each variable with a number, and then follow the order of operations.

Ejemplo Para evaluar la expresión $x + 2$ para $x = 4$, sustituye x por 4.
$$x + 2 = 4 + 2 = 6$$

exponente Un exponente es un número que muestra cuántas veces se usa una base como factor.

exponent An exponent is a number that shows how many times a base is used as a factor.

Ejemplo

expresión Una expresión es una frase matemática que puede tener variables, números y operaciones. Ver *expresión algebraica* o *expresión numérica*.

expression An expression is a mathematical phrase that can involve variables, numbers, and operations. See *algebraic expression* or *numerical expression*.

Ejemplo $4 + 9$
$2x$

expresión algebraica Una expresión algebraica es una frase matemática que consiste en variables, números y símbolos de operaciones.

algebraic expression An algebraic expression is a mathematical phrase that consists of variables, numbers, and operation symbols.

Ejemplo $x - 7$, $n + 2$ y $5d$ son expresiones algebraicas.

ESPAÑOL

INGLÉS

expresión numérica Una expresión numérica es una frase matemática que contiene números y símbolos de operaciones.

numerical expression A numerical expression is a mathematical phrase that consists of numbers and operation symbols.

Ejemplo $9 - 17$
$8 + (28 \cdot 53)$

---

expresiones equivalentes Las expresiones equivalentes son expresiones que siempre tienen el mismo valor.

equivalent expressions Equivalent expressions are expressions that always have the same value.

Ejemplo $2(12)$ y $20 + 4$ son expresiones equivalentes.

F

factor de conversión Un factor de conversión es una tasa que es igual a 1.

conversion factor A conversion factor is a rate that equals 1.

Ejemplo $\dfrac{60 \text{ minutos}}{1 \text{ hora}}$

G

gráfica circular Una gráfica circular es una gráfica que representa un todo dividido en partes.

circle graph A circle graph is a graph that represents a whole divided into parts.

Ejemplo

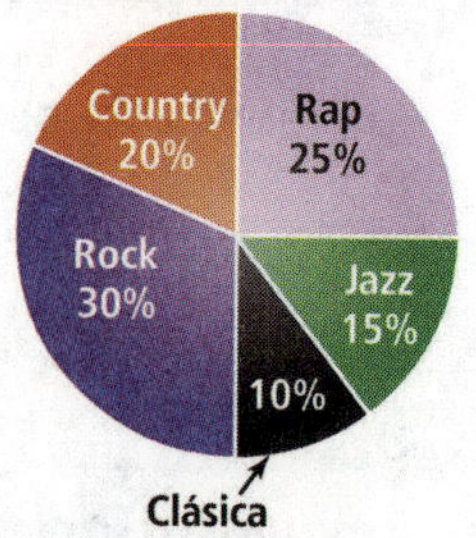

H

histograma Un histograma es una gráfica de estadísticas que muestra la forma de un conjunto de datos con barras verticales encima de intervalos de valores en una recta numérica. Los intervalos tienen el mismo tamaño y no se superponen. La altura de cada barra muestra la frecuencia de los datos dentro de ese intervalo.

histogram A histogram is a statistical graph that shows the shape of a data set with vertical bars above intervals of values on a number line. The intervals are equal in size and do not overlap. The height of each bar shows the frequency of data within that interval.

Ejemplo

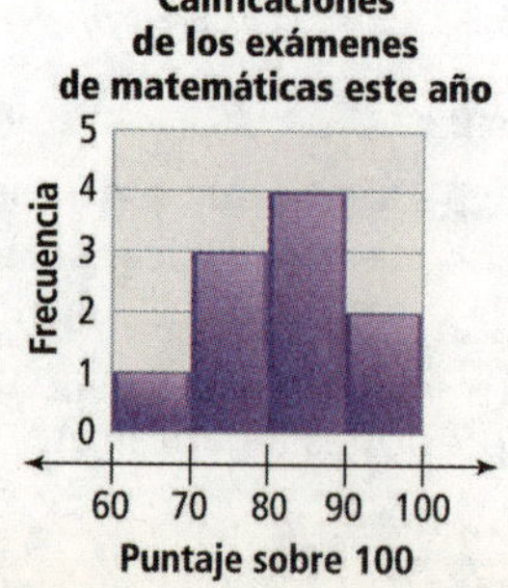

<table>
<tr><th>ESPAÑOL</th><th>INGLÉS</th></tr>
</table>

inversos de suma Dos números cuya suma es 0.

additive inverses Two numbers that have a sum of 0.

Ejemplo 7 y −7 son inversos de suma.

máximo común divisor El máximo común divisor (M.C.D.) de dos o más números enteros no negativos es el número mayor que es un factor de todos los números.

greatest common factor The greatest common factor (GCF) of two or more whole numbers is the greatest number that is a factor of all of the numbers.

Ejemplo El máximo común divisor de 12 y 10 es 2.
El máximo común divisor de 24 y 6 es 6.

media La media representa el centro de un conjunto de datos numéricos. Para hallar la media, suma los valores y luego divide por la cantidad de valores del conjunto de datos.

mean The mean represents the center of a numerical data set. To find the mean, sum the data values and then divide by the number of values in the data set.

Ejemplo Conjunto de datos: 2, 4, 5, 15, 23, 12, 9

$$\text{media} = \frac{2 + 4 + 5 + 15 + 23 + 12 + 9}{7} = \frac{70}{7} = 10$$

mediana La mediana representa el centro de un conjunto de datos numéricos. Para una cantidad impar de valores, la mediana es el valor del medio cuando los valores están organizados en orden numérico. Para una cantidad par de valores, la mediana es el promedio de los dos valores del medio cuando los valores están organizados en orden numérico.

median The median represents the center of a numerical data set. For an odd number of data values, the median is the middle value when the data values are arranged in numerical order. For an even number of data values, the median is the average of the two middle values when the data values are arranged in numerical order.

Ejemplo Conjunto de datos A: 3, 5, 6, 10, 11, 13, 18, 21, 25
La mediana del conjunto de datos A es 11.
Conjunto de datos B: 3, 5, 6, 10, 11, 13, 18, 21, 25, 30
La mediana del conjunto de datos B es $\frac{11 + 13}{2}$, o 12.

medida de tendencia central Una medida de tendencia central es un valor que representa el centro de un conjunto de datos. Puede haber más de una medida de tendencia central para un conjunto de datos.

measures of center A measure of center is a value that represents the middle of a data set. There may be more than one measure of center for a data set.

Ejemplo Conjunto de datos: 4, 5, 5, 6, 6, 7, 8, 11

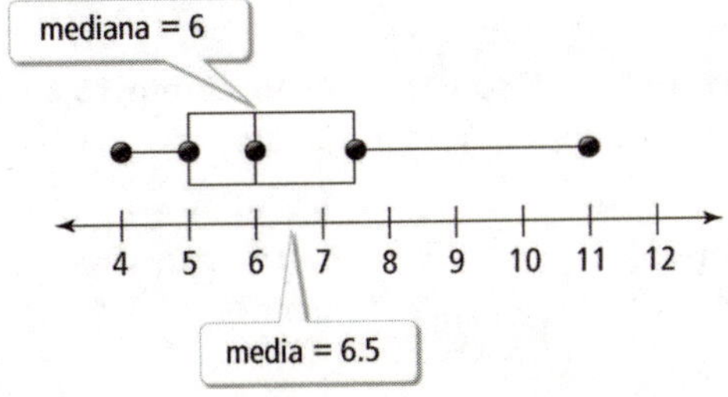

ESPAÑOL

INGLÉS

medida de variabilidad Una medida de variabilidad describe la distribución de los valores de un conjunto de datos. Puede haber más de una medida de variabilidad para un conjunto de datos.

measure of variability A measure of variability describes the spread of values in a data set. There may be more than one measure of variability for a data set.

Ejemplo Conjunto de datos: 4, 5, 5, 6, 6, 7, 8, 11

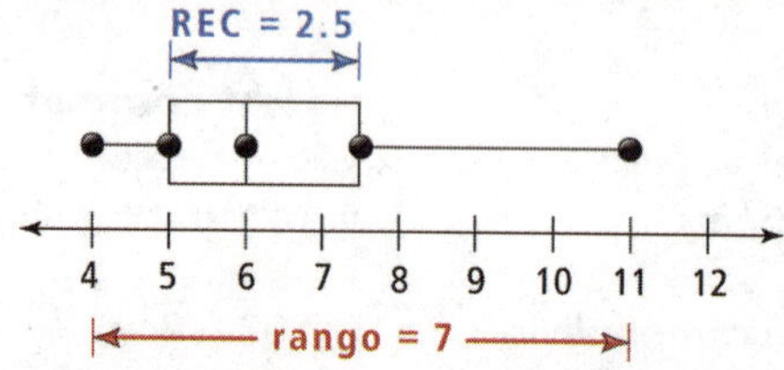

---

mínimo común múltiplo El mínimo común múltiplo (m.c.m.) de dos o más números es el múltiplo menor, sin incluir el cero, compartido por todos los números.

least common multiple The least common multiple (LCM) of two or more numbers is the least multiple, not including zero, shared by all of the numbers.

Ejemplo El (m.c.m.) de 4 y 6 es 12.
El (m.c.m.) de 3 y 15 es 15.

---

moda El elemento, o los elementos, de un conjunto de datos que ocurre con más frecuencia.

mode The item, or items, in a data set that occurs most frequently.

Ejemplo En un estacionamiento hay 18 carros rojos, 10 carros azules y 12 carros plateados. La moda del conjunto de datos es *rojo*.

---

modelo plano Un modelo plano es un diseño bidimensional que puedes doblar para formar una figura tridimensional. Un modelo plano de una figura muestra todas las superficies de la figura en una vista.

net A net is a two-dimensional pattern that you can fold to form a three-dimensional figure. A net of a figure shows all of the surfaces of that figure in one view.

Ejemplo Este es el modelo plano de un prisma triangular.

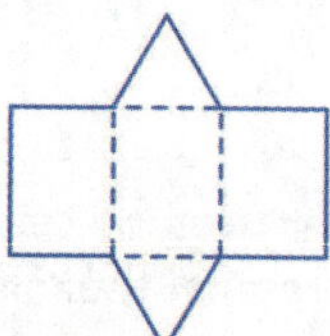

N

---

número compuesto Un número compuesto es un número entero mayor que 1 con más de dos factores.

composite number A composite number is a whole number greater than 1 with more than two factors.

Ejemplo Los factores de 15 son 1, 3, 5 y 15. Como 15 tiene más de dos factores, es un número compuesto.

---

número primo Un número primo es un número entero mayor que 1 con exactamente dos factores: 1 y el número mismo.

prime number A prime number is a whole number greater than 1 with exactly two factors, 1 and the number itself.

Ejemplo Los factores de 5 son 1 y 5. Por tanto, 5 es un número primo.

<table>
<tr><th>ESPAÑOL</th><th>INGLÉS</th></tr>
</table>

números negativos Los números negativos son números menores que cero.

> **Ejemplo** El número −5 puede representar una temperatura de 5 grados bajo cero.

negative numbers Negative numbers are numbers less than zero.

---

números positivos Los números positivos son números mayores que cero.

> **Ejemplo** El número +3 puede representar una temperatura de 3 grados sobre cero. +3 generalmente se escribe como 3.

positive numbers Positive numbers are numbers greater than zero.

---

números racionales Un número racional es un número que se puede escribir como $\frac{a}{b}$ o $-\frac{a}{b}$, donde a es un número entero no negativo y b es un número entero positivo. Los números racionales incluyen los enteros.

> **Ejemplo** $\frac{1}{3}$, −5, 6.4, $0.\overline{6}$ son todos números racionales.

rational numbers A rational number is a number that can be written in the form $\frac{a}{b}$ or $-\frac{a}{b}$, where a is a whole number and b is a positive whole number. The rational numbers include the integers.

O

operaciones inversas Las operaciones inversas son operaciones que se cancelan entre sí.

> **Ejemplo** La suma y la resta son operaciones inversas, porque se cancelan entre sí.
> $4 + 3 = 7$ y $7 − 4 = 3$
>
> La multiplicación y la división son operaciones inversas, porque se cancelan entre sí.
> $4 \times 3 = 12$ y $12 \div 4 = 3$

inverse operations Inverse operations are operations that undo each other.

---

opuestos Los opuestos son dos números que están a la misma distancia de 0 en la recta numérica pero en direcciones opuestas.

> **Ejemplo** 17 y −17 son opuestos.

opposites Opposites are two numbers that are the same distance from 0 on a number line, but in opposite directions.

---

origen El origen es el punto de intersección del eje de las x y el eje de las y en un plano de coordenadas.

> **Ejemplo** El par ordenado que describe el origen es (0, 0).

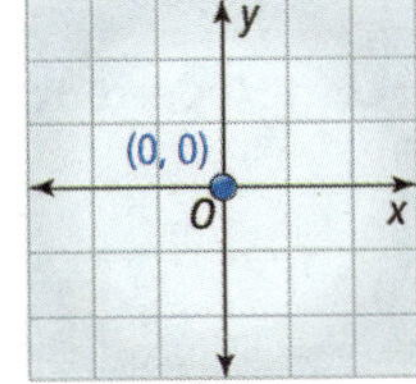

origin The origin is the point of intersection of the x- and y-axes on a coordinate plane.

par ordenado Un par ordenado identifica la ubicación de un punto en el plano de coordenadas. La coordenada x muestra la posición de un punto a la izquierda o a la derecha del eje de las y. La coordenada y muestra la posición de un punto arriba o abajo del eje de las x.

ordered pair An ordered pair identifies the location of a point in the coordinate plane. The x-coordinate shows a point's position left or right of the y-axis. The y-coordinate shows a point's position up or down from the x-axis.

Ejemplo

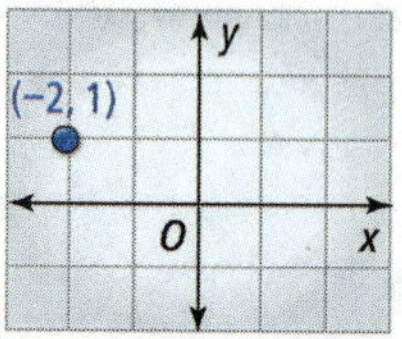

La coordenada x del punto (–2, 1) es –2, y la coordenada y es 1.

Pi Pi (π) es la razón de la circunferencia de un círculo, C, a su diámetro, d.

Pi Pi (π) is the ratio of a circle's circumference, C, to its diameter, d.

Ejemplo

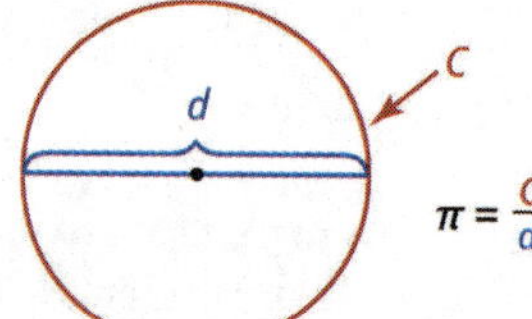

$$\pi = \frac{C}{d}$$

---

plano de coordenadas Un plano de coordenadas está formado por una recta numérica horizontal llamada eje de las x y una recta numérica vertical llamada eje de las y.

coordinate plane A coordinate plane is formed by a horizontal number line called the x-axis and a vertical number line called the y-axis.

Ejemplo

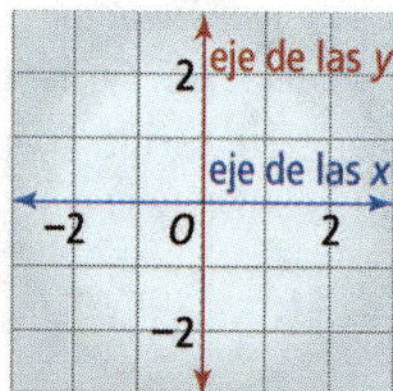

---

poliedro Un poliedro es una figura tridimensional compuesta de superficies planas que son polígonos.

polyhedron A polyhedron is a three-dimensional figure made of flat polygon-shaped surfaces called faces.

Ejemplo Un prisma rectangular es un poliedro.

---

porcentaje Un porcentaje es una razón que compara un número con 100.

percent A percent is a ratio that compares a number to 100.

Ejemplo $\frac{25}{100} = 25\%$

---

potencia Una potencia es un número expresado con un exponente.

power A power is a number expressed using an exponent.

Ejemplo 3^4 y 3^5 son potencias de 3.

<table>
<tr><td>

ESPAÑOL

</td><td>

INGLÉS

</td></tr>
<tr><td>

precio por unidad El precio por unidad es una tasa por unidad que muestra el precio de un artículo.

</td><td>

unit price A unit price is a unit rate that gives the price of one item.

</td></tr>
</table>

Ejemplo $\dfrac{\$2.95}{5}$ onzas líquidas $= \dfrac{\$.59}{1}$ onza líquida, o $.59 por onza líquida

<table>
<tr><td>

pregunta estadística Una pregunta estadística es una pregunta que investiga un aspecto de la vida diaria y puede tener varias respuestas.

</td><td>

statistical question A statistical question is a question that investigates an aspect of the real world and can have variety in the responses.

</td></tr>
</table>

Ejemplo "¿Cuántos años tienen los estudiantes de mi clase?" es una pregunta estadística. "¿Cuántos años tengo?" no es una pregunta estadística.

<table>
<tr><td>

propiedad asociativa de la multiplicación Para números cualesquiera a, b y c:
$(a \cdot b) \cdot c = a \cdot (b \cdot c)$

</td><td>

Associative Property of Multiplication For any numbers a, b, and c:
$(a \cdot b) \cdot c = a \cdot (b \cdot c)$

</td></tr>
</table>

Ejemplo $(16 \cdot 26) \cdot 55 = 16 \cdot (26 \cdot 55)$
$(m \cdot 56) \cdot 4 = m \cdot (56 \cdot 4)$

<table>
<tr><td>

propiedad asociativa de la suma Para números cualesquiera a, b y c:
$(a + b) + c = a + (b + c)$

</td><td>

Associative Property of Addition For any numbers a, b, and c:
$(a + b) + c = a + (b + c)$

</td></tr>
</table>

Ejemplo $(3 + 25) + 4 = 3 + (25 + 4)$
$(m + 25) + 4 = m + (25 + 4)$

<table>
<tr><td>

propiedad conmutativa de la multiplicación Para números cualesquiera a y b: $a \cdot b = b \cdot a$

</td><td>

Commutative Property of Multiplication For any numbers a and b: $a \cdot b = b \cdot a$

</td></tr>
</table>

Ejemplo $17 \cdot 6 = 6 \cdot 17$
$47x = x \cdot 47$

<table>
<tr><td>

propiedad conmutativa de la suma Para números cualesquiera a y b: $a + b = b + a$

</td><td>

Commutative Property of Addition For any numbers a and b: $a + b = b + a$

</td></tr>
</table>

Ejemplo $25 + 56 = 56 + 25$
$x + 72 = 72 + x$

<table>
<tr><td>

propiedad de división de la igualdad Ambos lados de una ecuación se pueden dividir por el mismo número distinto de cero y los lados siguen siendo iguales.

</td><td>

Division Property of Equality The two sides of an equation stay equal when both sides of the equation are divided by the same non-zero amount.

</td></tr>
</table>

Ejemplo $4 + 2 = 6$
$(4 + 2) \div 3 = 6 \div 3$
$(4 + 2) \div a = 6 \div a$

<table>
<tr><td>

propiedad de identidad de la multiplicación El producto de 1 y cualquier número es ese número. Para cualquier número n, $n \cdot 1 = n$ y $1 \cdot n = n$.

</td><td>

Identity Property of Multiplication The product of 1 and any number is that number. For any number n, $n \cdot 1 = n$ and $1 \cdot n = n$.

</td></tr>
</table>

Ejemplo $1 \cdot 67 = 67$
$x \cdot 1 = x$

<table>
<tr><th>ESPAÑOL</th><th>INGLÉS</th></tr>
</table>

propiedad de identidad de la suma La suma de 0 y cualquier número es ese número. Para cualquier número n, $n + 0 = n$ y $0 + n = n$.

Identity Property of Addition The sum of 0 and any number is that number. For any number n, $n + 0 = n$ and $0 + n = n$.

$$\text{Ejemplo} \quad 0 + 41 = 41$$
$$x + 0 = x$$

---

propiedad de resta de la igualdad Se puede restar el mismo número de ambos lados de una ecuación y los lados siguen siendo iguales.

Subtraction Property of Equality The two sides of an equation stay equal when the same amount is subtracted from both sides of the equation.

$$\text{Ejemplo} \quad 4 + 2 = 6$$
$$(4 + 2) - 3 = 6 - 3$$
$$(4 + 2) - a = 6 - a$$

---

propiedad de suma de la igualdad Se puede sumar el mismo número a ambos lados de una ecuación y los lados siguen siendo iguales.

Addition Property of Equality The two sides of an equation stay equal when the same amount is added to both sides of the equation.

$$\text{Ejemplo} \quad 4 + 2 = 6$$
$$(4 + 2) + 3 = 6 + 3$$
$$(4 + 2) + a = 6 + a$$

---

propiedad del cero en la multiplicación El producto de 0 y cualquier número es 0. Para cualquier número n, $n \cdot 0 = 0$ y $0 \cdot n = 0$.

Zero Property of Multiplication The product of 0 and any number is 0. For any number n, $n \cdot 0 = 0$ and $0 \cdot n = 0$.

$$\text{Ejemplo} \quad 36 \cdot 0 = 0$$
$$x(0) = 0$$

---

propiedad distributiva Multiplicar un número por una suma o una diferencia da el mismo resultado que multiplicar ese mismo número por cada uno de los términos de la suma o la diferencia y después sumar o restar los productos obtenidos.
$a \cdot (b + c) = a \cdot b + a \cdot c$ y
$a \cdot (b - c) = a \cdot b - a \cdot c$

Distributive Property Multiplying a number by a sum or difference gives the same result as multiplying that number by each term in the sum or difference and then adding or subtracting the corresponding products.
$a \cdot (b + c) = a \cdot b + a \cdot c$ and
$a \cdot (b - c) = a \cdot b - a \cdot c$

$$\text{Ejemplo} \quad 36(14 + 85) = (36)(14) + (36)(85)$$

---

propiedad inversa de la suma Todos los números tienen un inverso de suma. La suma de un número y su inverso de suma es cero.

Inverse Property of Addition Every number has an additive inverse. The sum of a number and its additive inverse is zero.

$$\text{Ejemplo} \quad 5 \text{ y } -5 \text{ son inversos de suma.}$$
$$5 + (-5) = 0 \text{ y } (-5) + 5 = 0$$

---

propiedad multiplicativa de la igualdad Ambos lados de una ecuación se pueden multiplicar por el mismo número distinto de cero y los lados siguen siendo iguales.

Multiplication Property of Equality The two sides of an equation stay equal when both sides of the equation are multiplied by the same amount.

$$\text{Ejemplo} \quad 4 + 2 = 6$$
$$(4 + 2) \times 3 = 6 \times 3$$
$$(4 + 2) \times a = 6 \times a$$

<table>
<tr><th>ESPAÑOL</th><th>INGLÉS</th></tr>
</table>

rango El rango es una medida de la variabilidad de un conjunto de datos numéricos. El rango de un conjunto de datos es la diferencia que existe entre el mayor y el menor valor del conjunto.

range The range is a measure of variability of a numerical data set. The range of a data set is the difference between the greatest and least values in a data set.

rango intercuartil El rango intercuartil es la distancia entre el primer y el tercer cuartil del conjunto de datos. Representa la ubicación del 50% del medio de los valores.

interquartile range The interquartile range (IQR) is the distance between the first and third quartiles of the data set. It represents the spread of the middle 50% of the data values.

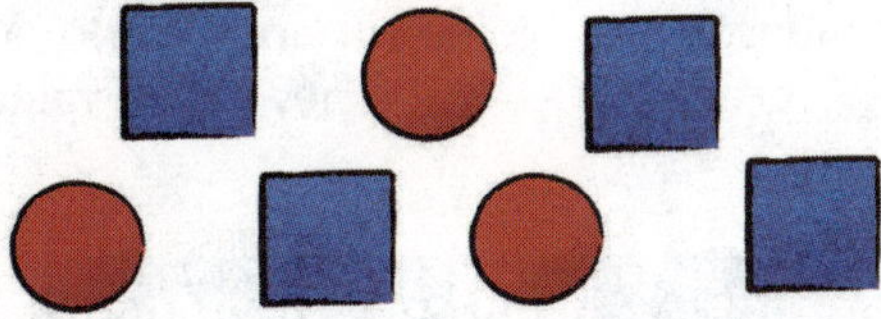

El rango intercuartil del conjunto de datos es 20 − 6, o 14.

razón Una razón es una relación en la cual por cada x unidades de una cantidad hay y unidades de otra cantidad.

ratio A ratio is a relationship in which for every x units of one quantity there are y units of another quantity.

Ejemplo La razón de la cantidad de cuadrados a la cantidad de círculos que se muestra abajo es 4 a 3, o 4 : 3.

razones equivalentes Las razones equivalentes son razones que expresan la misma relación.

equivalent ratios Equivalent ratios are ratios that express the same relationship.

Ejemplo 2 : 3 y 4 : 6 son razones equivalentes.

recíprocos Dos números son recíprocos si su producto es 1. Si un número distinto de cero se expresa como una fracción $\frac{a}{b}$, entonces su recíproco es $\frac{b}{a}$.

reciprocals Two numbers are reciprocals if their product is 1. If a nonzero number is named as a fraction, $\frac{a}{b}$, then its reciprocal is $\frac{b}{a}$.

Ejemplo El recíproco de $\frac{2}{3}$ es $\frac{3}{2}$.

relaciones inversas Las operaciones que se "cancelan" entre sí tienen una relación inversa.

inverse relationship Operations that undo each other have an inverse relationship.

Ejemplo Sumar 5 es lo inverso de restar 5.

simplificar una expresión algebraica Para simplificar una expresión algebraica, combina los términos semejantes de la expresión.

simplify an algebraic expression To simplify an algebraic expression, combine the like terms of the expression.

Ejemplo $4x + 7y + 6x + 9y = (4x + 6x) + (7y + 9y)$
$$= 10x + 16y$$

ESPAÑOL

solución de una desigualdad Las soluciones de una desigualdad son los valores de la variable que hacen que la desigualdad sea verdadera.

Ejemplo Las soluciones de $17 + c > 25$ son $c > 8$.

solución de una ecuación Una solución de una ecuación es un valor de la variable que hace que la ecuación sea verdadera.

Ejemplo La solución de $m - 15 = 12$ es $m = 27$, porque $27 - 15 = 12$.

sustitución La sustitución es el reemplazo de una variable por un número para evaluar una expresión algebraica.

Ejemplo Sustituye n por 4.
$12 + n$
$12 + 4 = 16$

INGLÉS

solution of an inequality The solutions of an inequality are the values of the variable that make the inequality true.

solution of an equation A solution of an equation is a value of the variable that makes the equation true.

substitution To evaluate an algebraic expression, use substitution to replace the variable with a number.

T

tabla de frecuencias Una tabla de frecuencias muestra la cantidad de veces que un valor o un rango de valores aparece en un conjunto de datos.

frequency table A frequency table shows the number of times a data value or values occur in the data set.

Ejemplo

Tiempos	Conteo	Frecuencia
14:00–15:59	IIII	4
16:00–17:59	IHHI	6
18:00–19:59	II	2

tasa Una tasa es una razón que relaciona dos cantidades medidas con unidades diferentes.

rate A rate is a ratio involving two quantities measured in different units.

tasa por unidad Se llama tasa por unidad a la tasa que corresponde a 1 unidad de una cantidad dada.

unit rate The rate for one unit of a given quantity is called the unit rate.

Ejemplo $\dfrac{130 \text{ millas}}{2 \text{ horas}} = \dfrac{65 \text{ millas}}{1 \text{ hora}}$, o 65 millas por hora

término Un término es un número, una variable o el producto de un número y una o más variables.

term A term is a number, a variable, or the product of a number and one or more variables.

Ejemplo En la expresión $3x + 4y + 12$, los términos son $3x$, $4y$ y 12.

términos de una razón Los términos de una razón son la cantidad x y la cantidad y de la razón.

terms of a ratio The terms of a ratio are the quantities x and y in the ratio.

Ejemplo Los términos de la razón $4 : 3$ son 4 y 3.

---

términos semejantes Los términos que tienen partes variables idénticas son términos semejantes.

like terms Terms that have identical variable parts are like terms.

Ejemplo

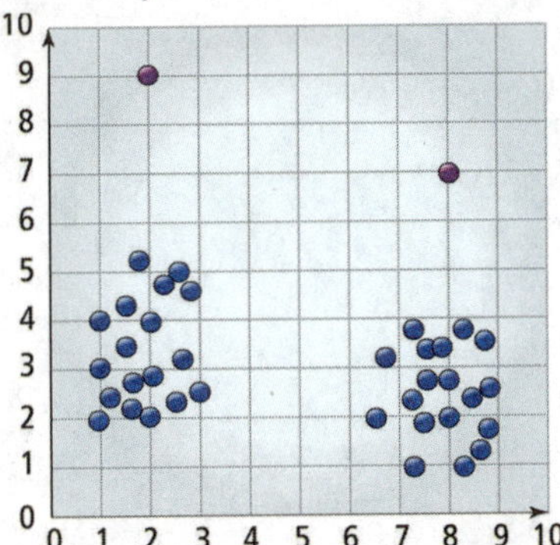

valor absoluto El valor absoluto de un número a es la distancia entre a y cero en la recta numérica. El valor absoluto de a se escribe como $|a|$.

absolute value The absolute value of a number a is the distance between a and zero on a number line. The absolute value of a is written as $|a|$.

Ejemplo -7 es 7 unidades desde 0, así que $|-7| = 7$.

---

valor extremo Un valor extremo es un valor que parece no ajustarse al resto de los datos de un conjunto.

outlier An outlier is a piece of data that does not seem to fit with the rest of a data set.

Ejemplo Este conjunto de datos tiene dos valores extremos.

---

variabilidad La variabilidad describe qué diferencia (o variación) existe entre los elementos de un conjunto de datos. Al exhibir datos, la variabilidad queda representada por cuán dispersos están los datos en la escala horizontal.

variability Variability describes how much the items in a data set differ (or vary) from each other. On a data display, variability is shown by how much the data on the horizontal scale are spread out.

---

variable Una variable es una letra que representa un valor desconocido.

variable A variable is a letter that represents an unknown value.

Ejemplo En la expresión $3x + 4y + 12$, x y y son variables.

variable dependiente Una variable dependiente es una variable cuyo valor cambia en respuesta a otra variable (independiente).

dependent variable A dependent variable is a variable whose value changes in response to another (independent) variable.

variable independiente Una variable independiente es una variable cuyo valor determina el valor de otra variable (dependiente).

independent variable An independent variable is a variable whose value determines the value of another (dependent) variable.

velocidad constante Tasa de velocidad que se mantiene igual a lo largo del tiempo.

constant speed The speed stays the same over time.

vértice de una figura tridimensional El vértice de una figura tridimensional es un punto donde se unen tres o más aristas.

vertex of a three-dimensional figure A vertex of a three-dimensional figure is a point where three or more edges meet.

Ejemplo

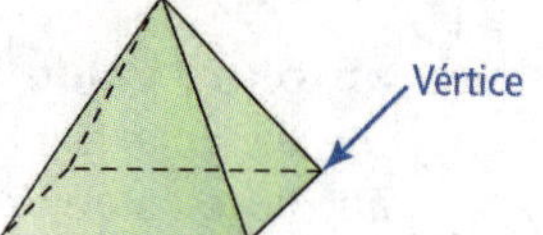

AGRADECIMIENTOS

Fotografías

CVR: Oksana Kuzmina/Fotolia, Riccamal/Fotolia, Grthirteen/Fotolia, Jusakas/Fotolia, Volff/Fotolia; **4**: Nerthuz/Fotolia; **7** (C) Timothy Masters/Fotolia, (CL) Coprid/Fotolia; **12** (BR) Pearson Education, (T) Maxim Pavlov/Fotolia; **13**: Pixelrobot/Fotolia; **14**: Zelfit/Fotolia; **17**: Steve Lovegrove/Fotolia; **18**: Snvv/Fotolia; **19**: Wckiw/Fotolia; **20** (TCL) Mara Zemgaliete/Fotolia, (TL) olllinka2/Fotolia; **24** (CR) Sergey Nivens/Shutterstock, (TL) Jason Edwards/National Geographic Creative/Corbis; **31**: Alexander Zelnitskiy/Fotolia; **32** (C): Jaddingt/Fotolia, (TC) Bombybamby/Fotolia; **33**: Maksim Shebeko/Fotolia; **36** (TR) hotshotsworldwide/Fotolia, (TC) Jupiter Images, (TL) Jupiter Images; **37**: Amphaiwan/Fotolia; **43**: Gabe9000c/Fotolia; **44**: Vectorace/Fotolia, TeddyandMia/Shutterstock, DaryaSuperman/Shutterstock; **45** (TCR) D3d/Fotolia, (TR) Kazyavka/Fotolia, Jane Kelly/Shutterstock; **49** (TC) Vipman4/Fotolia, (TL) Iagodina/Fotolia; **52** (BC): Kosmos111/Fotolia, (BCL) Tashatuvango/Fotolia, (BL) Piai/Fotolia; **53**: Deniskolt/Fotolia; **62** (BCL) Macrovector/Fotolia, (BCR) KEG/Shutterstock, (Bkgrd) Natbasil/Fotolia, (BR) Igor Stevanovic/Shutterstock, (C) Kudryashka/Fotolia, (CL) Zimmytws/Fotolia, (CR) Kenishirotie/Fotolia, (T) Poltorak/Fotolia, (TC) David Franklin/Fotolia, (TCR) Mizar_21984/Fotolia, (TL) Straghertni/Fotolia; **65** (CL): Africa Studio/Shutterstock, (TL) Sagir/Shutterstock; **71**: Alexander Potapov/Fotolia, (BC) Catmando/Fotolia, (C) Andrey Kuzmin/Fotolia, (CL) Dengol/Fotolia, (CR) Andrea Izzotti/Fotolia; **73** (CL) Fenkieandreas/Fotolia, (CR) Fenkieandreas/Fotolia; **77** (TC) Underverse/Fotolia, (TL) Viper/Fotolia; **79**: Curiosity/Shutterstock; **95**: Catmando/Fotolia; **111**: Ryan Burke/DigitalVision Vectors/Getty Images; **113**: Mary Rice/Shutterstock; **114** (B) Logra/Shutterstock, (TCL) Garytog/Fotolia, (TL) Javen/Fotolia, (TR) Kenneth Keifer/Fotolia; **117**: Picsfive/Fotolia; **121** (BCR) latitude59/Fotolia, (BR) Johan Larson/Fotolia; **123** (C) Css101/Fotolia, (CL) Gvictoria/Fotolia, (CR) Photka/Fotolia; **129** (BCR) Thawats/Fotolia, (BR) Valeriy Kirsanov/Fotolia; **136** (BR) Josefpittner/Fotolia, (CL) Volodymyr Vechirnii/Fotolia; **139** (TC) Anna Bogatirewa/Shutterstock, (TL) Bazzier/Fotolia; **145** (CR): Kletr/Fotolia; **147**: Irina Kildiushova/Shutterstock; **155** (Bkgrd) Picsfive/Fotolia, (C) WavebreakMediaMicro/Fotolia, (CL) WavebreakmediaMicro/Fotolia; **160** (BR) Eskymaks/Fotolia, (TR) Marco mayer/Shutterstock; **161**: Onairjiw/Fotolia; **171**: RapidEye/iStock/Getty Images Plus/Getty Images; **173**: Marquisphoto/Shutterstock; **174** (Bkgrd) Macrovector/Fotolia, (BR) Zooropa/Fotolia; **177**: Voronin76/Shutterstock; **178**: Andersphoto/Fotolia; **179** (Bkgrd) 5second/Fotolia, (C) Imfotograf/Fotolia, (CR) Nikolaj Kondratenko/Fotolia, (TC) Gelpi/Fotolia, (TCL) Jon Barlow/ Pearson Education Ltd., (TCR) Kues1/Fotolia; **183**: hagehige/Fotolia; **188**: letfluis/Fotolia; **196** (CL) Fototaras/Fotolia, (CR) Fototaras/Fotolia, **196** Giadophoto/Fotolia, **196** Weris7554/Fotolia; **207** (BR): Denyshutter/Fotolia; **211**: Tom Wang/Fotolia; **217**: Racorn/Shutterstock; **218**: yossarian6/Fotolia; **233**: Rafael Ben Ari/123RF; **235**: bloomua/Fotolia; **239**: Ron Nickel/Design Pics/Getty Images; **240**: Dani Simmonds/Fotolia; **243**: Erik Lam/Fotolia.